"十四五"职业教育国家规划教材

创新型通识课精品教材

国家精品在线开放课程"大学生涯规划与职业发展"配套教材

大学生涯规划与职业发展（第2版）

DAXUE SHENGYA GUIHUA YU ZHIYE FAZHAN

主　审 ◎ 赵北平
主　编 ◎ 谢宝国
副主编 ◎ 邹凤梅　陈秋红

教育科学出版社
·北京·

出版人 李 东
责任编辑 张 静
责任校对 翁婷婷
责任印制 叶小峰

图书在版编目（CIP）数据

大学生涯规划与职业发展/谢宝国主编．—2版
．—北京：教育科学出版社，2021.6（2023.5重印）
ISBN 978-7-5191-2626-1

Ⅰ.①大… Ⅱ.①谢… Ⅲ.①大学生—职业选择—高等职业教育—教材 Ⅳ.①G717.38

中国版本图书馆CIP数据核字（2021）第096119号

创新型通识课精品教材
大学生涯规划与职业发展（第2版）
DAXUE SHENGYA GUIHUA YU ZHIYE FAZHAN

出版发行	教育科学出版社			
社　　址	北京·朝阳区安慧北里安园甲9号	邮　　编	100101	
总编室电话	010-64981290	编辑部电话	010-64989394	
出版部电话	010-64989487	市场部电话	010-64989009	
传　　真	010-64891796	网　　址	http://www.esph.com.cn	
经　　销	各地新华书店			
印　　刷	北京华创印务有限公司	版　　次	2016年4月第1版	
			2021年6月第2版	
开　　本	787毫米×1092毫米　1/16	印　　次	2023年5月第4次印刷	
印　　张	17			
字　　数	376千	定　　价	45.00元	

图书出现印装质量问题，本社负责调换。

前言

大学生涯是大学生成长过程中的一个关键期，是大学生正式进入职业生涯的重要准备阶段。大学是一座宝库，有丰富的学习资源。遗憾的是，很多大学生或懵懵懂懂，或彷徨迟疑，进入宝库最终却空手而归。每当进入毕业季，常会听到一些学子感叹："如果我能再上一次大学的话，我就不会像以前那样过了！"但是时光不可能倒流。

"此生理想，近期计划，今日功课""大学从规划自我开始，成功靠日积月累实现""人无远虑，必有近忧"，对大学生而言，在进行职业生涯规划时，既要考虑今后职业发展的方向，也要立足当下规划好大学生涯。如果只考虑职业发展方向，不规划大学生涯，那么职业生涯规划就会陷入空谈；如果不着眼未来，在职业发展方向指引下进行大学生涯规划，那么大学生涯规划就是一种短视行为。如今，我们正处于百年未有之大变局，这既给我们带来了新的机遇，同样也带来了新的挑战。作为新时代青年，我们必将立志民族复兴，不负韶华，不负时代，不负人民，以青春之名，在新时代不懈奋斗，书写自己的美好未来与祖国的宏伟篇章。

《大学生涯规划与职业发展（第2版）》是在第1版的基础上修订而成的，主要变化体现在：根据大学生就业情况的变化，对每章内容进行了更新；增加了"大学生涯规划的制订与实施"的内容；为了满足国家经济转型和新的经济增长方式转变对各类高级技能人才的需求，更新了更加适配高职本科生的信息与案例。在编写过程中，本书一方面紧贴学生实际需求，另一方面紧密联系职业发展的基本理论与规律，力图保证本书既有较好的可读性，又有理论深度，避免经验之谈。

在编写过程中，编者参阅并吸收和借鉴了国内外大量研究成果和文献资料，在此谨对这些成果的作者致以诚挚的感谢，如有引用不当或者遗漏，请联系编者。同时，对教育科学出版社的大力支持一并表示感谢。由于水平有限，不足之处在所难免，敬请广大读者和同人提出宝贵意见。

此外，本书还为广大一线教师提供了服务本书的教学资源库，有需要者可致电13810412048 或发邮件至 2393867076@qq.com。

编　者

2021年1月

目录

1 第一章 人生发展与职业生涯规划 ··············· 1
第一节 人生成功与职业发展 ····························· 2
一、从生涯彩虹图看人生成功 ························· 2
二、职业发展对人生成功的影响 ······················ 4
第二节 职业发展与职业生涯规划 ······················· 5
一、职业成功的衡量标准 ······························· 5
二、职业成功的基础——进取心 ······················ 6
三、职业生涯规划对大学生成长、成才的作用 ········· 9

2 第二章 职业生涯规划概述 ················· 19
第一节 职业生涯的基本理论 ···························· 20
一、匹配理论 ·· 20
二、发展理论 ·· 25
三、决策理论 ·· 28
第二节 职业生涯基本成长形态与基本法则 ·········· 32
一、职业生涯基本成长形态 ···························· 32
二、职业生涯基本法则 ·································· 34

3 第三章 自我探索 ····························· 40
第一节 自我探索的方法与重点领域 ··················· 41
一、自我探索的方法 ···································· 41
二、自我探索的重点领域 ······························· 43

第二节	职业价值观探索	44
	一、价值观与职业选择	44
	二、了解你的职业价值观	45
第三节	职业兴趣探索	50
	一、兴趣与职业选择	50
	二、了解你的职业兴趣	50
第四节	职业性格探索	54
	一、性格与职业选择	54
	二、了解你的职业性格	56
第五节	职业能力倾向探索	62
	一、能力倾向与职业发展	62
	二、了解你的能力倾向	63

第四章 职业社会认知 …… 75

第一节	现代社会背景下的职业发展	76
	一、高等职业教育发展与大学生就业	76
	二、市场经济与无边界职业生涯	78
	三、知识经济与终身学习	79
	四、平台经济与新就业形态	80
	五、人工智能与技能提高	81
第二节	职业分类及变迁	86
	一、职业分类系统	86
	二、职业的变迁	88
第三节	职业社会对人才素质的要求	89
	一、职业社会对高素质技能人才的总体要求	89
	二、不同类型高素质技能人才的核心素质要求	92
第四节	探索工作世界的维度与方法	97
	一、探索工作世界的维度	97
	二、探索工作世界的方法	104

第五章 大学生涯决策 …… 108

第一节	大学生涯与职业发展	109
	一、大学能给我们什么	109
	二、大学生涯对未来职业发展的影响	111
第二节	大学生涯发展任务	113

	一、学会做人	114
	二、学会学习	114
	三、学会共处	115
	四、学会做事	115
第三节	大学生涯目标的选择	120
	一、决定职业发展方向的关键因素	121
	二、确定大学生涯发展目标	123
	三、克服大学生涯决策困难	124

第六章　大学生涯规划的制定与实施 … 128

第一节　大学生涯规划的基本原则与基本步骤 … 129
　　一、大学生涯规划的基本原则 … 129
　　二、大学生涯规划的基本步骤 … 131
第二节　大学生涯规划的常用方法 … 136
　　一、"五W"归零思考法 … 136
　　二、SWOT分析法 … 138
第三节　大学生涯规划制定与实施中的助力和阻力 … 139
　　一、大学生涯规划制定与实施中的助力 … 139
　　二、大学生涯规划制定与实施中的阻力 … 142

第七章　大学学业规划 … 149

第一节　继续深造 … 150
第二节　就业 … 153
　　一、多样的就业选择 … 153
　　二、就业前的准备 … 156
第三节　自主创业 … 158
　　一、什么样的人适合创业 … 159
　　二、如何找到一个好的创业想法 … 160
　　三、创业前的准备 … 162

第八章　大学课外活动规划 … 168

第一节　积极拓展人脉 … 169
　　一、学会与人交往 … 169
　　二、如何拓展人脉 … 173

第二节	有效参与社团活动	175
	一、学生社团的类型	175
	二、如何选择社团组织	176
	三、如何成为社团里的活跃分子	178
第三节	自主开展社会实践	179
	一、社会实践的作用	179
	二、如何开展社会实践	181

9 第九章 自我管理 … 185

第一节	时间管理	186
	一、时间都浪费在哪儿了	186
	二、管理你的时间	187
	三、高效管理你的时间	194
第二节	情绪管理	195
	一、认识人类情绪	195
	二、提升你的情绪管理能力	197
第三节	逆境管理	204
	一、认知逆境	204
	二、驾驭逆境	205

10 第十章 团队合作与领导力提升 … 211

第一节	团队合作	212
	一、向自然界学习团队合作	212
	二、团队合作与职业发展	214
	三、突破团队合作中的障碍	216
第二节	领导力提升	219
	一、权力的五种来源	220
	二、领导力提升技术	221

附录一	某大学生的职业生涯发展规划书	231
附录二	职业生涯名言	241
附录三	自我测试量表	245
参考文献		261

人生发展与职业生涯规划

> 倘若人生毫无意义,那么你也不可能有伟大的一生;倘若工作毫无意义,那么你的人生也难以有何意义。
>
> ——吉姆·柯林斯[①]

 本章学习要点

1. 认识职业成功是人生成功的一个重要方面。
2. 领悟进取心是职业成功的基础。
3. 理解职业生涯规划对大学生成长、成才的作用。

 本章案例

案例1-1　蚯蚓的目标阶梯

蚯蚓是我从小到大的朋友。蚯蚓不是他的原名,但是他长得黑、矮、瘦、弱,因而得名。自从我们18岁分开后,我在外为生活四处奔波;蚯蚓上了大学,似乎什么事都挺顺当。在分开的十年里,我们几乎每隔两三年见一次面。每一次我都喜欢问他同一个问题:"你将来的目标是什么?"得到的答案总不相同。下面是蚯蚓每次谈及目标时的原话。

18岁,高中毕业典礼上:"我要当中国首富!"(好大的口气)

20岁,春节老同学聚会上:"我想创立自己的公司,30岁时拥有资产2000万。"

23岁,在某工厂当技术员,第二职业是炒股:"我正在为离开这家工厂而奋斗,因为在这里工作太没前途了。我将全力炒股,三年内用5万元炒到300万元。"

25岁,炒股失意而情场得意,开始准备结婚:"我希望一年后能有10万元,让我风风光光地结婚。"(挺现实的想法)

26岁,不太风光的结婚典礼上:"我想生一个胖小子,在不久的将来能当个车间主任就行,别的不想了。"(是不是结婚就会使人成熟)

28岁,所在工厂的效益下滑,偏偏正是妻子怀胎十月的时候:"我希望这次的下岗名单里千万不要有我的名字。"(这时候我也不知道该说什么)

---

① 著名的管理学家及畅销书作家,影响中国管理的十五人之一。

每个人来到这个世界的时候便面临一个终生课题——人生发展。简单地说，发展是由低一级水平向高一级水平推进的过程。人生发展既有客观规律，又有相当大的可变性。就客观规律而言，每个人都要经历大致相同的发展阶段，从嗷嗷待哺到追逐嬉戏，从上学读书到成家立业……。就发展的可变性而言，每个人的发展水平在很大程度上取决于自己的努力程度。蚯蚓的人生发展轨迹并不是极少数人的情况，我们身边有着太多的"蚯蚓"，他们不仅有理想，而且很远大，但是缺乏切实可行的行动规划，重复着"雄心壮志→怀才不遇→满腹牢骚→撞钟混日→担心下岗→走投无路"的历程。相信每个人都想让自己的人生过得充实而富有意义，但是仅仅有梦想是不够的，还必须制定切实可行的职业发展规划，因为职业发展是人生发展的一个非常重要的方面。

第一节 人生成功与职业发展

有个富翁到海边散心享受阳光时，看到一个渔夫在风光旖旎的海滩上悠闲自在地晒着太阳，便好奇地走过去，于是有了下面的一段对话：

富翁说："这么好的天气，你为什么不出海打鱼呢？"

渔夫说："我已经出过一次海了，捕到了好几条大鱼。"

富翁说："那你为什么不多捕一些鱼呢？时间还早呀。"

渔夫反问道："我为什么要捕那么多鱼呢？"

富翁说："你每天多花一些时间去捕鱼，有钱了去换一条大船，然后雇一些帮手，这样你就可以捕到更多的鱼，赚更多的钱，买更多的船，拥有船队。到时候，你就不必把鱼卖给鱼贩子，而是直接卖给加工厂，你所获得的利润会更多。"

渔夫说："你的设想好像很有意思。但是，我要那么多钱干什么呢？"

富翁说："有钱还不知道怎么花吗？最起码你可以造一幢豪华的海滨别墅，悠闲自在地享受日光浴了。"

渔夫笑着说道："你说得很有道理。但是，我现在不是已经在享受日光浴了吗？"

这段渔夫和富翁之间的对话深刻反映了两种不同的人生态度。对于富翁来说，人应该放眼未来，趁年轻多做点事，尽可能多地争取自己想要的东西，老了就可以凭着这些资本尽情享受生活；而渔夫则安于现状，觉得人应该及时行乐，他认为现在拼死拼活地奋斗，最终的目的还是享受生活，不如在当下享受。究竟谁是谁非，我们暂不做评论。通过这则故事，我们需要正确理解"什么是人生成功"这一每个人都会或多或少思考过的问题。

一、从生涯彩虹图看人生成功

不同的人对什么是人生成功有着不同的理解和看法。有的人认为挣很多钱就是成功，可是很多有钱人并不快乐，他们身不由己，没法过没有钱的日子；有的人认为获得名望就是成功，可是很多名人活得很辛苦，他们的任何言行都可能被置于放大镜下，没有属于自己的空间。在忙忙碌碌的生活中，你认为的人生成功是什么样子呢？我们都知道，在人生发展的过程中，我们需要扮演各种各样的角色，如子女、学生、朋友、同学、长辈、工作者、消费者等。大致上，扮演这些角色的舞台可分为三种：职场、家庭和社会。在职场中，我们要努力工作，尽可能让自己的事业有所成就；在家庭中，我们要尽到家庭的责任和义务，努力让自己的家庭幸福美满；在社会中，我们要尽各种社会责任和义务，尽可能多地为社会贡献自己的力量。著名职业生涯规划专家舒伯用生涯彩虹图（life-career rainbow）非常形象地展示了我们在人生中扮演的各种角色之间的关系，如图1-1所示。

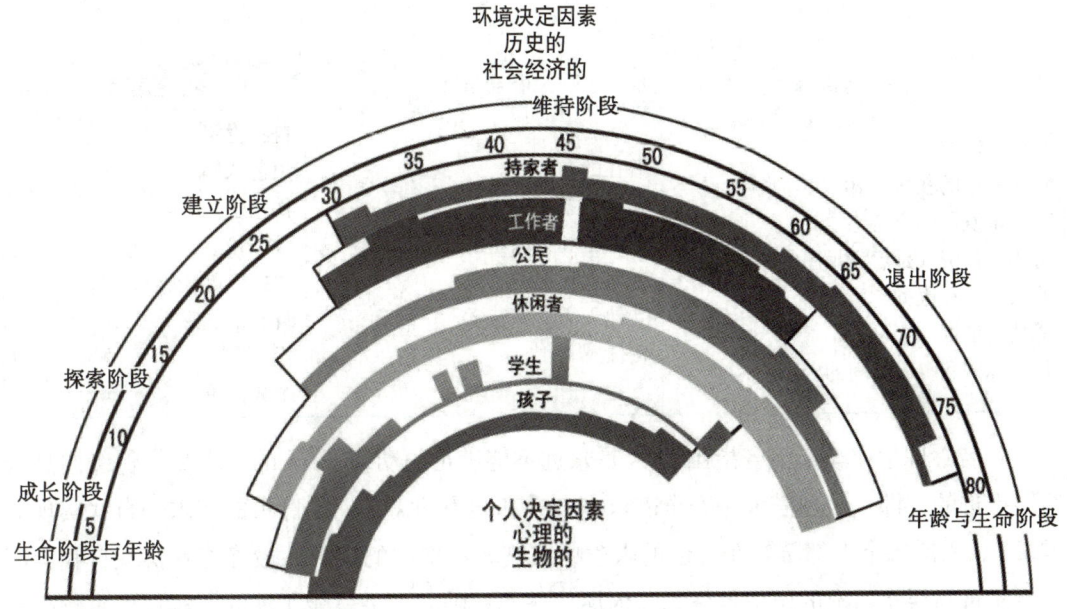

图1-1　生涯彩虹图

在图1-1中，最外面的层面代表了我们人生的广度。在人生的广度中，我们要经历成长阶段、探索阶段、建立阶段、维持阶段和退出阶段五个生涯发展阶段。里面的各层面代表我们人生的空间，共有孩子、学生、休闲者、公民、工作者和持家者六种角色。不同时期、不同角色的组合构成我们独特的人生发展形态，每个人都是通过扮演这些角色来寻求人生的满足感，实现人生发展的。

舒伯的生涯彩虹图告诉我们：人生成功是立体的而不是平面的。人生成功至少应该包括以下四个方面：身心健康，家庭和睦，事业有成和子女自立成才。只有这四个方面和谐发展，我们才能有一个成功的人生。

生涯彩虹图还告诉我们：要想让自己的人生成功，我们就必须要根据人生发展阶段将各种人生角色很好地组合起来，不能偏废其一。因为各种人生角色之间是相互影响的，一个角色的成功将会为其他角色提供良好的基础。比如，在成长阶段和探索阶段扮演好学生角色，就能为我们顺利走向工作岗位，成功扮演工作者角色打下良好基础。同时，如果在一个角色上投入过多精力而忽视其他角色，会大大影响人生发展的质量。比如，在现实生活中，常会看到有的人因过分投入工作而忽视家庭，从而导致家庭不和谐，进而对其人生质量产生非常消极的影响。

二、职业发展对人生成功的影响

在现代社会中，职业在人们的生活中所起的作用越来越重要，并在人们的整个人生发展历程中占据了相当长的时光，它是绝大部分人投入时间、精力最多的人生组成部分。因此，职业是绝大多数人一生的核心，它能帮助人们达成多重目的。生涯学者赫尔和克雷默把工作可能达成的目的归纳为经济、社会和心理三个层面，如表1-1所示。

表1-1 工作可能达成的目的

经济层面	社会层面	心理层面
物质需求的满足 物质资产的获得 对未来发展的安全感 可用于投资或延宕满足感的流动资产 购买商品和服务 成功的证据 购买休闲和自由时间的资产	潜在的友谊 人群关系 工作者和其家庭的社会地位 受他人重视的感觉 受他人需要的感觉 责任感	自我肯定 角色认同 秩序感 可信赖感 主控或胜任感 自我效能感 投入感 个人评价

著名心理学家马斯洛曾指出："人是永远不能满足的动物。"人的需求是由低级向高级逐层推进的，即"生理需求→安全需求→友爱和归属的需求→受尊重的需求→自我实现的需求"。相信每个人都希望在自己的人生中实现较高层次的需求，最终能够实现自我价值。人有实现高层次需求的愿望是好的，但愿望并不是随心所欲就能实现的。实现人生较高层次的需求与个人的职业生涯发展程度是密切相关的。人的需求满足与职业发展之间的关系如图1-2所示。

在工作阶段，个人的职业价值观、兴趣、性格、能力素质与所从事的职业进行匹配性选择，工作只是个人谋生、满足生理需求和安全需求的一种手段。随着个人知识的丰富、能力的提高以及个人与职业的匹配性和适应性的吻合，个人的职业生涯进入第二阶段——职业阶段。在此阶段，工作成为发挥个人才干，满足其对友爱和归属的需求、受尊重的需求的一种手段。当个人的职业生涯进入事业阶段后，个人不再把工作当作一种生存的手段，而是把工作当作实现人生价值的手段，在此阶段，虽然工作负担重、责任大，但总是以工作为乐，在工作中总有用不完的激情，通过工作满足个人对发挥潜能以及实现有意义的人生的追求。

总之，职业虽然不是我们人生的全部，但是在我们的人生中起着非常重要的作用。我们人生的发展质量和人生需求的满足程度与我们的职业发展高度存在密切的关系。可以说，在现代社会，职业是人生全面发展的重要载体，而人生全面发展又是职业生涯的最终目的。

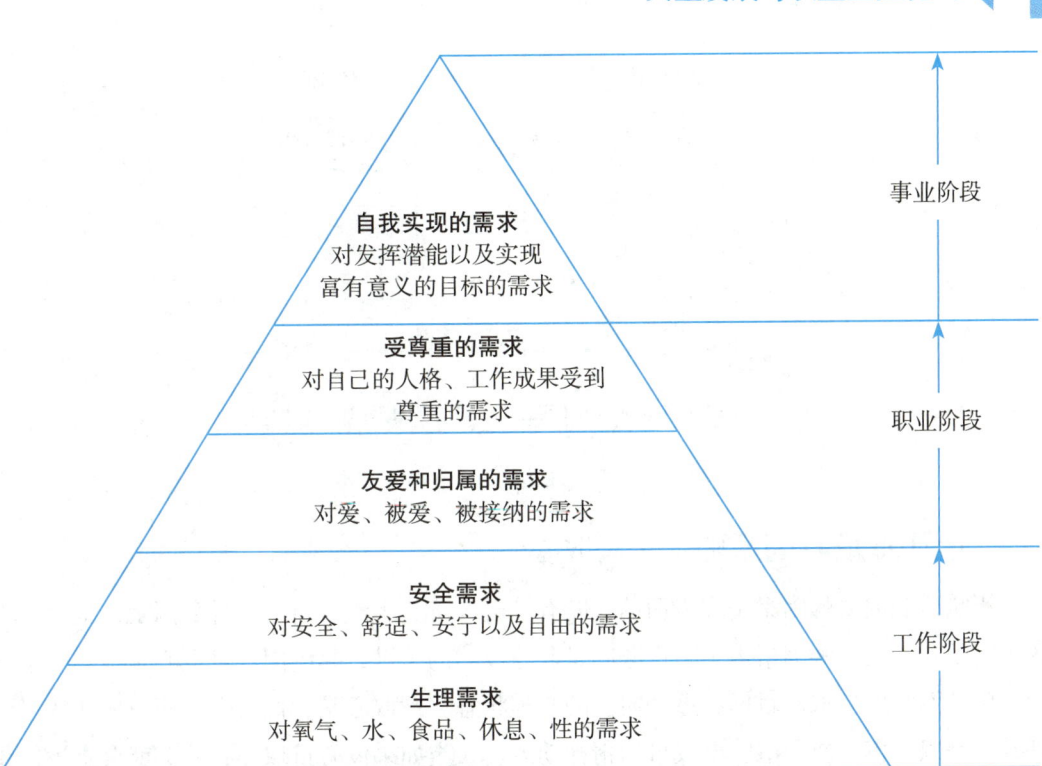

图 1-2　人的需求满足与职业发展之间的关系

第二节　职业发展与职业生涯规划

现代社会是一个以工作为导向的社会。在现代社会中，职业是绝大多数人投入时间和精力最多的人生组成部分，因此如何充分、合理利用职业生涯的这段时间，使个人得到进步、成长而有所成就，从而实现人生价值，就成为我们人生当中的一个重要课题。简单来说，职业发展是由初级职位向高级职位发展的渐进的过程，或者说是逐步迈向成功的过程。

一、职业成功的衡量标准

职业成功是职业发展结果的形式，也是职业生涯规划的出发点和归宿。英文中的成功（success）一词起源于拉丁语"succedere"，其含义是随后或继承，后来指事情的发生或结局，没有好坏之分。但从 16 世纪起，它开始表示一种积极的结果，如公认的成就、实现了的个人意愿，而现在多指获得的财富或特定的地位。因此，说到职业成功（career success），很多人会不自觉地用职位的高低或金钱的多少来衡量。实际上，生活在社会群体中，不仅我们会对自己的职业发展结果进行主观评价，他人也会对我们的职业发展结果进行客观评价。因此，职业成功的评价主体是多样的，标准也是多元的，如图 1-3 所示。

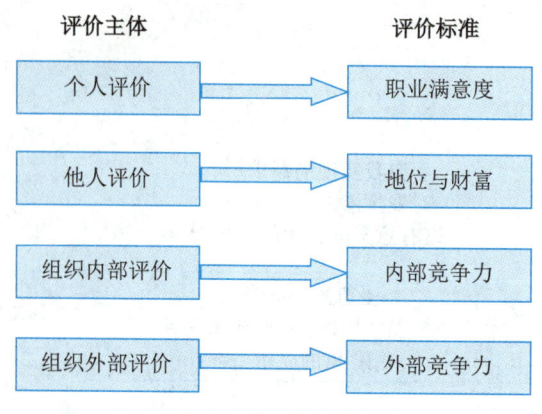

图 1-3 职业成功的评价主体及标准

二、职业成功的基础——进取心

影响职业成功的因素是多方面的，既有社会经济、组织、行业等外部因素，也有个人的主观因素。在这些因素当中，进取心是职业成功的关键，是内因。进取心是指不安于现状、坚持不懈地追求新目标、蓬勃向上的心理状态。进取心是我们每个人职业成功的思想基础，是想干事、能干事、干成事的精神动力。人类如果没有进取心，社会就会永远停留在以前的水平上。正如鲁迅先生所说："不满是向上的车轮。"社会能够不断发展与进步的一个重要的推动力就是我们拥有"向上的车轮"，即我们常说的进取心。具有进取心的人渴望有所建树，争取更大、更好的发展，他们会为自己设定较高的发展目标，勇于迎接挑战，要求自己工作出色。

（一）进取心能让一个弱者变为强者

进取心能促使一个人竭尽全力地克服人生当中所遇到的困难和挫折，做他想做的事情，并且浑身充满干劲。

案例 1-2　年少立志，肯下苦功[①]

在中国当代文坛有这样一位人物。他出身农民，高考落榜，半生都生活在中国西北幽闭的乡村大地上。与同时代的作家路遥、贾平凹相比，他没有盖世的天分。他靠着一股敢于下苦功的"豪狠"劲儿，写出了一部评论界欢呼、新闻界惊叹、读者争相购阅、一时流传甚广的作品。著名学者范曾称这部作品为"一代奇书也，方之欧西，虽巴尔扎克、斯坦达尔，未肯轻让"。西方学界评价："从作品的深度和小说的技巧来看，并不比那些获得诺贝尔文学奖的小说逊色。"他就是陈忠实，他写出的那部作品叫《白鹿原》。

---

① 九黎.出身农民、天资平平，陈忠实凭什么写出一部旷世杰作？[EB/OL].（2019-04-29）[2020-12-16].https://mp.weixin.qq.com/s?__biz=MzIxMDA3Njc1Mg==&mid=2647661861&idx=1&sn=35d2b49e0df8e1d6630d794b4d6172dc&chksm=8f4ea81ab839210c411d8c3c4f8516b5639e25cc7131ff7dfa165a2e8b6bf2fbe9b412135531#rd.

1942年8月,陈忠实出生于陕西西安市灞桥区霸陵乡西蒋村,这是一个南倚白鹿原、北临灞河的小村落,全村不足百户。陈忠实家世代务农,家境贫寒,从小他就要与贫穷和在贫穷中滋生出来的自卑、失败、绝望做斗争。13岁那年,他跟随老师和同学去离家30余里的灞桥投考中学,这是他第一次出远门。他穿的是平常穿的旧布鞋,30余里的沙石路把他的鞋底磨烂、磨透了,把他的脚后跟磨出红色的肉丝,淌着血。他先后用树叶、布巾等塞鞋底,都无济于事。脚跟的疼痛让他绝望。就在这时,一列呼啸而来的火车从他身边隆隆驶过。13岁的陈忠实突然意识到:"世界上有那么多人坐着火车跑,而根本不用双脚走路!"他心中升腾起一个信念:人不能永远穿着没有后底的破布鞋走路。从那时起,他就立志,不能一辈子只待在西蒋村,而应该到更广阔的世界看一看。

考上中学后,陈忠实愈加发奋学习,"物质上不能与人比,但学习可以走在前头"。他总是一个人待在宿舍或教室看书。那时,他接触到了赵树理、柳青等作家。在柳青的《创业史》中,他惊奇地看到,自己脚下的这块土地竟然还蕴藏着可供作家创作的丰富素材,这使陈忠实开始关注自己生活的这块土地。1962年,陈忠实高考惨败。上不了大学,陈忠实只能回乡当了一名民请教师。陈忠实不甘心,他不想将自己的人生局限在一名民请教师上,他还没有坐着火车跑,他还想体验更广阔的世界。这时,陈忠实心底那个文学之梦又悄悄地浮上了心头。他将白天的时间全部给了孩子们,晚上的时间则属于他和他热爱的文学。陈忠实晚上学习没有电灯照明,也没有钟表计时,总是控制不好时间,经常因学习时间过长,第二天累得难以起床。后来,他想了一个办法,他用一个小墨水瓶做成煤油灯照明,常常烧焦了头发,熏黑了鼻孔,等瓶中的煤油烧完,算来此时大约为晚上12点,他就上炕睡觉。长此以往,竟成了他一生的习惯。

有评论家说,相较于路遥和贾平凹来说,陈忠实年龄大,人老成,天分相对较低,他的成功主要靠苦心、苦功、苦力。陈忠实也喜欢借用柳青说过的一句话:"文学是愚人的事业。"他认为创作要"老老实实,埋头苦干,不务虚名,更不能投机取巧"。曾国藩说:"天下之至拙,能胜天下之至巧。"肯下笨功夫的人,遇到问题只知道刻苦钻研,因此不留死角,也更容易在日积月累中、在日复一日的苦心孤诣中完成人生的升华。《阅微草堂笔记》里说:"心心在一艺,其艺必工;心心在一职,其职必举。"从一个文学天资不占优势的乡下娃,到写出一部传世之作,陈忠实靠的是专心致志、厚积薄发,靠的是锁定目标、背水一战。

在积极进取的人眼里,失败只是暂时的,甚至是一次成长的机会,它说明自己还存在某些不足,找到并弥补这些不足,就会增长自己的经验、能力和智慧。任何人的职业发展都不可能是一帆风顺的,或多或少都会遇到一些困难和挫折。在发展中遇到的困难是我们前进道路上的绊脚石还是踏脚石并不取决于困难的大小,而取决于我们对待困难的态度。人生就好像爬山,我们要有爬到山顶的雄心壮志,否则永远无法爬到山顶。进取之心可以帮助我们克服前进道路上的困难和障碍,帮助我们登上心中的那座高峰。人生也像一场马拉松，无论领先还是落后都是暂时的，在某段路程上领先或落后了，并不能说明我们是胜利者或是失败者，因为，人生的这场比赛不知还要经过多少这样的阶段方能结束。暂时落后了不要急躁，更不要灰心丧气，只有明白自己是人生马拉松的长跑运动员，在前进的道路上积极进取、不断拼搏，才能最终顺利到达成功的彼岸。

（二）进取心促使我们不断超越，追求卓越

如果将人比作发动机，那么我们的智商、天赋及知识只是我们的额定功率，我们的输出功率取决于我们个人的热忱和投入度。进取心能使我们保持积极的精神状态，工作有高标准，事业有高追求，不甘平庸，在平凡的岗位上创造不平凡的业绩。

案例1-3　你只有努力奔跑，才能一直留在原地[①]

2013年9月，诺基亚被微软收购，随之而来的大量裁员遭到员工的强烈抗议。他们当中很多都是高级工程师，当年都是从各大名校毕业的最顶尖的精英，可是，他们在这个岗位上做了十几年甚至几十年，却没有学会其他技能，只会在塞班系统下工作。随着诺基亚的倒闭和塞班系统的溃败，他们在这个时候遭遇裁员，再出去找工作根本没有一家公司愿意要他们。残酷吗？残酷！但这就是赤裸裸的现实。记得那个高速公司收费大姐被辞退的时候说了一句："我今年36岁了，除了收费什么都不会。"想想就觉得无比心酸。我始终觉得，淘汰我们的不是这个时代，而是原地踏步的自己。在本应该奋斗的年纪选择了安逸，最后必然摆脱不了被时代淘汰的命运。

我有一个朋友，十年前他的月工资是两万多，那是纸媒的黄金时代，那个时候我们都看纸质的报纸、杂志。可是随着短视频、公众号的兴起，越来越没有人看这些东西了，有很多人都纷纷跳槽去做短视频和公众号，年薪达到了百万甚至千万。他却对此嗤之以鼻，因为他觉得自己的工作比较稳定，而别人的工作都不够稳定。但随着纸媒的衰落，他的工资从两万多一直降到了五千多，他还是不愿意离开。最后，那个单位倒闭了，他不得不面临下岗的窘境。他从未想过那么稳定的单位居然有倒闭的那一天，可是这个时候的他却无法融入新媒体。我曾经在民航工作过，但是因为环境太安逸、成长速度太慢，我选择了辞职。辞职后，我卖过猪饲料，做过房地产中介，搞过教育行业，最后误打误撞进入新媒体行业。可以说，在这个行业的三年时间，是我这辈子成长最快的时间，也是过得最忙碌、最充实的时间。整整三年，我休息的时间加起来可能都不超过十天，甚至大年初一我都在写推文稿。我这个人不喜欢稳定，我讨厌那种一辈子能看到头的日子，我愿意为了过上自己想要的生活去奔跑，去燃烧自己。这个时代唯一不变的就是它一直在变化。

《爱丽丝梦游仙境》里的红桃皇后说过一句话："你只有努力奔跑，才能一直留在原

[①] 桌子先生.负债30亿，没人敢继承遗产，一代"鞋王"的破产让人警醒[EB/OL].（2019-08-30）[2020-12-16].https://www.sohu.com/a/337928630_661623.

地。"想要不被时代抛弃，只有一个办法，那就是让自己永远奔跑、永远折腾。实力是你通往更好生活的敲门砖，实力是你立于不败之地的底气，否则等到真被社会抛弃的那天，你会抱怨别人连一句再见都吝啬和你说。这个世界就是这样，一些人总在昼夜不停地运转，而另外一些人起床就发现世界已经变了。这个风起云涌的世界从不等待犹豫不决的人。你可以选择停留，但其他人会选择奔跑，而世界的模样早已在他人的奔跑中发生了变化。

在现实生活中，我们常常发现有些人能在平凡的工作岗位上把不起眼的工作做得伟大，最后成为一个受人尊敬的人；而有的人虽然身居要职却无所作为，把崇高的工作做得平平无奇。我们大都是平凡的人，都在做着平凡的工作，但我们无论做什么工作，都应该有强烈的责任感和进取心，不断超越，把本职工作做得更好。只要抱着积极进取、不断超越的态度，任何人都会取得成功，创造一个属于自己的成功人生。

总之，任何成就都成于坚持不懈，毁于半途而废。当遇到挫折时，要不气馁，勇敢面对，更不能放弃；成功了，要不骄傲，不安于现状，不断自我超越。这就是职业成功的思想基础——进取心。

三、职业生涯规划对大学生成长、成才的作用

简而言之，职业生涯规划是指个人在分析自我特质和职业环境的基础上，确定职业发展目标，制定相应的行动方案，并按照一定的时间安排实施行动方案的过程。大学生虽然还没有进入职场，但是在大学阶段对自己未来的职业生涯进行规划对自我成长是非常有帮助的。

案例1-4　人生七年

英国广播公司曾经拍摄了一部叫《人生七年》的纪录片。纪录片从1964年开始拍摄，每七年跟进一次，对14个7岁的小孩子进行长期追踪，一直到他们56岁为止。14个被选中的孩子来自英国不同的阶层，在纪录片一开始，导演就做出了预判：孩子的家庭出身将决定他的未来。

纪录片一开始，出身于上层社会的3个男孩让人印象深刻。在私立学校读书的3人对自己的未来有着清晰的规划，他们每天的作息都很规律，他们明确知道自己会上哪所中学，也知道自己将会进入牛津大学或剑桥大学，然后成为社会精英。当这3个男孩每天阅读《金融报》《观察家》《泰晤士报》的时候，伦敦东区的工人家庭出身的3个女孩则自由许多。7岁的女孩子们会凑在一起谈论喜欢的男孩，兴高采烈地讨论以后要生几个孩子，幻想未来生活的景象。与此同时，穷人区贫民窟长大的孩子的愿望甚至谈不上是梦想，有人希望当驯马师赚钱，有人希望能有机会见到自己的爸爸，还有人希望能够吃饱饭，少罚站，少被打。

出身于上层社会的3个男孩从小就了解社会竞争，懂得合理规划。他们更早地掌握了出类拔萃的诀窍，一直走在求学路上的他们，有的成为律师，有的成为电视制作人，他们过着优越的生活，受人尊重，家庭幸福。而中下层的孩子们并不懂教育的意义，打架是他们最大的娱乐，他们对未来没什么打算，梦想就是少挨打，不挨饿。他们随意地辍学，早早地进入社会，经历了辍学、早婚、多子、失业等底层生活。步入中年，那些出于各种原因放弃求学的受访者多数会感慨，如果上学时好好学习就不致为生活所迫，延长退休，靠政府救济金为生，也会有更好的出路。

　　也许你会沮丧地认为人生命运从一开始就写入家庭出身之中了，但是纪录片中有个叫尼克的孩子却成功实现了阶层的跨越。镜头前的尼克并不如其他孩子那样引人注意，他出生在乡村，每天需要走3英里（约4.8千米）的路去上学，从小缺少与社会的互动，显得十分害羞。14岁时的他一直把脑袋埋起来回避镜头，厚厚的眼镜下满是对未来的忧愁和迷茫。直到有一天，情况发生了改变。一天，同学们热烈地讨论航天知识，老师热情地鼓励尼克："你平时那么爱看书，一定很了解飞机的知识。"老师不经意的话语让尼克感受到了信任与鼓励，从此越发痴迷各式各样的科技书籍，用心钻研科学知识。他说，是这位老师的引导促使他走进科学的世界。21岁那年，尼克顺利考入牛津大学并就读于物理系。28岁时，因为英国紧缩学校经费，他移民到了美国做核电研究，并到威斯康星大学麦迪逊分校教书。尼克之所以能够从命运的轨迹上逃脱，过上了不一样的生活，是因为他与出身于上层社会的3个男孩一样，从小就懂得了教育的价值，懂得了合理规划的意义。

　　任何人的成功都绝对不是偶然的，而是选择正确方向加上努力的结果。职场上，成功的人往往都是忙碌的，因为他们在有目标、有计划地忙碌。失败的人虽然也忙碌，但更多的是重复性忙碌，个人能力没有提升，工资没有上涨，属于典型的"穷忙族"。还有一些人在职场上无所事事，不知道要干什么，这样的情况就更加可怕了。有目标的职业生涯，如图1-4（a）所示，虽然不能直达目标，但在大方向已经明确的情况下，仍然能够保证整体方向是向前的，只要不断积累和坚持，就能达到目标。无目标的职业生涯，如图1-4(b)所示，没有明确的方向，虽然走了很多路，但转了一圈以后发现仍然在原地踏步，甚至有可能完全走错了方向。在这种情况下，人们只会距离自己的目标越来越远。

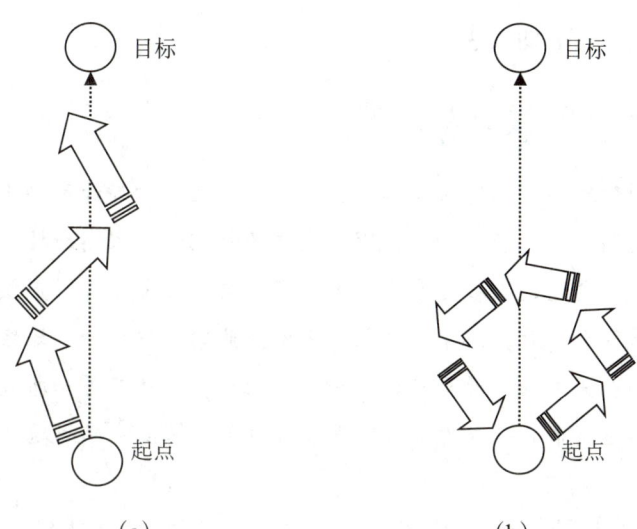

图 1-4 起点与目标

方向不对，努力白费。在职业生涯发展的道路上，努力固然重要，但是方向更重要。如果方向错了，哪怕是历尽千辛万苦，也只会得到事倍功半甚至失败的结局。只有选择正确的方向再加上勤奋努力，才能到达成功的彼岸。"埋头苦干"是立足当前，脚踏实地，而"抬头"是辨别道路，认清方向。在埋头苦干的同时，要多抬头看看路，统筹兼顾，这样才会在职业生涯发展道路上少走弯路。大学生涯是我们职业生涯的重要准备期，职业生涯规划可以帮助我们在大学阶段科学、理性地确定大学生涯发展目标，提高我们学习的自觉性和针对性，从而为我们将来毕业找工作以及进入职场后的职业发展奠定坚实基础。

（一）认识自我，理性选择

为什么在职场竞争中，有的人能够成功，而有的人屡战屡败呢？人的职业生涯成功有多方面的原因和条件。其中，选择一条适合自己的职业发展道路是取得职业生涯成功的最重要的前提之一，而衡量适不适合最根本的标准就是人职匹配。在现实生活中，有些人之所以能在平凡的岗位上做出不平凡的事情，为社会创造巨大的物质财富或精神财富，根本原因在于他们与所从事工作的匹配度很高，这能使他们爱业、敬业、乐业。只有做到人职匹配，才能适应工作，个人和社会才能都受益。但在现实生活中，很多大学生在面临职业选择时，往往存在两种倾向：一是升学惯性，比较盲目地选择继续深造；二是盲目攀比，找工作时与他人比待遇，比工作环境。而对个人进行职业生涯规划可使自己的职业选择更加理性，因为职业生涯规划能够帮助我们认识自我，认清自身需要，懂得和掌握职业生涯开发和管理的知识和技能，从而帮助我们在遵循自身个性特点、能力优势的基础上，结合社会需要，选择一条真正适合自身发展的职业道路。

(二)了解社会,主动发展

> **案例 1-5**

学习人力资源管理的李锦进入大学后,在专业职业咨询师的帮助下,给自己初步制定了一个职业发展规划。大一暑假时,他通过亲戚的介绍到一家高新技术企业进行了为期一个半月的社会实践。通过这次社会实践,他知道了自己在大学阶段应该学什么知识,需要具备哪些技能。进入大二后,他除了积极学习本专业的课程之外,还经常去图书馆阅读本专业的前沿知识的相关书籍,开阔自己的视野。此外,他还在另一所重点大学辅修了法学专业。因为,他知道将来从事人力资源管理工作会遇到很多法律问题。

大学阶段的学习不同于高中阶段,高中生学习是为了考上大学,而大学生学习则是要成为社会需要的优秀人才。而要成为社会需要的优秀人才,大学生在大学期间就要勇于走出校门,参与社会实践,掌握社会需要的专门知识和技能,提高自身综合素质。当前,随着用人单位对大学毕业生提出工作经验的要求,很多大学生都认识到在校期间要多参与社会实践,增加工作经验。但是,目前很多大学生的社会实践不够深入,效果不佳,究其原因,主要是进行社会实践的目的不明确,缺乏针对性。而职业生涯规划则可以帮助大学生在未来职业发展方向的指引下,采取正确的方法,有针对性、有计划地开展社会实践,了解社会需求,从而优化自身的知识结构,提高能力素质,能够更好地对接今后的工作需求。

(三)明确目标,优化行动

哈佛大学曾经做了一个非常著名的关于目标对人生发展影响的跟踪调查,对象是一群智力、学历、环境等条件都差不多的年轻人,调查结果见表 1-2。

表 1-2 人生目标对人生发展的影响

目标清晰程度	人数	25 年后的职业发展状况
没有目标	27%	他们中的大部分人生活在社会的最底层。他们的生活都过得很不如意,常常失业,靠政府救济,常常抱怨他人,抱怨社会
目标模糊	60%	他们中的大部分人生活在社会的中下层。他们能安稳地生活与工作,但都没有什么特别的成绩
有比较清晰的短期目标	10%	他们中的大部分人生活在社会的中上层。他们的共同特点是不断达到那些短期目标,生活质量稳步上升。他们是各行各业不可缺少的专业人士,如医生、律师、工程师、高级主管等
有十分清晰的长期目标	3%	他们 25 年来几乎不曾更改过自己的人生目标,始终朝着同一个方向不懈地努力。25 年之后,他们几乎都成了社会各界顶尖的成功人士,他们中不乏白手起家的创业者、行业领袖、社会精英

为什么一群智力、学历、环境等条件都差不多的年轻人，25年之后的职业生涯发展结果表现出这么大的差异呢？根本原因在于，有些人目标清晰、明确，而有些人目标模糊，甚至没有目标。目标引领未来，目标促进行动，没有目标的生活就像没有舵的船。如果过着没有目标的生活，就很容易随波逐流，人也会变得浑浑噩噩，因此，一个人要想获得成功，确定一个明确的发展方向或阶段性目标是非常重要的。如果没有明确的奋斗方向和阶段性目标，今天朝这个方向发展，明天朝着那个方向发展，最后不可能取得成功。校园里常常存在以下两种人：一种是游手好闲、无所事事者；另一种是忙忙碌碌、缺乏针对性者。这两种人的共同特点是缺乏一个明确的学习目标。前者因为没有目标而导致没有学习的动力，自我发展的自觉性不高；后者因为目标不明确而导致"眉毛胡子一把抓"，学习缺乏针对性。而明确未来职业发展方向或目标有利于激发大学生在大学期间学习的积极性，优化大学生的学习行为或行动。

案例1-6　从金属雕刻到高层次人才[①]

小刘，某职业技术学院2017届模具设计与制造专业毕业生，目前在该职业技术学院担任实训教师。

小刘先后获得过第十五届"振兴杯"全国青年职业技能大赛学生组钳工赛项第一名，第十六届"振兴杯"全国青年职业技能大赛职工组模具工（冲压）赛项第一名，享受高层次人才政策，先后被授予"全国技术能手""全国青年岗位能手""浙江省技术能手""浙江省青年工匠""浙江省青年岗位能手""杭州市青年岗位能手""杭州市五一劳动奖章"等荣誉称号，小刘也是学校的模具设计与制造专业的毕业生留校任教的第一人。正如他所说："技能大赛成就了我高层次人才的梦想，改变了我的人生轨迹。"

大赛点亮人生，竟"十过家门而不入"

1997年出生的小刘4岁随父母离开老家广西玉林，来到绍兴生活，由绍兴的一所职业高中考入职业技术学院。在参加"振兴杯"之前，他对于未来曾有过清晰的规划：毕业后在杭州工作两年，然后回广西老家。

"振兴杯"全国青年职业技能大赛，这一被称为青年技能界"华山论剑"的比赛，在2019年第一次设立学生组，并将决赛地点定在杭州。小刘听说这一大赛后，本着"试一试"的想法，和同学一起报名参加了学生组的杭州选拔赛。

2019年5月，小刘开始备赛，他一有时间就去观摩专业实训课，并积极参加各类专业技能竞赛，最终在学校选拔赛中脱颖而出，7月开始进入高压训练模式。小刘回忆时说："那段时间我每天顶着高温训练到晚上12点，训练结束后就回到宿舍看书——当

---

① 陶勇，杨乐克．"宝藏男孩"刘明杰 从金属雕刻到高层次人才 [EB/OL]．(2022-10-28)[2023-06-13]．https://tzpy.centv.cn/article/2066．（有改动）

时理论知识是我的短板。说实话我很紧张，从晚上12点看书到凌晨两三点是常有的事，但不敢更晚，因为第二天还要训练。这样的日子持续了两个月，那两个月我甚至校门都没有出过。"

老天不负有心人，在杭州市、浙江省青年职业技能竞赛中，小刘均获得了钳工组第一名，这更坚定了他迎接国赛的信心和前进的步伐。紧接着，他全身心地投入了国赛集训。小刘家就在集训地点附近，每天早上从酒店赶到集训地点，他中途都会路过家门，但在集训期间他从来没有回过家，可以说是"十过家门而不入"。回忆起集训的那段时间，他说："训练最明显的感受，就是手掌的茧子长了又破，破了又长。"

凭着过硬的专业技能和5个月的艰苦付出，小刘一路过关斩将，拿到了市赛第一、省赛第一，最终获得了第十五届"振兴杯"全国青年职业技能大赛学生组钳工赛项第一名。

技能改变命运，任教扎根不负韶华

"早在比赛期间，就有许多企业直接来到比赛现场进行招聘，给出的年薪均在20万元以上，对于我们应届生来说待遇已经很好了。"在小刘面对诸多招聘信息犹豫的时候，母校向他抛出了橄榄枝，希望他留校任教。年仅24岁的小刘选择留校做一名专业实训教师，希望能培养出更多和他一样的技术型人才。

2020年，小刘报名了第十六届"振兴杯"全国青年职业技能大赛职工组竞赛，同时兼任本校参加学生组竞赛的学生组的指导老师。

"钳工技能大赛不但考查选手的理论知识，而且重点考查选手对工、量、刃具的操作，考查选手解决实际问题的能力。"小刘回忆，"市赛和省赛对精确度的要求非常高，要将误差控制在0.02毫米以内，而到国赛时，标准就更加严格，在精确度标准不变的情况下，要求模块平面上的所有点都控制在这个误差内。"

"前功尽弃在毫分，钳工的工作里，手稳是非常重要的，手臂力量必须要达标，这需要大量的练习和锻炼。"小刘的获胜"秘诀"就是每天坚持做一百个俯卧撑、跳一千次绳。进行这看似机械而重复的运动，就是为了锻炼手臂力量。

然而，这样的运动锻炼只是基础，除此之外，小刘每天还会练习制作模块。例如，赛程中需要自己制作45号钢的圆棒料，他就每天练习用锯子将圆棒料锯断，再用锉刀将其锉平，整个过程耗时1小时左右。备赛时，小刘每天都要完成制作4~5根圆棒料的练习。时间久了，一个平面是否平整，他只要把手放到这个平面上，就能很精确地判断出来，这是大量训练带来的"肌肉记忆"。漫长的坚持让小刘的手上布满大大小小的伤痕，"练习时磨出的茧好了又掉，掉了又好，反反复复"。

"我们不拼学历，只拼技能，在技能这方面领先，才能真正实现自己的人生价值。"小刘觉得，自己赶上了一个重视技术人才的好时代。

传承锻造工匠,金属雕刻桃李生香

为备战比赛,由小刘以及学院其他实训教师组成的导师团队作为导师参与指导学生组,小刘还要每天挤出时间为职工组的比赛进行备赛。12月,大赛结果揭晓,小刘所指导的学生获得了第十六届"振兴杯"全国青年职业技能大赛学生组模具工赛项第一名,小刘本人获得职工组模具工赛项第一名,而他也成为全国青年职业技能大赛上第一个同时在学生组竞赛和职工组竞赛摘得桂冠的"双料"冠军。

被问到是否有"教会徒弟饿死师傅"的担忧时,小刘说:"青出于而蓝胜于蓝,徒弟越出色,师傅越光荣,而且徒弟也不是一朝一夕就能成长成才的,我希望他们练好基本功,一步一个脚印,成为能工巧匠,在今后的工作中有所作为,证明自己,为学院争光。"

(四)突破障碍,开发潜能

个人成才是一个自我不断改变和超越的过程。在这一发展过程中,我们往往会面临两个障碍。一是内部障碍,如缺乏目标、缺少技能、态度消极、恐惧不安等。虽然人类早就认识到了改变的好处,但是同时人类也有一种害怕改变的倾向,因为改变会产生不确定性,给个人带来不舒服感。二是外部障碍,如市场趋势不明、社会经济发展形势变化、组织动荡等。职业生涯规划可以帮助我们更加从容地突破内部、外部障碍,开发潜能,从而成就自我、实现自我,如图1-5所示。

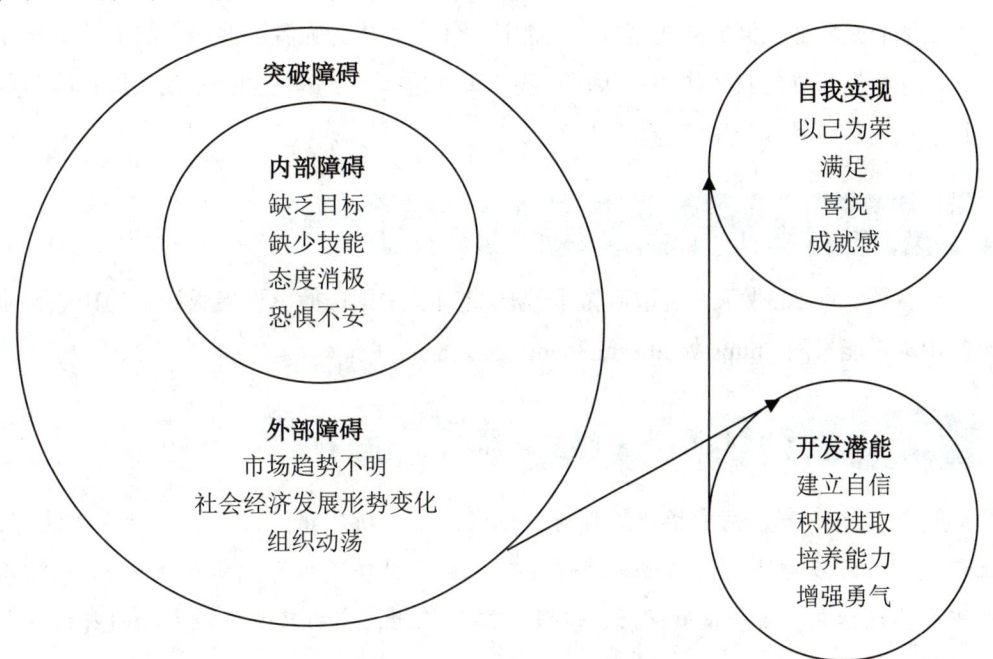

图1-5 职业生涯规划帮助个人突破内部、外部障碍,开发潜能示意图

如今,我们处在一个经济全球化、知识化、信息化空前加快的社会背景下,这种社

会最大的特点就是"变化"。凡事预则立，不预则废。但是在现实生活中，很多人往往以"计划不如变化快，规划即'鬼话'"为理由而不愿意为自己进行职业生涯规划，他们相信职业生涯是不可以规划的。其实，这是一个严重的误区。恰恰相反，正是因为世界变化太快才需要我们主动为自己的前途负起责任，提前谋划以应对变化中的世界。诚然，影响职业生涯发展的因素是很多的，有些是个人无法预料的，但是更多因素是可以预料的，也是可以控制的。积极面对无法预料的因素，主动促进可控因素朝着有利于自身发展的方向转变，是一个积极进取的人应该具备的态度。"未雨绸缪""人无远虑，必有近忧"充分说明提前规划、事先做好准备的重要性。况且，职业生涯规划并不是制定好之后再也不能调整了，恰恰相反，一个切实可行的职业生涯规划应该随着外界环境的变化灵活地进行调整。

青年强，则国家强。当代中国青年生逢其时，施展才干的舞台无比广阔，实现梦想的前景无比光明。在中华民族伟大复兴的新征程上，青年应当树立远大的理想和抱负，将实现个人价值的目标与时代奋进的目标结合起来，在不懈奋斗中实现人生价值，这也是进行职业生涯规划所必不可少的。

本章小结

1. 人生成功与职业发展存在密切联系，随着职业逐步走向成功，人生的高层次需求也逐步得到满足。

2. 进取心是职业生涯成功的基础，它能让一个弱者成为强者，促使人们不断超越自我。

3. 职业生涯规划的具体作用：认识自我，理性选择；了解社会，主动发展；明确目标，优化行动；突破障碍，开发潜能。

相关资源

1. 于海英. 平常心做人　进取心做事 [M]. 北京：中国广播影视出版社，2010.
2. 中国正能量网（https://chinaznl.30cdu.com.cn/）.

案例分析　5年的时间

5年前，他18岁，高中毕业。那时，他考上了一所不错的大学，可惜家里没有钱，他上不起学，没有办法，他只好进城谋生。他在城里转了两天，总算找到了一份工作，就是当一名送水工。他一没有阅历，二没有工作经验，有的只是年轻力壮的身体，当送水工正好。

他很珍惜这份工作。他每天都卖力地骑着自行车在街上穿行，自行车后面挂着三四桶纯净水。他送了一家又一家，来来回回地跑，在城里穿来穿去，把每一条街都跑遍了。因为送水得送到客户家里，所以有时遇上没有电梯的楼房，他就得用肩膀扛着水送上门去。一天下来，累死累活。开始的时候，他受不了，晚上腰疼得睡不着觉，可是他还是坚持下来了。一段时间过后，他总算适应了。同他一起当送水工的，没干几天就因为受不了而辞职了。

他对每一位客户都很有礼貌，敲门总是轻轻地，进门后总是套上鞋套，而且每送一位客户的水，他都会记下客户的地址，并在心里默念几遍，这样，下次送水的时候就不用走远路，可以走最近的路了。如此一来，他的效率大大提高了，每天他都能比别人多送些水，这样他的收入也提高了。

一个送水工一般每个月只有500元的收入，而他也不过只有600元左右。一些送水工干上一年半载就另谋高就不干了，而他干了一年又一年。有认识他的人告诉他："年轻人，你有文化，又年轻力壮，怎么不去做更赚钱的事情？这送水是没文化的人干的体力活，不应该是你干的。"他却告诉别人："我觉得送水挺好的，我喜欢干这事！"别人听了摇头叹息，背地里说他只能干一辈子送水工，只能一个月挣几百块钱，说他是个十足的傻瓜。要知道，城里有好多高中学历的人一个月都能挣1000多元。他不去做更赚钱的事情，而去当送水工，不是傻瓜是什么？

5年，对于一个辛苦工作的人来说很漫长，对于一个快乐工作的人来说则很短暂。5年时间里，他开开心心地当一名送水工。5年过后，他终于辞职了。

以前，多次有人劝他不要当送水工，他都不听，现在，没有人肯劝他这个傻瓜了，他倒主动辞职了。他用自己这些年的积蓄开了一家送水公司。人们觉得他必定失败，城里的客户早就有固定的地方订水了，他的公司是新开的，谁会订他的水呢？

但人们都错了，他没有失败，反而有很多人订他的水。这些订他水的人是他这些年认识的客户以及客户的亲朋好友。每天，他公司的送水工来来往往，将纯净水一桶一桶地送出去。现在，他公司送水的业务占据了全城送水业务的一半，别的送水公司只有几名送水工，而他的公司则有几十名送水工。他不再需要每天去给人送水了，只需要坐在办公室里办业务就行了。

一个小小的送水工，竟然成了一个有名的送水公司的经营者。有人问他，他是怎么出人意料地创造这个奇迹的？他说："在这个城里，干上5年的送水工能有几个？他们大多只做一年半载，而我一干就是5年，在这5年里，我结识了不少客户，还跟他们的亲朋好友认识了。我留给他们的印象很好，我说我要开公司了，问他们订不订水，结果他们都表示愿意订我的水。如此一来，我的公司一开张就赢得了很多订水的客户。"

最后，他又笑着说："一个人只要认认真真地干一件事，干上5年，就一定能够干出成绩，创造出一个'世界'来！"

现在有太多的人总是在一份工作上干几个月就坚持不住了,一心想干更赚钱的工作。如此一来,又怎么能在一件事情上干出成绩呢?谁能坚持干一件事,干好一件事,谁就能获得成功,拥有一个属于自己的世界!

> **思考**
>
> 1."他"从一个普通的送水工成为一家公司的经营者的经历,告诉我们什么道理?
>
> 2.你认为一个人要想获得成功需要具备什么样的心态或观念?

职业生涯规划概述

> 如果你不知道你要到哪儿去，那你通常哪儿也去不了。
>
> ——西方谚语

 本章学习要点

1. 了解职业生涯的基本理论。
2. 领悟职业生涯发展基本成长形态与基本法则。
3. 了解职业生涯规划的基本流程以及有关职业生涯规划的案例。

 本章案例

案例 2-1 开启职业生涯，难吗？①

  小于是某职业院校财务管理专业的一名应届毕业生，她在上学时就曾在一个家居企业做过出纳的兼职，感觉找工作也不难，但她毕业后回到家乡求职，找了两个多月工作都没有收获。小于比较文静，不善言谈，不清楚自己适合从事什么岗位。她父母认为文员工作相对轻松、工作环境相对较好，适合女孩子；她同学劝她去做销售，认为这个工作不限制专业，挣得还多。小于便听从父母和同学的想法去应聘文员和销售岗位，但是她对文员、销售岗位需要从事哪些工作、具备哪些能力、掌握哪些办公软件使用技能等方面知之甚少。

  除此之外，小于虽有就业热情，但在求职过程中屡屡碰壁。一方面，她不知道从哪里能获得岗位信息，两个月以来仅靠亲戚介绍面试了三家企业；另一方面，她没有进行面试前的准备，带着简历就直接去面试了，面试过程也不太顺利，面试官的好多问题她不知道该怎么回答，常常初次面试后就再没有了企业方面的消息。几次下来，小于逐渐失去信心。

  在这种情况下，小于鼓起勇气回到学校，向职业生涯规划指导老师进行咨询。指导老师认真地倾听了小于的求职意愿和职业规划，仔细询问和了解她求职过程中遇到的问题，

---

① 石惠. 深入浅出 清晰你的"职业画像"[EB/OL]. (2022-10-19)[2023-06-13]. http://chinajob.mohrss.gov.cn/c/2022-10-19/362618.shtml. （有改动）

从专业和实习经历入手，深入分析问题产生的深层次原因，并结合当前就业形势、人力资源市场供求状况、所学专业等多方因素提出具体可行的改进措施和合理化建议，帮助她逐步清晰"职业画像"——职业生涯规划。

指导老师为小于提出了"四步走"的求职策略：首先，从职业兴趣、职业能力、性格特点等方面明确职业目标，找准就业方向；其次，围绕目标岗位做好就业准备；再次，掌握面试技巧，提高求职成功率；最后，纠正自身错误的就业观念，用发展眼光看问题。指导老师还建议小于以后利用业余时间学习会计相关知识，参加初级会计考试，获取相关证书，不断提升专业能力。

有了这一经历，小于也终于懂得了提前做职业生涯规划的重要性。在指导老师的帮助下，她用科学的方法为自己做好了长期的职业生涯规划。小于重塑信心，最终成功进入一家电商企业任出纳。

"大学生涯从规划自我开始，成功靠日积月累来实现。"职业生涯规划是个人在分析影响职业发展的主、客观因素的基础上，为实现职业目标所做出的行之有效的安排。职业生涯规划不同于简单的人生设计，更不同于成功学，其有着完备的学科知识体系。掌握一些职业生涯规划的基本理论、法则，能够很好地帮助和指导我们进行人生规划。

第一节 职业生涯的基本理论

理论是人们对自然或社会现象的推论性总结，反映了事物发生、发展的一般规律。正确理解和把握职业生涯的基本理论可以引导我们全面认识自己，提高我们的职业决策能力，在职业活动中愉快地胜任工作并不断发展自己。职业生涯理论是在心理学、人力资源管理学等学科理论的基础上经过不断地整合与发展而建立起来的。职业生涯理论有多种不同的归类方法，其中比较有代表性的三类职业生涯理论：匹配理论、发展理论和决策理论。

一、匹配理论

匹配理论由被称为"职业指导之父"的帕森斯提出，其根本立足点在于个人在择业时要尽量做到人职匹配。该理论重视个人的需要、能力、兴趣、人格等内在因素在职业选择过程中的重要作用。该类理论认为，职业选择是个人特质的延伸，个人应主动寻求能施展才能、态度、价值观、兴趣的工作。个人特质与工作环境越是匹配，个人的职业满意度、职业稳定性和职业成就越高。

（一）人格类型理论

20世纪60年代，美国职业指导专家霍兰德在帕森斯观点的基础上，结合当时的人格心理学概念，总结出职业选择是个人人格在工作世界的表露和延伸，即人们在工作选择和经验中表现自己的个人兴趣和价值。此外，根据自己多年的职业咨询经验，霍兰德发现，个人会被某些满足其需要和角色认同的特定职业所吸引。因此，我们可根据个人对职业的印象和推论将人们和环境进行特定的归类，而个人对自我的观点与职业环境偏好的一致性构成霍兰德所称的"典型个人风格"。比如，具有社会型职业个性倾向的人会偏好在能与他人密切互动的环境中工作。

1. 四项核心假设

（1）假设一。大多数人可以被归纳为六种类型：现实型（realistic type，R）、研究型（investigative type，I）、艺术型（artistic type，A）、社会型（social type，S）、企业型（enterprising type，E）和常规型（conventional type，C），这六种类型按照一个固定的顺序可排成一个六边形（RIASEC），如图2-1所示。

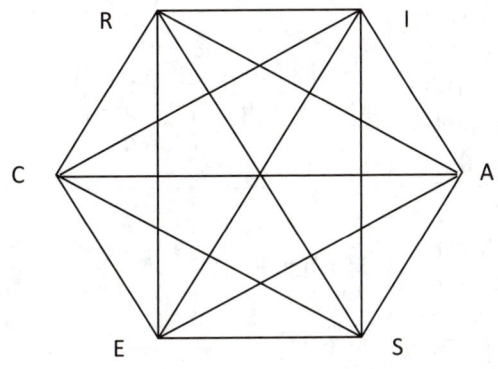

图2-1　人格六边形模型

（2）假设二。社会环境有六类：现实型（R）、研究型（I）、艺术型（A）、社会型（S）、企业型（E）和常规型（C），同样，这六大社会环境按照一个固定的顺序可排成一个六边形（RIASEC）。

（3）假设三。人总是寻找适合个人人格类型的环境，锻炼相应的技巧与能力，从而表现出各自的态度及价值观，面对相似的问题，扮演相似的角色。

（4）假设四。一个人的行为表现是由他的人格与他所处的环境交互决定的。

2. 三个辅助假设

（1）一致性：类型之间在心理上一致的程度。比如，现实型和研究型在某些性质上有共通的地方，表现为不善交际、喜欢做事而不善于与人接触、较男性化等，我们称这两种类型的一致性高。反之，常规型和艺术型的一致性偏低，因为两者所具有的特点是完全不同的，如前者顺从性大，后者独创性强。各类型的一致性程度可以用它们在人格六边形模型上的距离表示：一致性高的，它们在人格六边形模型上的位置是临近的，如RI、RC；一致性中等的，它们在人格六边形模型上的位置是相隔一角的，如RA、RE；一致性低的，它们在人格六边形模型上的位置是相对的，如RS。

（2）区分性。某些人或某些职业环境的界定较为清晰，较为接近某一类型，而与其他类型相似甚少，这种情况表示区分性较高；若某些人与多种类型相近，则表示他们的区分性较低。

（3）适配性：人格类型与职业类型的匹配程度。适配性可以预测个人的职业满意度、稳定性及职业成就。如研究型的人需要有研究型的职业环境，只有这种职业环境才能给他所需要的机会与奖励。适配性是霍兰德三个辅助假设理论中最为重要的一个假设。

霍兰德人格类型理论如表2-1所示。

表2-1 霍兰德人格类型理论[①]

人格类型	兴趣特点	价值观	性格特点	与之匹配的职业类型
R型	喜欢用手、工具、机器制作或修理东西。愿意从事实物性的工作、体力活动，喜欢户外活动或操作机器，不喜欢在办公室工作	追求对实际成就的物质回报	爱运动、顺从、坦诚、爱机械、户外型、坚持、现实、稳定、实际、有技巧	技能性职业，如修理工、农民等；技术性职业，如摄影师、制图员、机械装配工、土木建筑工程技术人员等
I型	喜欢探索和理解事物，喜欢学习研究那些需要分析、思考的抽象问题，喜欢阅读与讨论有关科学性的论题，喜欢独立工作，对未知问题充满兴趣	追求知识的获得与个人的发展	分析性、富有创造性、批判、好奇、逻辑性、爱探索、讲科学、好学、聪明、精确	科学研究职业，如科学研究人员、科技工作者等；实验性职业，如实验员、计算机程序设计员等
A型	喜欢自我表达，喜欢文学、音乐、艺术和表演等具有创造性、变化性的工作，重视作品的原创性和创意	追求有创意的想法，自由、美感的获得	艺术性、独立、创造性、无序、情绪化、相信直觉、富有想象力、感性、敏感、理想主义	艺术性职业，如摄影家、室内装修、策划师、歌唱演员、作曲家、音乐指挥等；文学性职业，如诗人、文学作家、剧作家等
S型	喜欢与他人合作，关心他人的幸福，愿意帮助别人成长或解决困难，为他人提供服务	服务社会和他人，公正、理解、平等性	接纳、仁慈、利他、好心、易于合作，富有同情心、随和、友好、善解人意，喜交往	教育职业，如教师等；社会类职业，如咨询师、外交工作者、导游、社会工作者、公关员等
E型	喜欢领导和支配别人，通过领导、劝说他人或推销自己的观念、产品从而达到个人或组织的目标，希望成就一番事业	追求物质成就和社会地位	支配、冒险、精力充沛，有抱负，善于说服，坚持己见，有影响力，自信，坚决	说服或支配他人的职业，如营销员、政府工作者、企业经理、管理者、律师、商品营业员、调度员、经纪人等

---

① 根据相关资料整理而来。

续表

人格类型	兴趣特点	价值观	性格特点	与之匹配的职业类型
C型	喜欢固定、有秩序的工作或活动，希望确切地知道工作的要求和标准，愿意在一个大的机构中处于从属地位，愿意对文字、数据和事物进行细致有序的系统处理以达到特定的标准	追求物质或经济成就	服从、有组织性、坚持、可靠、实际、有效率、精确、有条不紊、系统、谨慎	事务性的职业，如出纳、会计、秘书、办公室职员、计算机操作员、速记师、打字员、管理员、行政助理、记事员等

 理论点睛

霍兰德的人格类型理论是一种非常实用的理论，当你面临多个职业选择时，该理论可以很好地帮助你。比如，在毕业时是选择国企、私企还是外企，是选择从事技术研发还是市场销售，是选择从事教育事业还是到企业工作，等等。同时，该理论还可以帮助个人进一步明确未来的职业发展方向。人格类型理论强调个人特质与职业之间的匹配关系。我们在使用时需要借助霍兰德的职业自我探索量表（self-directed search，SDS）进行自我探索，分析我们的人格特点，找到最能发挥我们优势的职业环境。

（二）职业锚理论

1. 什么是职业锚

1961—1963年，美国麻省理工学院斯隆管理学院的44名毕业生自愿组成一个专门小组，配合本学院的施恩教授开展关于个人职业发展和组织职业管理的调查与研究。施恩在他们毕业半年和1年后分别与他们进行了面谈，在他们毕业5年后进行了问卷调查。1973年，施恩请他们返回麻省理工学院，就他们的职业和生活进行面谈和调查。施恩在对他们的跟踪调查和对许多公司、个人及团队的调查中发现，一个人在选择和发展一生的职业生涯时都会围绕一个中心，这个中心就是职业锚（career anchor）。

人职匹配实际上是一个持续不断的过程，在这一过程中，每个人都在根据自己的天资、能力、动机、需要、态度和价值观等慢慢地形成较为明晰的、与职业有关的自我概念。随着一个人对自己越来越了解，这个人就会越来越明显地形成一个占主要地位的职业锚。通俗地说，职业锚就是当一个人不得不做出选择的时候，他无论如何都不会放弃的职业中的一种至关重要的东西。也许有些人一直都不知道自己的职业锚是什么，直到他们不得不做出某种重大选择时才知道。比如，在选择接受公司将自己晋升到总部的决定，还是辞去现职转而开办和经营自己的公司的时候，在这一关口，一个人过去的所有工作经历、兴趣、资质等才会集合成一个富有意义的职业锚。职业锚会告诉他，对他来说到底什么东西才是最重要的。

2. 职业锚的类型

施恩从大量的跟踪调查与研究中总结出五种职业锚的类型。

（1）技术型职业锚。持这种职业锚的人愿意在专业领域里发展，追求在技术领域的成长、技能的提高以及应用这种技术的机会；注重个人在专业技术领域的进一步发展，喜欢面对挑战，独立开展工作，希望不受资源限制地开展自己认为正确的工作，大多从事工程技术、财务分析、系统分析、企业计划等工作；拒绝一般的管理性质的工作，因为这将意味着让他们放弃在技术领域的成就；追求在技术领域获得专家的肯定和认可，以及承担日益增多的富有挑战性的工作；主要看重的不是等级地位的大幅度提升，而是专业地位的提高和技术领域的扩大。

（2）管理型职业锚。持这种职业锚的人有强烈的愿望去做管理人员，同时，他们的经验也表明他们有能力达到高层领导职位，承担较高责任的管理职位是这些人的最终目标。他们倾心于全面管理，追求权力；具有强烈的升迁动机和价值观，追求并致力于职位、收入的提升；善于与人沟通；有较强的分析能力和领导、操纵、控制他人的能力；对组织有很大的依赖性。

（3）创造型职业锚。持这种职业锚的人需要建立完全属于自己的东西，或是以自己名字命名的产品或工艺，或是自己的公司，或是能反映个人成就的私人财产。他们认为只有这些实实在在的事物才能体现自己的才干。他们具有强烈的创造需求和欲望，意志坚定，勇于冒险。

（4）安全型职业锚。持这种职业锚的人最关心的是职业长期的稳定性和安全性。他们为了安定的工作、可观的收入、优越的福利与养老制度等付出努力。对他们来说，一份安全稳定的职业、一笔体面的收入、优越的福利和良好的退休保障是至关重要的。他们比较容易接受组织，倾向于根据雇主对他们提出的要求行事，不越雷池半步，对组织有较强的依赖性。

（5）自主型职业锚。持这种职业锚的人更喜欢独来独往，希望随心所欲地安排自己的工作方式、工作习惯和生活方式。他们追求能施展个人能力的工作环境，希望最大限度地摆脱组织的限制和制约。在选择职业时，他们宁可放弃提升或拓展工作的机会，也不愿放弃自身的自由与独立，他们视自主为第一需要。很多有这种职业向往的人也有相当高的技术型职业定位，但是他们不同于那些单纯的技术型定位的人，他们不愿意在组织中发展，而是宁愿做一名咨询人员，或是独立从业，或是与他人合伙创业。而其他持自主型职业锚的人往往会成为自由撰稿人，或是开一家小零售店。

上述五种职业锚之间可能存在交叉，但是每一种都有一个最突出、最强烈、最易识别的特性。

> **理论点睛**
>
> 职业锚是人们在选择并发展自己的职业时所围绕的中心。它就像一艘船的船锚，将船锚抛到水底，当风起时，船只会在锚的周围移动，而不会离开锚的范围。在职业选择和发展过程中，有时我们的职业选择和发展会偏离最佳定位，但是不会远离职业锚。当我们对自身的能力、价值观、需要以及工作情境等形成更加清晰、全面的认识时，我们会逐步回到职业锚的最佳位置。

二、发展理论

无论是从人的心理发展的内在规律来看，还是从社会活动的变化对人产生的影响来看，人的职业心理总是处于一种动态的发展过程之中，因而个人特质与职业的匹配不可能一次就完成。发展理论是从动态角度研究人的职业行为以及职业发展阶段的。随着实践的发展，职业生涯发展阶段理论日趋成熟。对于职业生涯发展阶段的划分，国内外学者各有所见，比较具有影响力的是舒伯的五阶段理论和施恩的九阶段理论。

（一）舒伯的五阶段理论

舒伯以年龄为依据，将人的职业生涯发展分为五个阶段：成长阶段、探索阶段、建立阶段、维持阶段和退出阶段。

1. 成长阶段（0~14岁）

在成长阶段，个人扮演的角色首先是孩子；入学后，学生、休闲者的角色在生活中占据相当大的比重。该阶段的任务：发展自我概念，开始以各种不同的方式来表达自己的需求，且通过在现实世界不断实践来修正自己的角色，同时，了解工作的意义，发展对工作世界的正确态度。

2. 探索阶段（15~24岁）

在探索阶段，学生角色占据主要地位，同时，公民和工作者角色所占比重与日俱增。这一阶段的青少年通过学校学习、社团活动、兼职等机会，对自我能力、角色及工作世界进行深入的探索，从而使职业偏好逐渐具体化、特定化，并且初步实现职业目标。

3. 建立阶段（25~44岁）

在建立阶段，个体从学校毕业卸下学生的角色后，工作者的角色很可能成为生活的重心，而持家者的角色也在该时期尤其是后期越发明显，个体开始扮演配偶、家长的角色。这一阶段的任务是统整、稳固并且追求上进，即经过探索后，能明确自己在整个生涯发展中的长远目标和属于自己的位置。

4. 维持阶段（45~64岁）

在维持阶段，个体的工作如日中天，事业发展达到顶峰，此时休闲者与公民的角色逐渐变得重要。这一阶段的任务是维持既有的成就与地位。

5. 退出阶段（65岁以上）

在退出阶段，个体从原有工作退休后，在家庭投入相当多的时间，休闲者和持家者的角色最为突出。这一阶段的任务是注重发展新的角色，寻求不同方式以替代和满足从工作中得到的需求，或者做曾经想做而又没有做的事情。

在后期的研究中，舒伯对发展阶段的理论又进行了深化，他认为在各个发展阶段都要经历成长、探索、建立、维持和退出阶段，这样就形成一种螺旋循环式发展模式（见表2-2）。这种大阶段中有小阶段的模式丰富和深化了生涯发展阶段的内涵。

表2-2 螺旋循环式发展模式

生涯阶段	青年期 （15~24岁）	成年初期 （25~44岁）	成年中期 （45~64岁）	成年晚期 （65岁以上）
成长阶段	发展合适的自我概念	学习与他人建立关系	接受自身的限制性条件	发展非职业性的角色
探索阶段	从许多机会中学习	寻找心仪的工作机会	确认待处理的新问题	选个良好的养老地点
建立阶段	在选定的职业领域中起步	确定投入某一工作，并寻求职位的升迁	发展新的应用技能	完成未完成的梦想
维持阶段	验证目前的职业选择	致力于维持职位的稳固	巩固自我以对抗竞争	维持生活的兴趣
退出阶段	从事休闲活动的时间减少	减少体能活动的时间	集中精力于主要的活动	减少工作时间

（二）施恩的九阶段理论

施恩根据人的生命周期的特点及不同年龄段所面临的问题和职业工作的主要任务，将职业生涯发展分为九个阶段，如表2-3所示。

表2-3 施恩的职业生涯发展九阶段理论

阶段名称	年龄	角色	主要任务
成长、幻想、探索阶段	0~21岁	学生、工作申请者	1. 发现和发展自己的需要、兴趣、能力和才干，为进行实际的职业选择打好基础。 2. 学习职业方面的知识，做出合理的受教育决策，开发工作领域中所需要的知识和技能
进入工作世界	16~25岁	应聘者、新学员	1. 进入职业生涯。 2. 学会寻找并评估一项工作，做出有效的工作选择。 3. 个人和雇主之间达成正式、可行的契约，个人正式成为一个工作群体的成员

续表

阶段名称	年龄	角色	主要任务
基础培训	16~25 岁	实习生、新手	1. 了解、熟悉组织，接受组织文化，克服不安全感，学会与人相处，融入工作群体。 2. 适应独立工作，成为一名有效工作的成员
早期职业的正式成员资格	17~30 岁	取得组织正式成员的资格	1. 承担责任，成功地完成第一次工作任务。 2. 发展和展示自己的技能和专长，为晋升或横向职业成长打下基础。 3. 重新评估现有的职业，理智地进行新的职业决策，寻求良师和保护人
职业中期	25 岁以上	正式成员、任职者、终生成员、主管、经理等	1. 选定一项专业或进入管理部门。 2. 保持技术竞争力，力争成为专家或职业能手。 3. 承担较大责任，确定自己的地位。 4. 制订个人的长期职业计划。 5. 寻求家庭、自我和工作事务间的平衡
职业中期危险阶段	35~45 岁	正式成员、任职者、终生成员、主管、经理等	1. 客观地评估自己的才干，进一步明确自己的职业抱负及个人前途。 2. 就接受现状或者争取看得见的前途做出选择。 3. 与他人建立良师益友关系
职业后期	40 岁到退休	骨干成员、管理者、有效贡献者等	1. 成为工作指导者，学会影响他人并承担责任。 2. 提高才干，以担负更重大的责任。 3. 选拔和培养接替人员。 4. 如果求安稳，就此停滞，则要接受和正视自己的影响力和挑战能力的下降
衰退和离职阶段	40 岁到退休		1. 学会接受权力、责任、地位的下降。 2. 要学会接受和发展新的角色。 3. 培养工作以外的兴趣、爱好，寻找新的满足源。 4. 评估自己的职业生涯，着手退休
退休	因人而异		1. 适应角色、生活方式和生活标准的急剧变化，保持自我认同感。 2. 保持自我价值感，运用自己积累的经验和智慧，以各种资深角色对他人进行传、帮、带

虽然本理论给出了每个阶段的年龄，但实际上并未囿于此。施恩的九阶段理论更多是根据职业状态、任务、职业行为的重要性来划分职业生涯发展阶段的。由于每个人在经历某一职业阶段的年龄有别，所以施恩只给出了每个阶段的大致年龄跨度，并且在每个职业发展阶段上有所交叉。

> **理论点睛**
>
> 九阶段理论认为，个体的职业生涯发展是一个有次序、具有固定形态的过程，每个阶段的发展都是可以预测的。该理论将个人的整个职业生涯发展进行了阶段划分，并指出了各个阶段所扮演的职业角色、所处的职业状态以及需承担的发展任务，为我们进行职业生涯规划提供了很好的理论依据。

三、决策理论

每个人在职业生涯发展的道路上都会面临各种各样的职业决策问题。当我们站在各种选择的十字路口时，究竟向哪个方向走，需要我们做出明智的决策。职业生涯决策理论能够告诉我们决策的依据和步骤，使我们不再犹豫不决。

（一）认知信息加工模型

1. 认知信息加工金字塔模型

认知信息加工金字塔模型用一个金字塔非常形象地说明了职业生涯决策所涉及的内容，它由三水平、四部分组成，如图2-2所示。

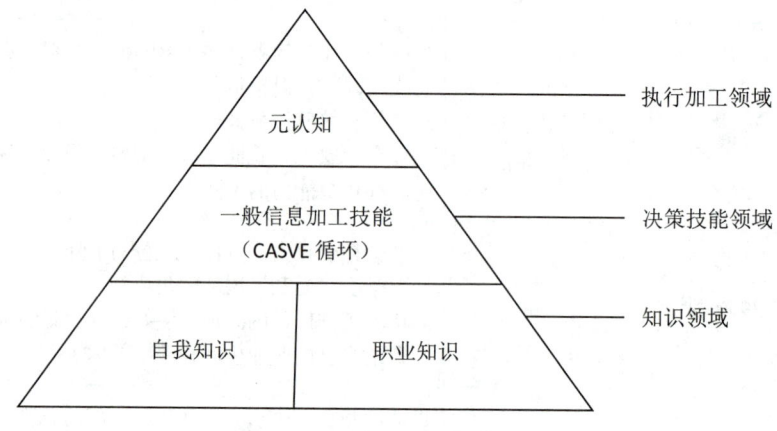

图 2-2　认知信息加工金字塔模型

（1）水平一：知识领域。它包括自我知识（对自我的价值观、兴趣、需要和技能等方面的了解）和职业知识（对职业、教育、休闲、组织等方面的了解），它就像计算机的数据文件一样存储在我们的记忆当中，构成职业生涯决策的基础。

（2）水平二：决策技能领域。它关注的是个体如何做决策，它就像计算机的软件程序，从各种文件中获取数据，并按照预先设定的方式使用这些数据。

（3）水平三：执行加工领域。它是指元认知，是一个人完成一项任务或达到一定目标而投身其中的记忆和思考，是一种思维过程。它就像操作计算机的人，控制和监督职业生涯的决策过程，主宰我们进行思考，解决生涯问题和制定决策。

2. 决策技能 CASVE 循环

认知金字塔模型的第二水平是职业生涯决策的关键环节，该理论用 CASVE 循环表述个体应该如何做出决策。CASVE 循环由五个要素组成：沟通（communication）、分析（analysis）、综合（synthesis）、评估（valuing）和执行（execution），职业生涯决策就是这五个要素之间循环往复的过程（图 2-3）。

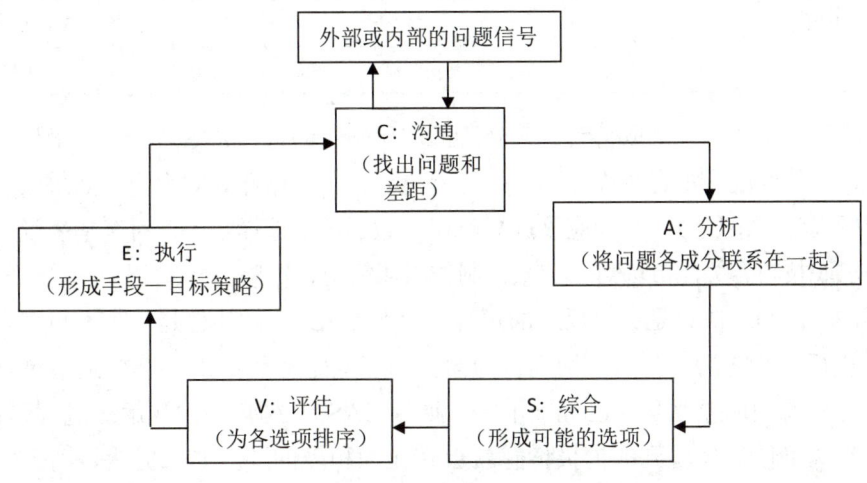

图 2-3 CASVE 循环

（1）阶段一：沟通。明确决策的问题，即意识到必须就职业问题做出决策。这种意识可以由各种原因引起。比如：需要确定职业发展目标；辅修第二专业；即将毕业，需求职择业；等等。比如，"李华还有一年就要毕业"这一客观事件促使李华必须马上做出一个决定：未来是继续深造还是就业？

（2）阶段二：分析。做决策需要大量的信息资料，本阶段要做的就是收集决策所需要的信息资料。这其中包括：①自我分析，收集自我生理、性格、兴趣、价值观、需要、家庭等资料；②职业分析，收集有关职业、行业、企业等方面的资料。李华对自我和职业的分析如下：①自我分析——喜欢跟人打交道，具有较强的创新能力和学习能力，责任心强，感觉知识能力不够，想在学校进一步学习，未来想在航运企业从事管理类工作；②职业分析——在继续深造阶段会学到更多、更深的专业知识，管理能力需要从实践中获得，家庭状况不好，大学生就业形势越来越严峻。

（3）阶段三：综合。排列出各种备选方案，对所收集的资料进行整合，形成两种或几种有助于解决问题的方案。对李华来说只有两个选择：继续深造和就业。

（4）阶段四：评估。根据自己的价值观，将各种备选方法按优劣顺序进行排序，并确定一个收益最大、成本最小的行动方案。李华做了评估表，见表 2-4。

表 2-4 李华的职业决策评估表

影响因素	权重	继续深造	就业
对家人的影响	3	−2（−6）	4（+12）
积累管理经验	3	−1（−3）	3（+9）
学习知识	5	5（+25）	2（+10）
有利于就业	3	3（+9）	3（+9）
合计		25	40

（5）阶段五：执行。采取行动，实施阶段四所确定的行动方案。行动完毕后，再回到沟通步骤，评估问题有没有解决。如果问题解决了，决策循环到此为止。如果没有，则继续进入分析步骤。很显然，李华应该选择就业。做了这个选择之后，对李华来说，他需要马上学习求职技巧，关注市场需求信息，制作求职简历，等等。

值得注意的是，决策是一个反复的过程，因此 CASVE 循环也是一个不断循环的过程。比如，在执行阶段之后，个体又回到沟通阶段，以确定已经做出的选择是不是好的——现实与理想状态间的差距是否已经被消除。如果 CASVE 循环的问题解决过程是成功的，那么原先在沟通阶段体验到的消极情感就会转化为积极的了。如果仍然是消极的，那么就需要再次进入 CASVE 循环。在问题解决和决策过程中，很多时候人们会很快地完成 CASVE 循环的五个阶段，或者在某一个特定的阶段稍有延迟。CASVE 循环无论是在解决个人问题还是在解决团体问题方面都非常有用。用系统的方法思考这五个阶段能够为我们提供一个有用的工具，使我们快速地进行职业规划。

（二）生涯决策平衡单

在决策过程中对各种可能的选择进行评估排序时，需要详细地考虑该决定所涉及的各方面的要素。其中，一个有效的方法是使用决策平衡单，表 2-5 为决策平衡单的加权计分卡。

表 2-5 决策平衡单的加权计分卡

考虑因素	权重	选择一（　　）		选择二（　　）		选择三（　　）	
	−5~+5	+	−	+	−	+	−
A. 个人物质方面的得失							
B. 他人物质方面的得失							
C. 个人精神方面的得失							
D. 他人精神方面的得失							
总分							

决策平衡单将重大决策的思考方向集中到四个主题上：个人物质方面的得失、他人物质方面的得失、个人精神方面的得失和他人精神方面的得失。在使用时，按照上述四个主题列出个人所有重要的需求并按其重要程度赋予权重，将它们作为评判的标准，逐项对所有的选择进行加权计分，最后按总分排序。表2-6是某学生的决策平衡单。

表2-6 某学生的决策平衡单[①]

考虑因素	权重	选择一 （国贸专业研究生）		选择二 （英文记者）		选择三 （导游）	
	-5~+5	+	-	+	-	+	-
A. 个人物质方面的得失							
1. 个人收入	3	0（0）		2（+6）		4（+12）	
2. 未来发展	4	5（+20）		4（+16）		2（+8）	
3. 休闲时间	2		1（-2）	0（0）		3（+6）	
4. 对健康的影响	1	2（+2）		2（+2）		4（+4）	
B. 他人物质方面的得失							
1. 家庭收入	3		1（-3）	2（+6）		4（+12）	
2. 家庭地位	2	5（+10）		3（+6）			-2（-4）
C. 个人精神方面的得失							
1. 创造性	5	4（+20）		4（+20）		4（+20）	
2. 多样性	5	4（+20）		5（+25）		5（+25）	
3. 影响他人	4	3（+12）		4（+16）		5（+20）	
4. 自由独立	4		1（-4）	4（+16）		5（+20）	
5. 被认可	3	5（+15）		3（+9）		4（+12）	
D. 他人精神方面的得失							
1. 父亲	3	5（+15）		3（+9）		3（+9）	
2. 母亲	3	5（+15）		2（+6）			1（-3）
3. 男朋友	2	3（+6）		4（+8）			1（-2）
得分		+135	-9	+145		+148	-9
总分		126		145		139	
优先级		3		1		2	

决策平衡单是进行职业选择时的一个非常实用的工具。我们在发现自己感兴趣的职业方向，并对几个候选的选项有了深入了解之后，往往会陷入无法选择的境地，就像我们通常看见的很多优秀的毕业生拿着大量的面试通知却无从选择一样，因为每个选择都很诱人。这时应该怎么办呢？可以使用决策平衡单来帮我们做决定。

[①] 钟谷兰，杨开. 大学生职业生涯发展与规划 [M]. 上海：华东师范大学出版社，2008：103-104.

第二节 职业生涯基本成长形态与基本法则

职业生涯发展是一个充满变化的过程，每个人在发展过程中会表现出自己独特的职业成长轨迹，即职业生涯成长形态。成长形态不同，对个人的影响会不同。虽然在职业生涯发展的道路上每个人所经历的过程会不一样，但是有一些普遍适用的基本法则或规律需要我们每个人遵循。

一、职业生涯基本成长形态

日本学者高桥宪行将职业生涯形态分为超级巨星型、卓越精英型、劳碌命型、中兴二代型、暴起暴落型等18种。中国学者洪凤仪将职业生涯形态分为步步高升型、得天独厚型、一心多用型等7种。不过，根据个人进入职业生涯时的起点、退出职业生涯时的成就水平以及在职业生涯发展过程中的重大转折点，我们可以将职业生涯成长形态大致分为以下6种。

（一）少年得志型

少年得志型（图2-4）的人对于自己的职业并没有花太多时间进行尝试，反而因为家庭的关系很早就确定了方向。他们经过刻意的栽培与巧妙的安排进入公司的决策核心。

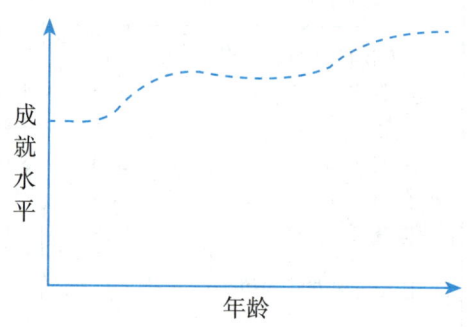

图 2-4　少年得志型职业生涯成长形态

实例： 震宇高中毕业后就被送到日本念大学，之后又到美国专攻企业管理硕士。他的英语、日语都很好，并具备国际观与企业管理知识。硕士还没毕业，父母便安排他在美国实习、工作，丰富人生阅历。在30岁那年，他回来准备掌管家族企业。在公司里，震宇从基层做起，只是别人花三年才能从组长升为科长，而他只花了三个月。震宇是一个青年才俊，不到35岁便成为某公司的总经理了。

（二）逐步上升型

逐步上升型（图2-5）的人在职业生涯发展过程中认真经营，一步一个脚印地发展。

实例： 李立在一家颇具规模的家电制造公司工作多年，从业务员做起。因为他的业绩表现良好，又能吃苦且服务周到，客户都非常欣赏他。后来，公司派李立去南方开拓市场，他做出了别人无法达到的业绩。几年后，李立回总公司担任业务经理，又升至业务副总。

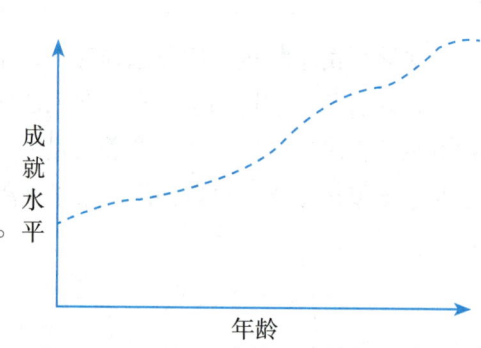

图 2-5　逐步上升型职业生涯成长形态

（三）大器晚成型

大器晚成型（图2-6）的人在职业生涯发展前期没有取得什么特别的成就，但能在某一领域内认真耕耘，厚积薄发，在后期取得比较高的成就。

实例：相传姜尚的先辈为贵族，在舜、禹时为官，因功被封于吕（今山西吕梁）。后来家道中落，到姜尚时已沦为贫民。相传，为维持生计，姜尚年轻时曾在商都朝歌（今河南淇县）宰牛卖肉，又到孟津做过卖酒生意。他虽家境贫寒，但胸怀大志，刻苦学习，始终孜孜不倦地研究、探讨治国兴邦之道，以期有朝一日能够大展宏图，为国效力。直到暮年，他才终于遇到施展才华的机会。

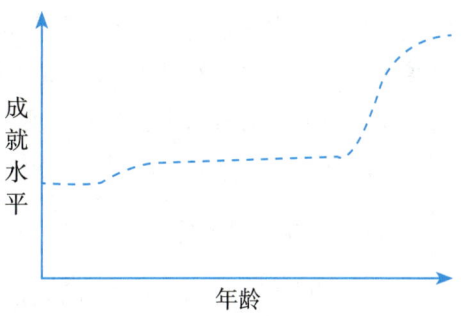

图2-6　大器晚成型职业生涯成长形态

（四）大起大落型

大起大落型（图2-7）的人在职业生涯发展的过程中因为多次变换职业或遭受重大挫折，其职业生涯发展表现出比较大的上下波动。

实例：1985年，林立人开始做文化用品和小物件，赚钱最多的还是编织袋。那时，全国乡镇化肥厂雨后春笋般冒出来，对编织袋的需求量很大，他渐渐成功了，25岁名声便已遍及乡里。但失败马上随之来临。1989年，他在河南签订了1.2亿元的大单，但提供了1000万只编织袋之后，他发现货款收不回来，只好停止供货，随后是漫长的讨债历程。1990年，一贫如洗的他远走深圳开始做起了房屋中介。1993年初，全国各地到处都在盖房，而林立人的新楼刚打了地基，6月，中央开始加强宏观调控，到9月银根紧缩，大楼最终成了个烂尾楼。1995年，林立人开始做起了寻呼机改装批发的生意，到1997年，事业达到一个顶峰，他算是成了个千万富翁。2001年，B股跳水，林立人的股票全部被套。1年多的熊市让他的资产缩水了2/3。痛定思痛，林立人决心静下心来，踏踏实实做事，抛弃过去想依赖一两次机会迅速暴富的心理，脚踏实地练好基本功，一点一点做起来。2002年初，在朋友的帮助下，他将剩下的资金投资入股了一家数码相机生产厂，这一次投资比较成功，本金全部收回了，股权也增值了。

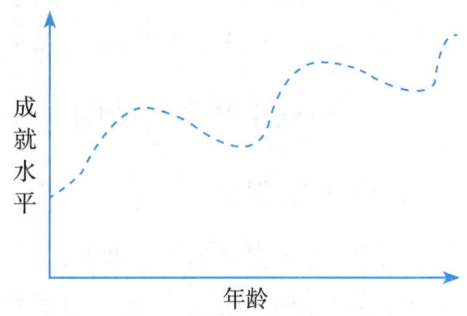

图2-7　大起大落型职业生涯成长形态

（五）因故中断型

因故中断型（图2-8）的人的职业发展会因为某些因素的影响而停顿，并长期处于静止或衰退状态。

实例：艾玲结婚前在广告公司上班，结婚之后，她发现身为医生的丈夫在晚上常常要值夜班。

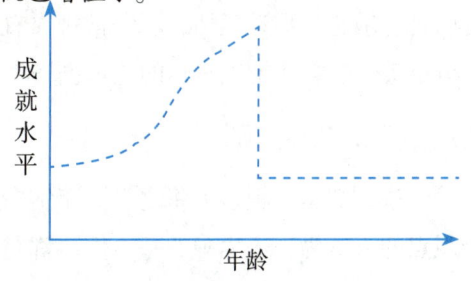

图2-8　因故中断型职业生涯成长形态

如果艾玲也忙于工作，那么家中的事情就无人料理，小孩子也无人照顾。无奈之下，艾玲辞掉了喜爱的工作。结婚15年，艾玲的职业生涯也中断了15年。目前，艾玲生活的重心就在家庭与先生的事业上。虽然有些遗憾，但是看到孩子的成长与先生的成就，她也颇为满足和骄傲。

（六）一生"平庸"型

一生"平庸"型（图2-9）的人在职业生涯发展中，职位没有得到很大提升，一直从事基层职位的工作。

实例：新美在大学毕业后进入高校从事行政管理工作。面对激烈的职场竞争，她觉得为了获得晋升而透支自己的身体是不值得的，而且她认为自己应该将重心放在家庭和身体健康上。在职业生涯发展中，新美虽然没有取得很大成就，但是她的生活幸福感很高。

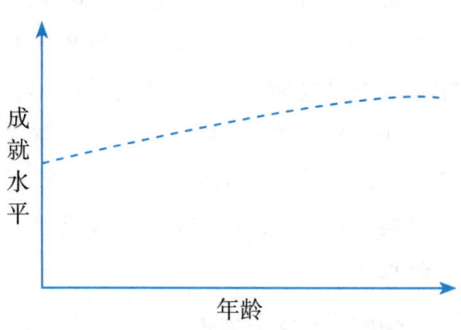

图2-9 一生"平庸"型职业生涯成长形态

二、职业生涯基本法则

（一）匹配法则

同样的事不是人人都能做的，不同的事往往适合不同特质的人做。我们只有选择了一条适合自己的职业发展路径，才有可能将个人的能力和优势充分发挥出来，对社会的贡献才会大，将来成才的概率才会大，成才的速度才会快。早在1909年，帕森斯就根据多年的工作经验在其《选择一个职业》一书中提出选择职业的三大要素或条件：①清楚地了解自己的态度、能力、兴趣、智谋、局限和其他特征；②清楚地了解职业选择成功的条件、所需知识、在不同职业工作岗位上所具有的优势、不利和补偿、机会和前途；③上述两个条件的平衡。后来，美国职业指导专家威廉姆森在此基础上做了进一步发展，形成著名的职业选择三步法：一是清楚地了解个人的生理和心理特点；二是分析职业对人的要求；三是进行人职匹配。人职匹配分为两种情况：①条件匹配，如需要专门技术和专业知识的职业与掌握该技术和专业知识的择业者相匹配，或者脏、累、险的劳动条件很差的职业需要吃苦耐劳、体格健壮的劳动者与之匹配；②特长匹配，即某些职业需要具有一定的特长，如具有敏感，易动感情，不守常规，有独创性，个性强，理想主义等人格特性的人，宜从事审美性、自我情感表达的艺术创作类职业。

（二）命运法则

说到命运，很多人将之等同于宿命论，其实宿命论与命运存在很大的区别。持宿命论观点的人认为，人生中的每一件事都是注定的，是由上天预先安排的，是无法改变的。而命运则不同，从字面来看，命运实际上包含"命"和"运"。"命"是在一个人出生时就已经发生、正在发生和必然发生的事情。比如，一个人出生的家庭——可能是很贫穷的家庭，也可能是富有的家庭，一个人的出生地点——可能是城市，也可能是农村。而凡是通过自己的努力可以影响、改变的事情都叫作"运"。"命"和"运"的区别如表2-7所示。

表2-7 "命"和"运"的区别

比较项目	"命"	"运"
说文解字	命题（命中注定）	运算（运行策划）
具体内容	出身、家庭背景、种族、性别等	观念、知识、能力、努力等
内在属性	继承性	获得性
各自特点	无法改变	可以改变
如何对待	只得面对	如何面对

"谋事在人，成事在天。"不可否认，人生发展除了个人努力之外，"命"，如良好的家庭背景、机遇等也会起到一定程度的作用。但事物的变化主要取决于内因，否则大到社会、小到个人都是无法进步的。

案例2-2 命运掌握在自己手里

海伦·凯勒出生于美国一个叫塔斯坎比亚的城镇。在她一岁半的时候，一场重病夺去了她的视力和听力。面对黑暗而又寂寞的世界，她竟然学会了说话，并以优异的成绩毕业于美国哈佛大学拉德克利夫学院，成为一个学识渊博，掌握英、法、德、拉丁、希腊五种语言的著名女作家、教育家、慈善家、社会活动家。她走遍世界各地，为盲人学校募集资金，把自己的一生献给了盲人福利事业和教育事业。她赢得了世界各地人民的赞扬，并得到许多国家政府的嘉奖。海伦在莎莉文老师的谆谆教导下，用顽强的毅力克服生理缺陷所造成的精神痛苦，她热爱生活，会骑马、滑雪、下棋，还喜欢看戏剧演出，喜欢参观博物馆和名胜古迹，并从中学到知识。她21岁时和老师合作发表了她的处女作《我生活的故事》，并在以后的60年里又写下了13部作品。

一个人是否能真正掌握自己的命运取决于自己对命运的观念。我们应该"心怀感激接受'命'，积极主动改变'运'"。

（三）内外法则

一个人的职业生涯会表现在内外两个方面：内职业生涯是指从事一项职业时所需具备的知识、观念、心理素质、经验、能力、健康状态、内心感受等因素的组合及其变化过程；外职业生涯是指从事职业时的工作单位、工作地点、工作内容、工作职务与职称、工作环境和工资待遇等因素的组合及其变化过程。内外职业生涯的区别见表 2-8。

表 2-8 内外职业生涯的区别

比较项目	内职业生涯	外职业生涯
具体内容	知识、观念、心理素质、经验、能力、健康、内心感受等	工作单位、工作地点、工作内容、工作职务与职称、工作环境、工资待遇等
属性	内在性	外在性
各自特点	需要个人获取,一旦获得就不容易丧失	需要别人认同、给予,也容易被他人否定、剥夺

如果用一棵树来比喻内外职业生涯,树干、树冠、树叶、果实等就像外职业生涯,它一般显而易见。谁都希望自己的职业生涯之树苗壮挺拔、枝繁叶茂、郁郁葱葱、硕果累累,但这样一棵参天大树不是凭空长成的,地下的庞大根系给了它强有力的支撑,汲取并输送着大树所需的营养,内职业生涯就是这样的根系。通过研究自然界中的植物,科研人员发现:环境越是恶劣,土壤越是贫瘠,植物越是需要庞大的根系。在肥沃的土壤里,树根与树冠的比例约为 1∶3~1∶6;在土壤贫瘠的环境中,树根与树冠的比例可达 1∶2;在沙漠地带,树根与树冠的比例会达到 1∶1 甚至 2∶1。这是大自然的规律,也是大自然的智慧。植物需要先有支持和营养系统——树根,才能形成树干、树冠;而树干、树冠的成长又促使树根向更广和更深处发展,以汲取更多的水分和营养。树冠、树根交替发展,相互成全,内外职业生涯之间的关系也是如此。

(四)四季法则

根据职业生涯发展的过程,职业生涯可划分为若干阶段,每个阶段为一个周期。犹如一年有四个季节,而每个季节都有不同的任务一样,在不同职业生涯阶段,尤其需要完成特定阶段的发展任务。了解职业生涯的周期性特点,可便于针对职业生涯的不同阶段选择不同的生涯发展任务。一个人经历的主要职业生涯阶段大体可以分为职业的春季、职业的夏季、职业的秋季和职业的冬季,见表 2-9。

表 2-9 职业生涯的发展阶段

发展阶段	含义	阶段发展任务	大致年龄(岁)
职业的春季	建立阶段	生涯探索,确定值得自己一生从事的职业领域	20~30
职业的夏季	成长阶段	在某个职业领域内稳定下来,积累经验	30~40
职业的秋季	收获阶段	经过前期奋斗,收获职业成果	40~50
职业的冬季	衰退阶段	慢慢退出职业舞台,发展新的生活角色	50~60

职业四季法则告诉我们,职业生涯发展虽然是一个动态、连续的过程,但是同时呈现出阶段性特点,在某个时期,有其特定的发展任务。一个人只有完成了当期应该完成的任务,才能顺利地进入下一个发展阶段。同时,职业四季法则还告诉我们:处于职业的春季

时，个人的主要任务是进行自我和环境探索，确定自己的专业领域，为将来在该领域内的发展做好准备；处于职业的夏季时，个人要安于现有的职业，减少职业的流动与转换，同时不断地从错误中吸取教训，使自己的职业能力得到提升，切忌对职务抱有不切实际的期望；处于职业的秋季时，个人在收获职业成果时，还要衡量自己确定的职业生涯目标是否符合自己的人生理想，并做出调整，避免出现"职业生涯高原"；处于职业的冬季时，对个人而言最重要的是保持精神的宁静，学会接受新角色并成为年轻人的良师益友，把经验传授给他们，同时发展新的生活角色。

（五）取舍法则

哲学家萨特曾说过："人有选择的自由，但是人没有不选择的自由。"萨特的这句话道出了这样一个真理：人生处处需要做选择。有选择就会有得有失，选择了A，就会失去选择B所带来的好处，这就是经济学上所讲的机会成本。很多人之所以出现选择困难，或选择后患得患失的情况，就是不知道如何取舍。选择和放弃都是需要智慧的。

案例2-3　永远去做你余生中最重要的那件事

饺子，原名杨宇，1980年出生于四川省泸州市，中国内地动画导演、编剧、制作人，毕业于四川大学华西药学院。2019年，凭借《哪吒之魔童降世》一举成名。

每个人都有过梦想，只不过多数人在长大的过程中把梦想弄丢了，饺子也不例外。小学时，老师问："你有什么理想？"饺子回答："我要当科学家！"那时候他对华罗庚、袁隆平崇拜得不行。初中时，同学问："你有什么理想？"饺子回答："我要当漫画家！"那时候他刚刚成为《圣斗士星矢》和《龙珠》忠实的粉丝。高中时，高考志愿书问："你有什么理想？"饺子回答："我要吃饭！"这是他最认真的一次回答，也是最没有理想的一次回答。高考后，他进入了四川大学华西药学院。饺子说："我父母都在医院工作，对医生这行最熟悉，当医生至少温饱不愁。名牌大学毕业的医生，那工作一定不愁了！"

进入大学后，手握医生这份"就业保险单"，饺子并没有感觉到预期的安全感，反而经常隐隐感到憋闷："有东西在跳，有火在烧，仿佛一头猪在地震来临前想要拱圈。"这种感觉持续了三年，胸中的无名火越烧越旺，但他找不到釜底抽薪的办法。转机出现在2002年，大三的下学期，药学院的另一个同学黄雷"拱开了猪圈的门"——他转行去做软件了。饺子被刺激到了，胸中的那股无名火瞬间爆发，他想明白了一切："原来我那股创作的激情一直没熄灭过。"从小到大，饺子酷爱绘画，算得上是他认识的同龄人中画画水平第一的，他的课本上布满涂鸦，大家也称赞他画得好，然而他的家境普通，他又是个危机感很强的人，长大后知道社会上靠画画赚钱的人凤毛麟角，他强行压灭了兴趣爱好的火焰，准备好好做一头"圈养猪"，了此一生。但其实这火焰从未熄灭过，三年来它一直在燃烧。

很多人经常说：我已经学这个两年了，放弃是不是太可惜？我已经做这行三年了，转行是不是太浪费？我在这儿坚持五年了，难道不应该再继续坚持吗？人生最大的痛苦，莫过于坚持了不该坚持的，放弃了不该放弃的。终于，饺子也"拱开猪圈的门"了——那个坚持了三年的东西，他放弃了，那个不该放弃的东西，他找回来了。从此，饺子放弃医学，自学Maya软件（三维动画软件），入行CG（计算机动画）。

人生处处面临选择。在选择时，只有学会放弃，才能使自己更宽容、更睿智，不患得患失。当需要放弃时，就果断地放弃，放得下，才能走得远。有所放弃，才能有所追求。什么也不愿意放弃的人，反而会失去最珍贵的东西。我们应该明白：有小失，才能有大得；有局部之失，才能有整体之得。每当面临重要抉择时，请记住追随你的内心。

本章小结

1. 职业生涯理论可以分为匹配理论、发展理论和决策理论。
2. 职业生涯基本成长形态主要包括少年得志型、逐步上升型、大器晚成型、大起大落型、因故中断型、一生"平庸"型。
3. 在职业生涯发展中，需要遵循匹配法则、命运法则、内外法则、四季法则和取舍法则。

相关资源

1. 苏文平，丁丁. 本科生职业生涯规划与就业指导案例集 [M]. 北京：北京航空航天大学出版社，2018.
2. 于反. 100个成功的职业规划 [M]. 北京：旅游教育出版社，2008.

案例分析　中国电焊界第一人——高凤林

韩愈的《师说》里有句经典名言："闻道有先后，术业有专攻，如是而已。"只要一个人有自己不会的学问，便可成为自己的老师；不管身处哪行哪业，只要技艺精湛，便可称为人才。现在，我们就来认识下一位行业精英，他就是中国电焊界第一人——高凤林。

1962年3月，高凤林出生在河北省一个普通平民家中。从小学习优异的他，对各种器械似乎有着独特的偏好。因此，当时的高凤林的梦想就是成为大机床的工人。1978年，16岁的高凤林成功考上了理想的学校——第七机械工业部第一研究院211厂技工学校，但却没能如愿去机床班学习，而是被分到了焊接工艺与制造班。这让高凤林心里有些别扭。直到上课时，高凤林看见几位焊接师傅用着独特的熔融焊接方式在焊接火箭发动机，心中为之一震。他被如此高超的焊接技艺打动，也由此开始了自己专究焊接的职业生涯。

1980年，高凤林毕业后正式参加工作。他先是留在第七机械工业部第一研究院211厂内，在一个车间里上班。凭借过硬的专业水平，他在两年后便被调任航天工业部第一研究院211厂，从事火箭发动机焊接工作。其实刚到任时，领导并没有让他接触火箭发动机焊接工作，只让他做一些边缘材料焊接。可高凤林是一个不服输的人，通过刻苦学习，他创造了一套属于自己独特的焊接方式。于是他开始接触火箭的发动机部分，随着技术越来越熟练，他成为火箭焊接的核心人才。

1988 年，积极进取的高凤林为提升个人专业技能，去了首都联合大学机械制造与工艺专业进行了 4 年的学习。其间他半工半读，在学习之余还不忘工作，顺利于 1991 年 10 月成为技师。进修后的高凤林很快又投入一线工作中去，将理论与实践相结合，攻克了很多难题。1997 年 9 月，高凤林终于成为高级技师。"活到老学到老"是高凤林的真实写照。从参加工作起，不论多忙，他始终不忘时刻学习，提升自我素养。在 2000 年，高凤林选择进入北京理工大学进行为期 3 年的学习深造，成功攻读了计算机科学与技术专业，并获得了学士学位。

2003 年顺利毕业后，高凤林又回到他曾经奋斗过的地方——中国航天科技集团公司第一研究院 211 厂 14 车间，并担任组长。到 2006 年，高凤林终于遇到了职业生涯最难攻克的问题，"AMS-02 暗物质与反物质探测器"项目。他反复研究，在 0.33 毫米的管壁上焊接次数超 3 万次，终于在该项目中凭借自己的实力攻克了之前所有人都无法解决的问题。

2014 年，高凤林凭借自己娴熟的工艺，代表国家在德国纽伦堡国际发明展上获得 3 项世界金奖，从此成为我国焊接界的第一人。高凤林的优秀也引来了众多公司的高薪聘请，更有甚者将年薪开到 500 万元，相当于其现有工资的 8 倍。但高凤林选择了拒绝。他说："为国家做事我感到骄傲，这不是金钱买得到的。"除了火箭，东风导弹工作组也曾找过他，请他帮忙焊接。可他说他只在没事时焊接东风导弹，因为这不是自己的本职工作，自己的本职工作是火箭。

高凤林在 2015 年被评为全国劳动模范，2018 年又当选"大国工匠年度人物"，并于同年 10 月 25 日，经中华全国总工会的选举，兼任了中华全国总工会副主席一职。他曾说过"岗位不同，作用不同，仅此而已，心中只要装着国家，什么岗位都光荣，有台前就有幕后"，就像刘少奇对掏粪工人时传祥说过的"你掏大粪是人员勤务员，我当主席也是人民勤务员"那样。不论什么行业，只要我们不忘初心，刻苦钻研，在行业上做出好成绩，就是为人民服务，为社会做贡献。

> **思考**
> 1. 高凤林的职业发展之路给了你哪些启示？
> 2. 个人发展如何融入国家发展之中，助力人才强国建设？

自我探索

> 知人者智,自知者明。
> ——老子

 本章学习要点

1. 了解认识自我的方法和重点领域。
2. 学会采用不同方法了解自己的职业价值观、兴趣、性格和能力优势。

 本章案例

案例 3-1 刘邦与韩信的自我认知

汉元年(公元前 206 年),韩信背楚投汉,随刘邦来到南郑县(今汉中市南郑区)。这位曾经"乞食漂母""胯下受辱"的七尺男儿并非懦夫,而是大智若愚的将才。被刘邦委以"治粟都尉"小职的韩信常在丞相萧何面前谈自己的抱负和专长。萧何发现韩信为"国士无双"的军事奇才,便苦苦向汉王举荐。刘邦终于采纳了萧何的建议,在汉中设坛拜将,把统帅三军的大权授予韩信。雄才大略的韩信用明修栈道、暗度陈仓之策夺三秦,后又逐鹿中原,消灭项羽,为刘邦夺得天下,成为西汉王朝开国功臣。据《史记·淮阴侯列传》记载,刘邦与韩信曾经有这样一段非常经典的对话:"上问曰:'如我能将几何?'信曰:'陛下不过能将十万。'上曰:'于君如何?'曰:'臣多多而益善耳。'"汉五年(公元前 202 年)5 月,刘邦歼灭群雄,一统天下,在洛阳(今河南洛阳)南宫大摆酒宴犒劳开国功臣。庆功宴上,汉王大加赞扬韩信的功劳:"连百万之军,战必胜,攻必取,吾不如韩信。"刘邦充分认识到自己带兵不如韩信。同时,韩信也充分认识到自己不是一个御将之才,而是一个善于统兵之人。

人是社会中的人,是集体中的人,因此我们不仅要善于认识别人的特点,还要更加客观地了解自己。一位生涯辅导学专家曾说过:生活就好似伸展在你面前的一条长而不见终点的路,两旁有许多指路牌引导着你走上一条条新的岔路,引领你到不同的地方,有新的工作、新的生活内容。在面临岔路口时,你必须做出选择,而你现在的选择将会影响你未来做选择的自由,因为每条路都将再次引领你到不同的地方。每一个路口都有一道闸门,有两个因素影响你是否继续前进或另寻他路:第一,你是否想要走上这条路;第二,闸门是否为你而开,这要看你是否具备相当的条件。要解决第一个问题,就需要我们对自己进行一番探索,正确、客观地了解自己是我们做出正确人生选择的基础。

第一节 自我探索的方法与重点领域

光怪陆离的世界给了我们太多的诱惑。面对诸多诱惑,很多人由于不了解自己的真实需要而迷失了自我,找不到自己的位置和方向,就像飘零的秋叶随风四起。事实上,人从出生来到这个世界就在不断地进行着自我探索。婴儿为感觉自己的存在而玩弄自己的手脚,这就是婴儿在探索自己的生理特征。到了儿童、青少年以及成长的各个阶段,自我探索的内容也就更加丰富了,随即人们进入了探索→学习→成功→探索的循环。正所谓"知己知彼,百战不殆",做任何事情如果不经过一番适当的自我探索是很难获得令自己满意的结果的。在职业生涯发展的道路上,只有对自己进行深入的自我探索之后,才能对自己有一个比较全面、深入的了解,才能以此为基础选择一条适合自身发展的职业路径。那么,我们应该从哪些方面,通过什么途径去了解自我呢?

一、自我探索的方法

杰瑟夫·卢夫特和哈里·英格拉姆根据自己知道、自己不知道和别人知道、别人不知道两个维度,将自我分成四个"橱窗",即公开我、隐私我、潜在我和背脊我。这就是乔哈里视窗(Johari window),如图3-1所示。

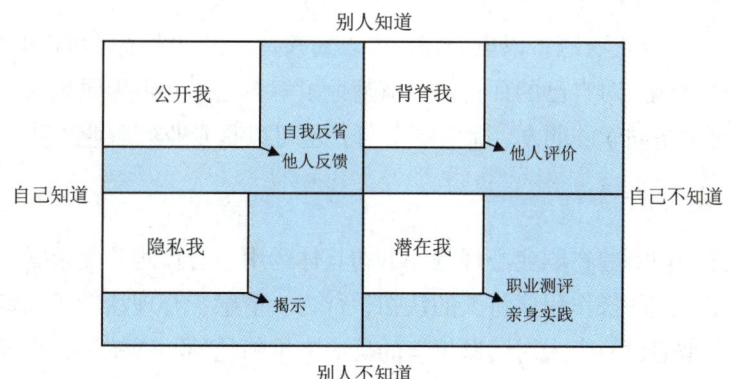

图 3-1 乔哈里视窗

(1)公开我属于个人展现在外、无所隐藏的部分。人们往往认为自己很了解自己,其实不然。通过自我反省和他人反馈可以对公开我形成更加客观、全面的认识和了解。

(2)隐私我属于个人内在、私有、不愿被外人发现的部分。

（3）潜在我就像地下的矿产资源一样不被人知晓，但是蕴藏着无限潜能有待开发。通过职业测评和亲身实践可发现潜在我。

（4）背脊我犹如一个人的背部，自己看不到，别人却看得很清楚。通过他人评价，人们可以认识到背脊我。

（一）自我反省——回顾过去，发现自我

春秋时期的曾子曾说过："吾日三省吾身。"古希腊哲学家苏格拉底说："未经审视的生活是不值得过的。"回顾自己的成长经历，如过去哪些事情干起来觉得非常快乐，哪些事情干起来觉得很痛苦，哪些事情干起来觉得非常轻松，哪些事情干起来觉得比较费劲，等等，才能发现自己的职业兴趣、能力优势。最新的研究显示，自传体回忆可以促进自我记忆，而自我认识与自我叙述可以有效帮助我们认识自己。自我记忆是指以第一视角回忆过去的经历，从而增加过去与现在的联系；自我认识是指对过去的自我与现在的自我的认识，可以填补自我记忆的空白，增加过去与现在自我的感知相似性，最终将过去的自我融入现在的自我；自我叙述比前两种方式更具目的性，可以建立有秩序和有意义的人生故事，并赋予故事一个主题，进而理解生活的意义。通过这三种方式，自传体回忆将过去离散的生活事件与自我概念联系起来，帮助我们获得清晰的自我概念与时间上的自我连续性。

（二）实践活动——参与活动，亲身体验

许多人往往会存在这些思维模式："这事我不感兴趣""我不适合干这事"等。还没有尝试怎么就知道自己不感兴趣、不适合呢？参与进去，也许里面会别有洞天。因此，平时我们应该多参加班级活动、社团活动或其他一些活动，从这些活动中了解自己的价值观、兴趣、性格、体能及人际关系处理能力。

（三）他人评价——旁观者清，指出盲点

"以铜为镜，可以正衣冠；以史为镜，可以知兴替；以人为镜，可以明得失"，他人就像一面镜子，通过他人对自己的评价可以清楚地了解自己不知道但是别人知道的一面——背脊我。他人可以是同学、朋友、师长、父母，也可以是专业的职业生涯辅导人员。

（四）职业测评法

职业测评是心理测验在职业心理测评上的具体运用。心理测验是根据一定的法则和心理学原理，使用一定的操作程序将人的认知、行为、情感、心理活动予以量化表现。心理测验的基本原理是通过一个人对问题情境的反应来推断他的心理特征，也就是从个体的外在行为模式来推知其内在心理特征。因而，心理测验是间接而不是直接地测量人的心理特征。职业测评可以深入地分析和评价自己不知道而且别人也不知道的一面——潜在我。心理测验虽然不是万能的，但也不是无用的。我们既要充分认识到心理测验在认识自我中的作用，也要对心理测验的局限性有所认识。正如我国著名心理学家潘菽所说："心理测验是可信的，但不能全信；心理测验是可用的，但不能完全依靠它。"为了最大限度地发挥

职业测评的效用，首先应该选用一个标准化比较高的心理测验；其次，在做测评的过程中，一定要按自己的真实想法填答，避免主观情绪；最后，要选择一个安静、没有外界干扰的环境进行测评。

自我就像一道七彩色光，只有采用多种方法，多个角度地分析和评价自我，才能看到一个全面、真实的自己。自我探索示意图如图3-2所示。

图 3-2　自我探索示意图

二、自我探索的重点领域

从自我的内容来划分，自我可以分为生理自我、心理自我和社会自我。生理自我是指个体对自己生理属性的认识，如身高、体重、长相等；心理自我是指个体对自己心理属性的认识，如心理活动、能力、气质、性格等；社会自我是指个体对自己社会属性的认识，如自己在各种社会关系中的角色、地位、权利等。在职业生涯发展的过程中，生理自我、心理自我和社会自我都会或多或少以这样或那样的方式影响一个人的职业选择和发展。其中，心理自我中的职业兴趣、职业价值观、职业性格和职业能力倾向是影响一个人职业选择和发展最为重要的四个因素。个人特质与职业之间的关系如图3-3所示。

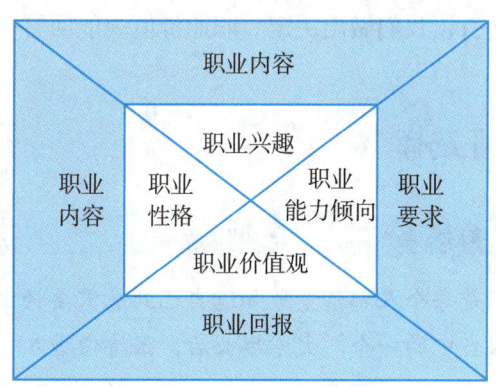

图 3-3　个人特质与职业之间的关系

职业价值观和职业兴趣属于个性心理动力系统，驱使个人趋向某一职业。职业性格和职业能力倾向属于个性心理特征系统，促使个人在进入某一职业时能适应并且胜任该职业。有研究者基于才能（talent）、组织需求（organization needs）和激情（passion）方面的考虑，提出了事业成功的 TOP 模式（图 3-4）。

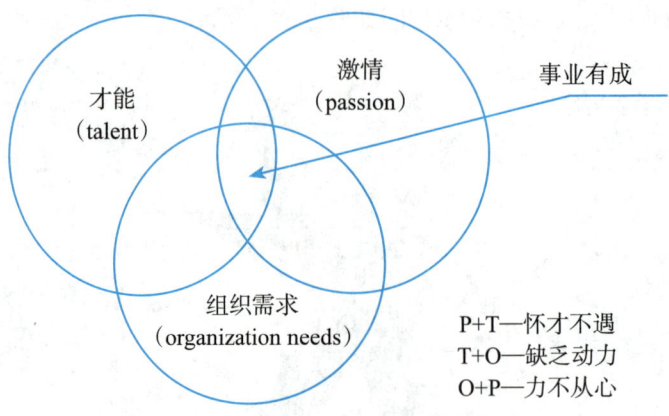

图 3-4　事业成功的 TOP 模式

由图 3-4 可知，一个人要想在事业上有所成就，就必须在才能、激情和组织需求之间找到最佳的交集。我们的激情和才能来自哪里呢？很大程度上，激情来自我们的个性心理倾向系统，即价值观和兴趣；而才能来自我们的个性心理特征系统，即性格和能力优势。

第二节　职业价值观探索

简单地说，价值观就是某些对你来说很重要或你很想要的东西。职业价值观是价值观在职业选择或发展问题上的具体体现。职业价值观对个人的职业选择和发展有着非常重要的影响，它是我们职业生涯发展道路上的指南针，指引着我们人生前进的方向。每当我们面临职业抉择时，它就会引领我们做出决定。职业价值观能回答"工作的目的与意义"这一问题。

一、价值观与职业选择

案例 3-2　职场中的候鸟

在现实生活中，并不是每个人都清楚地知道自己到底需要什么，什么对自己来说是有价值的，张涛就是这种人当中的一个。大学毕业后，张涛便进入一所中学当数学教师。他当初为什么会选择教师作为自己的职业呢？用他的话来说是因为教师收入稳定，工作压力不是很大，工作也比较自由，而且一年还有三个月的假期。刚开始，张涛对这份职业很满意，觉得教师真是太适合自己了，所以他赋予工作极大的热情，付出了较多的精力。每当看到学生从无知到有知，逐渐地成长起来时，他就有一种自我实现的感觉，觉得自己的价值在教师这份工作中得到了体现。可是，慢慢地，他对这份职业失去了往日的热情。为什么会这样呢？用他的话来说是因为他觉得虽然教师收入稳定，工作压力不大，工作也比较自由，但是教师的活动太单调了，每天就是上课、下课、值班，除此之外，就没什么变化了，真是太枯燥了。他觉得做市场销售可能比较适合自己，因为市场销售是一个充满变化和富有挑战性的职业。

三年后，他跳槽进入一家器材公司做业务员。凭着对工作的热情、投入以及他的聪明才智，他工作干得不错，月月都能超额完成任务。因此他得到了上级的赏识，很快就被提升做了市场部的经理，负责整个市区的销售。这份工作像前一份工作一样，刚开始时他对工作充满了热情，觉得自己找到了一份可以托付终身的职业。可是，慢慢地，他又发觉这份工作也不太适合自己，做市场销售的一个最大的缺点是工作会没完没了，随时都有可能出现新的情况，市场充满了风险。两年后他又再次跳槽，进入了一家咨询公司。

候鸟是注定不会在一个地方永久住下去的，张涛就是一只"候鸟"。在未来的几年中，他前前后后换了三份工作，并且每次都从事不同性质的工作。大学毕业十年的纪念日，他应邀来到母校与大学同学相聚。同学们见到他纷纷递上自己的名片。一位同学见他没有递上自己的名片，便对他说："张涛，你现在在干什么呢？"张涛不好意思地说："我最近开了一个杂货店，每天卖一点副食品。"

众多科学研究和经验都表明，个体总是倾向于选择那些能满足其价值观追求的工作。一份职业越能满足个人的价值需求，个人对职业的满意度就会越高，职业的稳定性也会越高。价值观作为一种对事物的态度和信念，决定了人们对职业的期望，影响着人们对职业方向和职业目标的选择。比如，20世纪80年代以前的青年人把国家发展放在最高位置，为了这份崇高的理想，他们在职业发展中很少计较物质利益，甚至服从组织需要做一颗好种子，哪里需要就在哪里生根发芽。再比如，一个十分重视家庭幸福感，认为维持家庭幸福是每个家庭成员责任的人，在择业时就会选择那些可以兼顾家庭生活的工作。价值观作为影响个人职业选择最为重要的因素之一，回答了"我为什么而工作"的问题。

二、了解你的职业价值观

（一）价值观测评

价值观测评是采用职业价值观量表来评估个人的职业价值观。目前，国内外应用比较广泛的量表为工作价值观问卷（work value inventory，WVI）。WVI由舒伯于1970年开发，包括45个项目，用于评估个人以下15项工作价值观：①利他主义，提供机会让个人为社会大众的福利尽心力，为大众谋福利；②美的追求，能不断地追求美的东西，得到美的享受；③创造发明，能让个人发明新事物，设计新产品，或发展新理念；④智力刺激，能不断进行智力开发，动脑思考，学习和探索新事物，解决新问题；⑤独立自主，能充分发挥自己的独立性和主动性，按自己的方式、步调或想法去做，不受他人的干扰；⑥成就感，能看到自己努力工作的具体成果，并因此获得精神上的满足；⑦声望地位，所从事的工作在人们的心目中有较高的社会地位，从而使自己得到他人的重视与尊敬；⑧管理权力，能获得对他人或某事的管理权，能指挥和调遣一定范围内的人或事物；⑨经济报酬，能获得优厚的报酬，使自己有足够的财力去获得自己想要的东西，使生活过得较为富足；⑩安全稳定，能提供安定的生活保障，不会因为奖金、工资调整、工作调动或领导的训斥等而经常提心吊胆；⑪工作环境，能在不冷、不热、不吵、不脏的良好环境下进行工作；⑫上司关系，能与主管平等而且融洽相处，获得赏识；⑬同事关系，能与志同道合的伙伴一起愉快地工作；⑭多样性，工作内容能经常变换，工作和生活丰富多彩，不单调、枯燥；⑮生活方式，能选择自己的生活方式，并且实现自己的理想。

（二）交互指导信息系统

交互指导信息系统（system for interactive guidance information，SIGI）是一套采用计算机进行价值观澄清练习的系统，由心理学家凯茨开发。SIGI将与工作有关的价值观分为10种，这10种职业价值观为：①高收入，除了有足够生活的费用外，还有可以随意支配的钱；②社会声望，希望受到人们的尊重；③独立性，在工作中有更多自己做决定的自由；④帮助他人，愿意把帮助他人作为职业的重要组成部分；⑤稳定性，在一定时间内不会被轻易解雇，收入稳定；⑥多样性，所从事的工作要参与不同的活动，解决不同的问题，不断变换工作场所，结识新人；⑦领导，在工作中可以控制事情的发展，影响他人；⑧在自己感兴趣的领域工作，坚持所从事的职业必须是自己感兴趣的领域；⑨休闲，把休闲看得很重要，不愿意让工作影响休闲；⑩尽早进入工作领域，在意进入工作领域的早晚，希望节省时间和教育费用而尽早进入工作领域。SIGI可以帮助我们区分价值观的优先次序。因为在一次职业选择中满足我们所有重要的价值观是不可能的，职业和工作也不是为满足我们所有重要的价值观而创造的，认识到这一点是非常重要的。比如，科学家可以满足人的社会声望、成就、稳定、自主、挑战性等价值需求，但不能满足权力、经济等价值需求；公务员可以满足人安全稳定、服务奉献等价值需求，但不能满足经济报酬等价值需求；商人可以满足经济回报等价值需求，但不能满足安全稳定等价值需求。

（三）生命中的五样

SIGI是一个不易获取的工作价值观探索系统，不过我们可以采用另一种比较简便易行的价值观澄清练习，即"生命中的五样"。游戏的步骤如下：①在白纸上端中间郑重地写下有自己名字的标题，如"黎明的五样"，名字一定要写，因为这个名字代表的不是别人，就是你自己；②参照舒伯或凯茨的职业价值观分类，写下你生命中的最重要的五样东西，写好后，屏住呼吸，认真地审视一下这五样东西，它们是你工作中最重要的五样东西，是你工作的目的与意义所在；③一份职业不可能同时满足你所有的价值观，因此请你拿起笔，在你的"生命中的五样"中涂掉一个，用笔涂掉，到看不清字迹为止，在你决定要涂掉某样东西之前，一定要思考清楚舍弃它将意味着什么，比如，如果你涂去的是金钱回报，那么从今往后，你将一贫如洗、艰难度日，经历了失去的痛楚，你现在只剩下四样最重要的东西；④命运是残酷的，现在它又在向你发起挑战，你必须在剩下的四样中再涂掉一样，用笔把它涂掉，因为你已经不能再拥有它，你别无选择，如果你涂掉的是安全稳定，从此你将在工作中缺乏安全感，整天担心失业，甚至从此颠沛流离；⑤请从失去的痛苦中脱离出来，你还要前行，游戏照此继续，直到剩下最后一个，至此，游戏结束，你的纸上最后剩下的那样东西，便是你在工作中最为看重的，被你涂掉的四样同样是你看重的，被涂掉的顺序就是你心目中价值观的主次顺序。

（四）生涯拍卖会

在"生涯拍卖会"中，参与者每人持有象征一生时间和精力的货币若干，主持人展示拍卖品——象征某种价值观的东西，参与者投标，价高者得。在拍卖过程中，有人会因为在某一件物品上思考过多，无法拍得所有想要的拍品；有人会因为失误错失想要的拍品，最后只能匆匆拍下无人问津的东西；有人会因为犹豫不决，最后只得两手空空。"生涯拍卖会"可以让我们在比较中了解自己的主要价值取向。以下是一个"生涯拍卖会"的例子。拍卖的东西如表 3-1 所示，每一样东西的底价都是 2000 元，每人总共有 10000 元。

表 3-1 "生涯拍卖会"拍卖品

"生涯拍卖会"拍卖品		
1. 帮助他人	2. 美的追求	3. 创造发明
4. 智力刺激	5. 独立自主	6. 成就感
7. 声望地位	8. 管理权力	9. 经济回报
10. 安全稳定	11. 工作环境	12. 上司关系
13. 同事关系	14. 多样性	15. 生活方式

- 你最初打算买进的五样东西是（请排序）_____
- 你最终买进的东西是_____
- 你的花费为_____
- 用一句话概括你的感受_____

在实际操作中，主持人可以通过演示文稿将拍卖品一个一个呈现出来，这样可以帮助参与者更加清晰其价值观的次序。

（五）卡片分类法

卡片分类法有如下五个步骤。第一，参照舒伯或凯茨的工作价值观分类制作一份价值观列表，也可以自己列举工作中常见的价值观。第二，将这些价值观分别写在扑克牌背面。第三，制作一份表格，如表 3-2 所示。第四，根据自己的感觉快速地将卡片上的职业价值观分门别类地放入相应的栏目中。由于价值观有很强的社会称许性，因此每个栏目下可以事先规定一个强制分布比例。比如，"总是重视"、"常常重视"、"有时重视"、"很少重视"和"从不重视"分别占价值观总数的 8%、12%、60%、12% 和 8%，如图 3-5 所示。
第五，根据分类情况，分别挑选出最重视和最不重视的价值观。

表 3-2 职业价值观分类表

总是重视	常常重视	有时重视	很少重视	从不重视

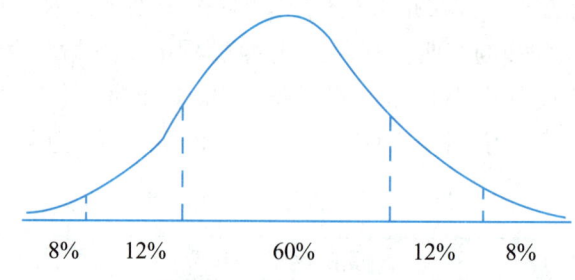

图 3-5 强制正态分布曲线

自我认识练习 3-1：你看重什么

这一份问卷的目的是了解在你考虑未来的工作选择时，哪些工作性质或条件对你来说很重要。请在下列每题前面的方格中填上 1~5 的数字。其中，5 代表非常重要，4 代表很重要，3 代表重要，2 代表不太重要，1 代表不重要。计分方式如表 3-3 所示。

☐ 1．能参与扶危、济贫的工作　　　　☐ 14．主管很善解人意
☐ 2．能经常欣赏完美的艺术作品　　　☐ 15．能经常与同事进行休闲活动
☐ 3．能经常尝试新的构想　　　　　　☐ 16．能经常变换职务
☐ 4．必须花精力去深入思考　　　　　☐ 17．能成为想成为的人
☐ 5．在职责范围内有充分的自由　　　☐ 18．能帮助穷困、不幸的人
☐ 6．可以经常看到自己的工作成果　　☐ 19．能增添社会的文化气息
☐ 7．能在社会中扮演更重要的角色　　☐ 20．可以自由提出新颖的构想
☐ 8．能指导别人如何处理事务　　　　☐ 21．必须不断学习才能胜任工作
☐ 9．收入能比相同条件的人高　　　　☐ 22．在工作时可以不受他人干涉
☐ 10．能有稳定的收入　　　　　　　 ☐ 23．常能觉得自己的辛劳没有白费
☐ 11．能有清静、不受干扰的工作场所　☐ 24．更有社会地位
☐ 12．能够分配、调整别人的工作　　　☐ 25．主管能采取民主、开放的领导方式
☐ 13．能常常加薪或分红　　　　　　　☐ 26．不必和同事有利益冲突

续表

☐ 27. 生病时能得到妥善的照顾	☐ 44. 可以经常变换工作场所
☐ 28. 工作地点的光线、通风良好	☐ 45. 经常觉得如鱼得水
☐ 29. 有一个考核公正的主管	☐ 46. 能常帮助他人解决困难
☐ 30. 能与同事建立深厚的友谊	☐ 47. 能创作优美的作品
☐ 31. 工作的性质常会变化	☐ 48. 常需要提出多种不同的处理方案
☐ 32. 能实现自己的理想	☐ 49. 必须对事情做深入的分析研究
☐ 33. 能减少别人的苦难	☐ 50. 可以自行调整工作进度
☐ 34. 能运用自己的鉴赏力	☐ 51. 工作结果能得到别人的肯定
☐ 35. 常需要构想新的解决办法	☐ 52. 能够很自豪地介绍自己的工作
☐ 36. 必须不断解决新的难题	☐ 53. 能为团体拟订工作计划
☐ 37. 能自行决定自己的工作方式	☐ 54. 收入能比其他行业的收入高
☐ 38. 能知道自己的工作绩效	☐ 55. 不会轻易被解雇
☐ 39. 觉得出人头地	☐ 56. 工作场所整洁、卫生
☐ 40. 可以发挥自己的领导能力	☐ 57. 主管的能力或品德令人敬佩
☐ 41. 可以攒下很多的钱	☐ 58. 能认识很多风趣的伙伴
☐ 42. 有完善的保险与福利制度	☐ 59. 工作内容经常随时间而变化
☐ 43. 工作场所有很现代化的设备	☐ 60. 能充分发挥专长

表 3-3 计分方式

职业价值观	题号	分数
利他主义	1, 16, 31, 46	
美的追求	2, 17, 32, 47	
创造发明	3, 18, 33, 48	
智力激发	4, 19, 34, 49	
独立自主	5, 20, 35, 50	
成就满足	6, 21, 36, 51	
声望地位	7, 22, 37, 52	
管理权力	8, 23, 38, 53	
经济报酬	9, 24, 39, 54	
安全稳定	10, 25, 40, 55	
工作环境	11, 26, 41, 56	
上司关系	12, 27, 42, 57	
同事关系	13, 28, 43, 58	
多样变化	14, 29, 44, 59	
生活方式	15, 30, 45, 60	

第三节 职业兴趣探索

有人说:"兴趣是最好的老师。"也有人说:"兴趣比才能重要。"确实,在生活中可以发现,如果一个人对某类活动有强烈的喜好,就会乐此不疲。俗话说:"萝卜白菜,各有所爱。"每个人的喜好不同,选择就会不同。同职业价值观一样,职业兴趣是影响一个人职业选择和发展的非常重要的个性心理倾向之一。

一、兴趣与职业选择

假设现在有两份工作摆在你面前:一份工资待遇高,但与你的兴趣并不吻合;另一份工资待遇低,却是你喜欢的,你将如何选择呢?"我会选择自己喜欢的工作。"相信你会这样回答,而且这也是大多数人的答案。之所以如此,是因为它不过是一个假设。但是一旦面对现实,很多人的心理天平就会倾向收入高的一边。"先接受那份待遇高而自己不感兴趣的工作,积累一定的财富后,再去追求自己的兴趣。"这可能才是大多数人的真实想法。刚开始影响我们职业选择的往往是薪水等因素,但慢慢你会发现,如果长期干自己不喜欢的工作,自己就会倍感厌倦,缺乏激情,最后变成赚钱的机器。曾经有一项针对1500位哈佛商学院毕业生的研究,追踪他们从1960年到1980年的事业发展。这些毕业生分成两组,第一组人选择先赚钱,然后再做自己想做的事;第二组人则先追求他们真正的兴趣。其中,第一组占83%,1245人;第二组占17%,255人。20年后,两组共有101名百万富翁。不过,只有1人属于第一组,其他100人则属于第二组。

人们常常混淆兴趣与价值观,其实,二者是有区别的。兴趣指的是个人为了快乐或享受而做的事情,价值观则是某些对个人来说很重要或者很想要的东西。兴趣指向职业活动本身,价值观则指向职业回报。兴趣是一种发自内心的原动力。如果学生对学习有了兴趣,就会从被动学习转为主动学习,学习就成了一种乐趣,而不是一种痛苦。如果我们对某种职业活动有了兴趣,就能持续努力而不会厌倦。英国著名的动物行为学家简·古道尔之所以能够在非洲丛林与黑猩猩一起生活20多年,就是因为她对黑猩猩的生活和行为产生了强烈兴趣。有关资料显示,一个人如果从事自己感兴趣的职业,则能发挥全部才能的80%~90%,长时间保持高效率且不感到疲倦;如果从事不感兴趣的职业,只能发挥全部才能的20%~30%。

二、了解你的职业兴趣

(一)自我导向搜寻量表

1971年,霍兰德根据其职业人格类型理论编制了自我导向搜寻量表(self-directed search,SDS),以评估受测者的职业兴趣。霍兰德分别在1977年和1985年对SDS进行了修订。1985年版的SDS包括两大部分:评价手册和职业分类表。

评价手册包括以下五个部分。

（1）职业白日梦。要求个人根据过去的经历或感觉确定自己最感兴趣的职业。

（2）职业活动量表。分6类列出66种职业活动，要求受测者选择"喜欢"或"不喜欢"。

（3）职业能力量表。分6类列出66种有关个人能力的陈述，要求受测者按照自己实际的能力情况回答"符合"或"不符合"。

（4）职业量表。分6类列出84种职业名称，要求受测者回答"喜欢"或"不喜欢"。

（5）自我能力评价。分6类列出12种能力或技能，要求受测者进行自我评估。

经过汇总计算，得到受测者在6种兴趣类型上的得分。由于个人的职业兴趣往往是多方面的，很少集中在某一种类型上，因此，为了比较全面地描述出个人的职业兴趣，霍兰德将三种兴趣的字母代码组合在一起，组成了"霍兰德代码"，比如 RIE、AIS 等。

SDS 的第二个大部分是职业分类表。职业分类表涵盖了1156种职业，几乎包含美国所有常见的职业。受测者根据自己的霍兰德代码便可在职业分类中找到相匹配的职业。

趣味练习

岛屿游戏

恭喜你！你获得一次免费度假的机会，有机会去下列六个岛屿中的一个。唯一的要求就是你必须在岛上待至少半年的时间，不要考虑其他因素，仅按照自己的兴趣和喜欢程度挑出你最想前往的三个岛屿。

（1）A岛为自然、原始的岛屿。岛上保留着热带的原始植物，自然生态保持得很好，也有相当规模的动物园、植物园、水族馆。岛上居民以手工见长，自己种植花果蔬菜，修缮房屋，打造器物，制作工具。

（2）B岛为深思、冥想的岛屿。岛上人迹较少，建筑物多僻处一隅，平畴绿野，适合夜观星象。岛上有多处天文馆、科学博物馆以及科学图书馆等。岛上居民喜好沉思，追求真知，喜欢和来自各地的哲学家、科学家、心理学家等交换心得。

（3）C岛为美丽、浪漫的岛屿。岛上布满了美术馆、音乐厅，弥漫着浓厚的艺术文化气息。同时，当地的原住民还保留了传统的舞蹈、音乐与绘画，许多文艺界的朋友都喜欢来这里寻找灵感。

（4）D岛为温暖、友善的岛屿。岛上居民个性温和，十分友善，乐于助人，社区均自成一个密切互动的服务网络，人们多互助合作，重视教育，充满人文气息。

（5）E岛为显赫、富庶的岛屿。岛上的居民热情豪爽，善于经营企业和贸易。岛上的经济高度发展，处处是高级饭店、俱乐部、高尔夫球场。来往者多是企业家、经理人、政治家、律师等。

（6）F岛为现代、井然的岛屿。岛上建筑十分现代化，是进步的都市形态，以完善的户政管理、地政管理、金融管理见长。岛民个性冷静保守，处事有条不紊，善于组织规划。

· 你最想前往的三个岛屿：_____、_____、_____。

· A岛对应的是R；B岛对应的是I；C岛对应的是A；D岛对应的是S；E岛对应的是E；F岛对应的是C。置换之后，你的霍兰德代码是_____。

（二）库德职业兴趣量表

库德将人的兴趣领域分为十种：户外活动、机械、计算、科学、游说、艺术、文学、音乐、社会服务和文书。库德职业兴趣量表（Kuder occupational interest survey，KOIS）的作答方式是，采用迫选法要求受测者从三种活动中选择一个最喜欢的和一个最不喜欢的。比如，从参观艺术馆、浏览书店、参观博物馆中选择。库德职业兴趣量表由100道题组成，包括以下四个部分。

① 可靠性量表分：反映测验遗漏、弄错和无法理解的项目总数，以及受测者不真实回答的程度。

② 职业兴趣评估计分：反映受测者对十种不同兴趣领域的偏好程度。测验结果按百分比分为高（75%以上）、中（25%~75%）、低（25%以下）三个兴趣等级。这十种兴趣领域的百分数还可以按照表3-4转换成霍兰德代码。

表3-4　库德职业兴趣量表职业兴趣估计分霍兰德代码转换表

职业兴趣评估计分	霍兰德代码
（户外活动＋机械）÷2	R
科学	I
（艺术＋音乐＋文学）	A
社会服务	S
游说	E
（计算＋文书）÷2	C

③职业量表分：比较受测者的职业兴趣组型与104种职业人员的兴趣形态，找出受测者的职业兴趣与哪种职业人员最接近。

④大学主修专业量表分：采用与职业量表一样的方法，比较受测者的职业兴趣组型与39种大学专业学生的兴趣形态。

（三）斯特朗－坎贝尔兴趣调查表

斯特朗职业兴趣量表（Strong vocational interest blank，SVIB）是世界上第一个正式的职业兴趣测验，它与SDS和KOIS一起被称为三大著名职业兴趣测验量表。与后两者不同的是，SVIB是按照经验法的思路建立的，即先取两组人，一组为标准职业组，另一组为对照组，根据其间的反应差别，把那些真正使标准职业组和对照组区分开的项目合在一起编成职业兴趣量表。SVIB在1968年由坎贝尔等人修订，并更名为斯特朗－坎贝尔兴趣调查表（Strong-Campbell Interest Inventory，SII）。最新修订版为2004年版，共有6部分，由291个项目组成。

① 职业，包含107种不同职业的名称，如演员、图书馆管理员等。
② 学校科目，包含学校的46种学习科目或课程名称，如化学、地理等。
③ 活动，包含85项不同于寻常的活动事项，如负责人、成人指导、纠纷调解等。
④ 休闲活动，包含28种与休闲、娱乐有关的活动，如钓鱼、打高尔夫球、打桥牌等。
⑤ 人物类型，包含16种生活中容易接触到的人物，如广告部经理、公关主管、服装设计师等。

以上五个部分的选项均为"强烈喜欢"、"喜欢"、"漠不关心"、"不喜欢"和"强烈不喜欢"。

⑥ 个人特征，包含9种描述个人行为特征的陈述句，评定受测者在工作类型、学习环境、领导风格和冒险精神方面的偏好。这一部分的选项包括"非常符合我"、"符合我"、"不知道"、"不符合我"和"非常不符合我"。

目前，SII只能通过电脑进行计分，根据量表的标准分别描绘出受测者的分数剖面图，并得出相应的百分比。

自我认识练习3-2：你对什么职业活动感兴趣

请在最符合你的项目前画"√"；在最不符合你的项目前画"×"；若不确定，则画"?"。例：_×_ 我喜欢讨价还价。_?_ 人们经常向我倾诉他们的问题。

1. 强壮而敏捷的身体对我很重要。	18. 我能重视工作中的所有细节。
2. 我必须彻底地了解事情的真相。	19. 我不在乎工作时把手弄脏。
3. 我的心情受音乐、色彩、写作和美丽事物的影响极大。	20. 我认为教育是个发展及锻炼脑力的终身学习过程。
4. 和他人的关系丰富了我的生命。	21. 我喜欢非正式的穿着，愿意尝试新颜色和款式。
5. 我相信自己会成功。	22. 我常能体会到某人想要和他人沟通的需要。
6. 我做事时必须有清楚的规划。	23. 我喜欢帮助别人改进自我。
7. 我擅长自己制作、修理东西。	24. 我在做决定的时候通常不愿冒险。
8. 我可以花很长的时间去想通事情的道理。	25. 我喜欢买小零件，并亲手做成成品。
9. 我重视美丽的环境。	26. 有时我可以长时间地阅读、玩拼图游戏或冥想。
10. 我有意花时间帮别人解决个人危机。	27. 我有很强的想象力。
11. 我喜欢竞争。	28. 我喜欢帮助别人发挥天赋和才能。
12. 我在开始一个计划前会花很多时间去计划。	29. 我喜欢监督事情直至其完工。
13. 我喜欢使用双手做事。	30. 如果我将面临一个新情境，我会在事前做充分的准备。
14. 探索新构思使我满意。	31. 我喜欢独立完成一个活动。
15. 我总是寻求新方法来发挥我的创造力。	32. 我渴望探索或思考任何可以引发我好奇心的事物。
16. 我认为能把自己的焦虑和别人分享是很重要的。	33. 我喜欢尝试创新的概念。
17. 成为团体中的关键人物对我很重要。	34. 如果我和别人发生摩擦，我会不断地尝试化干戈为玉帛。

续表

35. 要成功，就必须制定远大目标。	48. 我经常保持整洁、有条不紊的习惯。
36. 我不喜欢为重大决策负责。	49. 我喜欢周围环境简单而实际。
37. 我喜欢直言不讳，避免转弯抹角。	50. 我会不断地思索一个问题，直到找出答案为止。
38. 我在解决问题前必须彻底分析问题。	51. 大自然的美能深深地触动我的灵魂。
39. 我喜欢重新布置我的环境，以与众不同。	52. 亲密的人际关系对我重要。
40. 我常借着和别人交谈来解决自己的问题。	53. 升迁和进步对我是极重要的。
41. 我经常发起一个计划，而由别人完成计划细节。	54. 当我计划好每日工作时，我会比较有安全感。
42. 准时对我而言非常重要。	55. 我非但不害怕过重的工作负荷，还知道工作的重点是什么。
43. 从事户外活动令我神清气爽。	56. 我喜欢使我思考、给我新观念的书。
44. 我喜欢不断地问为什么。	57. 我期望能看到艺术表演、戏剧及好电影。
45. 我喜欢能够抒发我的情绪和感情的工作。	58. 我对别人的情绪低潮相当敏感。
46. 我喜欢帮助别人找出可以关注其他人的方法。	59. 能影响别人使我有成就感。
47. 对我来说，能够参与重大决策是件令人兴奋的事。	60. 当我答应做一件事时，我会竭尽所能地监督所有细节。

计分方式：①分别算出每种类型画"√"和画"×"的总数，然后将画"√"的总数减去画"×"的总数，便得到每种职业兴趣类型的分数。②各职业兴趣类型对应的题号：现实型（1、7、13、19、25、31、37、43、49、55）；研究型（2、8、14、20、26、32、38、44、50、56）；艺术型（3、9、15、21、27、33、39、45、51、57）；社会型（4、10、16、22、28、34、40、46、52、58）；影响型（5、11、17、23、29、35、41、47、53、59）；常规型（6、12、18、24、30、36、42、48、54、60）。

第四节 职业性格探索

性格（character）是指个人稳定的态度和习惯化的行为方式，即一个人在各种场合一贯表现出来的某种特征。例如，一个人在各种场合总是表现出热情忠厚、与人为善、严于律己、坚决果断等，这种对人对己稳定的态度和习惯化的行为方式所表现出来的心理特征就是这个人的性格。又如，另一个人在各种场合总是表现出对人尖酸刻薄、冷嘲热讽、自高自大、优柔寡断等，这种对人对己稳定的态度和习惯化的行为方式所表现出来的心理特征就是另一个人的性格。

一、性格与职业选择

案例3-3 李军的MBTI分析

一次偶然的机会，王丽与某知名大学研究生李军相遇。王丽在交谈中得知他从同一城市的另一所大学考入该校，专业为机械自动化。正当王丽为他感到高兴时，李军却说道："我对这个专业一点兴趣都没有，天天泡在实验室，枯燥死了。研究生这三年来，我就一直在外面做销售。研一的时候，我同学的一个朋友带我去听了一次销售课。听完以后，我觉得我适合做销售，因为我喜欢跟人打交道，也擅长与人交往。我现在每天都过得非常开心，生活也非常充实。"王丽问道："那你当时为什么考机械自动化专业的研究生呢？"李军回答道："当时，我也不知道自己喜欢干什么、能干什么，看同学都考，我也就考了。"

王丽是一所学校的就业指导教师，出于职业习惯，王丽建议李军到学校的就业指导中心做一下MBTI（Myers-Briggs Type Indicator）测验，从职业测评的角度了解一下自己是否真的适合从事销售。

几天后，李军来到学校的就业指导中心，在网上接受了MBTI测验。测验结果表明，李军的性格类型是ENTP。这种性格类型的人的特点是思维敏捷、机灵，能激励他人，警觉性高，勇于发言，能随机应变地去应付新的和富有挑战性的问题；善于引出概念上可能发生的问题，然后很有策略地加以分析；善于洞察别人；对于日常例行事务感到厌倦；甚少以相同方法处理同一事情，能够灵活地处理接二连三的新事物。从李军MBTI分析的结果来看，李军是比较适合从事销售的，符合销售行业的要求。就业指导中心老师同时还建议，未来是否真的从事销售工作，还需要综合考虑自己的职业价值观和职业兴趣。静下心来仔细考虑一下，自己真的能从销售工作中得到自己想要的回报吗？当从事销售活动时，自己是否真的很享受？必要的话，可以再做一下有关职业价值观和职业兴趣的测评。

很多人认为，性格是可以改变的。确实，性格可以因生活环境、学习经历等因素的影响而发生改变。但是，我们不得不承认一个事实：每个人自我塑造的可能性都是有限度的。就如弹簧一般，当有外力作用时，自我可以随着外力而自由伸缩。但是，伸缩范围不能超过其极限。性格是一个具有很强的道德评价的词。有些性格（如和蔼、与人为善、体贴人等）被认为是积极的，有些性格（如尖酸刻薄、挑剔等）则被认为是消极的，是需要改正的。确实，从为人处世这个角度来说，一些性格会影响我们与他人建立良好的人际关系。但是，从职业选择这一角度来说，每一种性格都有其优势。职业选择与发展不是弥补劣势，而是要发挥优势。比如，张飞的"暴躁"最终让他死于非命，但是张飞的这种性格使他在打仗时冲锋陷阵，不畏生死，最终为建立蜀汉立下了汗马功劳。

性格类型与职业之间存在一定的关联性：一方面是不同的性格类型适应不同职业的环境和要求；另一方面是从事某种特定职业的人会按照职业要求不断巩固或者调整原有的性格特征，甚至改变自身原有的一些特点。但是，性格与职业之间并不存在严格的一一对应的关系。不同性格类型的人在同一职业领域中能够各具优势，同一性格的人在不同职业领域中也会各显魅力。比如，情绪型的人如果从事文学创作，其会因感情丰富、细腻而将人物的心理活动刻画得惟妙惟肖；如果从事社会科学研究，其会因善于想象而在非逻辑思维上比理智型的人更胜一等。

二、了解你的职业性格

目前，心理学家已经开发出很多种有关性格的分类方法，如九型人格、大五人格、16PF 等。在职业选择与发展领域，应用最广泛的是基于著名心理学家荣格的心理类型理论而开发出的迈尔斯—布里格斯人格类型测验（Myers–Briggs Type Indicator，MBTI）。

（一）性格分类维度

1. 能量指向方式

根据能量指向方式，MBTI 将人分为外向型和内向型。如图 3-6 所示。

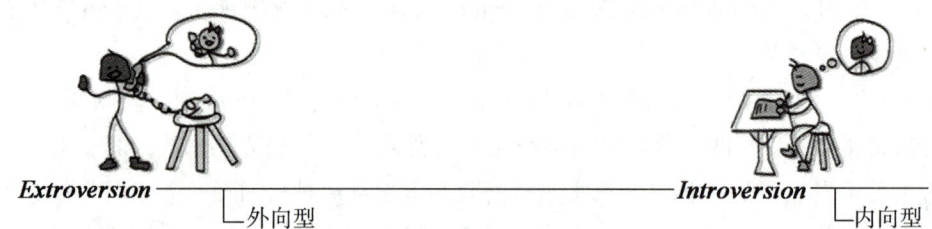

图 3-6　外向型和内向型

外向型的人和内向型的人的性格特点如表 3-5 所示。

表 3-5　外向型的人和内向型的人的性格特点

外向型的人	内向型的人
与他人在一起时，感到兴奋	独自一人时，感到舒适
希望成为他人注意的焦点	避免成为他人注意的焦点
先行动，再思考	先思考，再行动
喜欢边想边说出声	在脑中思考
愿意与他人分享个人信息	只与少数人分享个人信息
说的比听的多	听的比说的多
热情地与他人交流	不把热情表现出来
交往圈子大	仅与某个人深交
反应迅速，喜欢快节奏	思考后再反应，喜欢慢节奏

2. 信息的获取方式

根据信息的获取方式，MBTI 将人分为感觉型和直觉型，如图 3-7 所示。

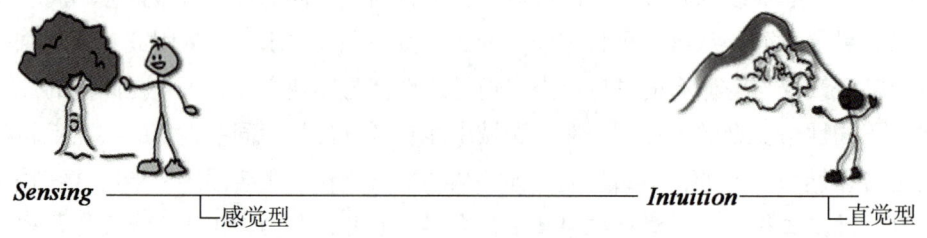

图 3-7　感觉型和直觉型

感觉型的人和直觉型的人的性格特点见表 3-6。

表 3-6 感觉型的人和直觉型的人的性格特点

感觉型的人	直觉型的人
关注事物的物理特征	关注抽象内涵和事物的内在联系
喜欢具有实际意义的新主意	只喜欢出于自己意愿的新主意和新概念
喜欢运用和琢磨已有的技能	喜欢学习新技能,掌握后就容易厌倦
留心特殊的和具体的事物	着眼于宏观规律
循序渐进地给出信息	跳跃式地给出信息
着眼现在	着眼未来

3. 做决策的方式

根据做决策的方式,MBTI 将人分为思考型和情感型,如图 3-8 所示。

图 3-8 思考型和情感型

思考型的人和情感型的人的性格特点见表 3-7。

表 3-7 思考型的人和情感型的人的性格特点

思考型的人	情感型的人
客观地分析问题	关心行动给他人带来的影响
崇尚逻辑和公平,有统一标准	注重感情和和睦,看到规则的例外
有吹毛求疵的倾向	自然地让别人快乐,易于理解别人
可能被认为无情、麻木,对任何事都漠不关心	可能被认为感情化、无逻辑、脆弱
认为只有符合逻辑的感情才是正确的	认为所有感情都是正确的,无论是否有意义
直率、严厉	不伤害他人感情
受到获得成就欲望的驱使	受到被他人理解的驱使

4. 日常生活方式

根据日常生活方式,MBTI 将人分为判断型和知觉型,如图 3-9 所示。

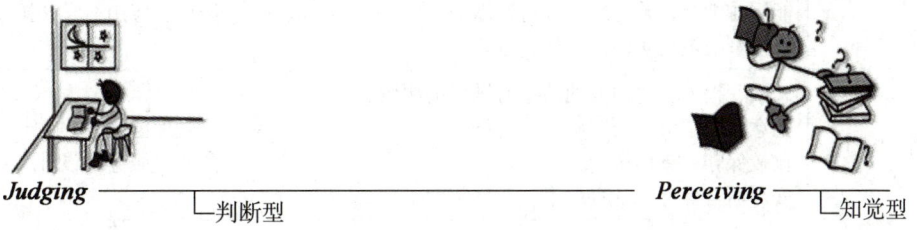

图 3-9 判断型和知觉型

判断型的人和知觉型的人的性格特点见表 3-8。

表 3-8 判断型的人和知觉型的人的性格特点

判断型的人	知觉型的人
做完决定后感到快乐	到最后一刻才做决定
具有"工作原则"：先工作再玩（有时间的话）	具有"玩的原则"：先玩再工作（有时间的话）
确定目标并按时完成任务	若有新的情况，便改变目标
关心结果	关心过程
有计划	随意
通过完成任务获得满足	通过着手新事物而获得满足
有时间期限	时间是灵活的

根据上述说明，将每个维度中你最偏向的那个字母填在下面的横线上，这样就可得到你的职业性格类型。

　　E 或 I　　　　S 或 N　　　　T 或 F　　　　J 或 P

E=外向　　　　I=内向

S=感觉　　　　N=直觉

T=思考　　　　F=情感

J=判断　　　　P=知觉

（二）16 种职业性格类型

MBTI 根据四个维度两两组合，便得到了 16 种职业性格。其特点及适合的职业领域见表 3-9。

表 3-9 16 种职业性格类型的特点及适合的职业领域[①]

职业性格类型	性格特点	适合的职业领域
稽查员（ISTJ）	严肃、有责任感； 严谨、勤奋、有条不紊而且专心致志； 能记住细节，并对细节很有判断力； 喜欢事情被切实而清楚地安排好	商业；销售／服务；教育； 法律／应用科学；卫生保健
保护者（ISFJ）	忠诚、投入，对他人的情感有敏锐的感觉； 愿意把事情清楚而明确地安排好； 比较保守，有传统观念； 安静而且谦逊，认真严肃，工作努力	卫生保健；社会服务／教育； 商业／服务；设计／技术

---

① 蒂戈尔，巴伦－蒂戈尔.就业宝典[M].熊勇，译.北京：中信出版社，2002：117-467.

续表

职业性格类型	性格特点	适合的职业领域
咨询师（INFJ）	生活在一个充满想法的世界中，是独立的思考者； 就算面对别人的质疑，也相信自己的想法和决定； 忠诚、有责任心，并且理想化； 全力维护人际关系和避免冲突； 认真思考后再行动，在同一时间只做一件事情； 重感情，有同情心，有非常强的愿望为大家做贡献	咨询／教育；宗教；创造性的职业；健康保健／社会服务；商业；技术服务
导师（INFP）	把内在的和平看得比什么都重要； 比较通融、较有容忍力、适应性强； 思路开阔、好奇心强、有洞察力、富有远见； 一旦做出选择就约束自己去完成； 对他人的情感十分在意，避免冲突； 能把自己的情感很好地表达出来，通常表现得沉着而冷静	创造性职业／艺术；教育／咨询；健康保健；技术服务
督导（ESTJ）	喜欢做决定； 很实际，对具体的事物更感兴趣； 生活很有原则； 外向、社会型、直爽而友好	营销／服务；科学技术／自然物理；管理；专业人员
供给者（ESFJ）	喜欢通过直接的行动与合作给他人提供实际的帮助； 非常重视与他人的关系； 很实际而且有条理； 谨慎而传统	卫生保健；社会服务／咨询；商业；销售／服务业；文书
教师（ENFJ）	把人和人际关系看得比什么都重要； 对自己敬仰的人、事业和工作单位非常忠诚； 有一种自我批评的倾向，很少在公共场合批评他人； 做决定的时候经常基于自己的感觉； 富有同情心，能够理解、支持、帮助他人	信息传播；咨询顾问；教育／服务业；卫生保健；商业／咨询技术服务
激发者（ENFP）	充满热情并富于新思想； 看重事情的含义，并且把大部分选择都留着； 有想象力，适应性强，并且很警觉； 精力充沛，喜欢面对和解决问题； 总是避免矛盾，崇尚和睦	创造性职业；营销／策划；教育／咨询；健康保健／社会服务；企业／商业；技术服务
操作者（ISTP）	诚实而且实际，更喜欢行动而不是言语； 善于分析，对客观含蓄的原理感兴趣； 好奇心强，善于观察，只信服坚实可信的事实； 安静而沉默	销售／服务／活动；技术健康护理；商业／金融；手工／贸易
艺术家（ISFP）	更习惯于用行动表达自己的感受； 其实非常热情，但不喜欢表现出来； 有耐心，易通融，不对别人发号施令； 完全着眼现在，喜欢享受现在的经验而不是迅速冲向下一个挑战； 没有领别人的欲望，往往是忠实的跟随者和合作伙伴	手工艺／技工；健康护理；科学技术；销售／服务；商业

续表

职业性格类型	性格特点	适合的职业领域
智多星（INTJ）	追求完美，对自己和别人的要求都很严格； 喜欢以自己的方式做事； 具有创造性思维、杰出的洞察力和远见； 如果主意或计划是自己的，会投入令人难以置信的精力、专心和动力	商业／金融；技术；教育；健康保健／医药；专业性职业；创造性职业
设计师（INTP）	善于处理概念性问题； 外表安静、深藏不露、独立； 常常在内心中投入地思考问题，是天才而有创意的思考者； 对创造性地寻找解决问题的办法感兴趣	电脑应用及开发；健康护理及技术；专家／商业；学术研究；创造性的职业
发起者（ESTP）	从不担心任何事，是天生的乐天派； 极端现实，相信自己的感觉带给他们的信息； 重视行动而不是言语； 友好、受欢迎，在社交场合中感到放松和自由	销售／服务；金融；娱乐／体育；商贸／手工类；商业
示范者（ESFP）	经常以单纯而不怕难为情的方式给别人带来快乐； 适应性强，随遇而安； 现实的观察者，能够看到并接受事物的本来面目； 能够容忍和接受自己和别人，而且不喜欢把自己的意愿强加给别人	教育／社会服务；健康护理；娱乐业；商业；服务业；环境科学家
统帅（ENTJ）	不轻易批评别人，而且不喜欢说不； 善于做决定； 注重真理，只有经过逻辑推理之后才会信服某一结论； 在做计划和研究新事物时很系统化； 善于组织群众，乐意把自己的想法与他人分享	商业；金融；咨询／培训；专业性职业；技术
发明家（ENTP）	喜欢兴奋和挑战； 事业心强； 机警而坦率，可以从任何角度找出问题所在； 喜欢测试周围的限度； 通常能用自己的热情打动别人加入自己的事业中	企业家／商人；销售／创作；计划和开发；政治

自我认识练习3-3：你的职业性格特点是什么

这份问卷将帮助你了解自己看待事物和决定事情的倾向性或方式。问卷共有44个问题，每个问题有a、b两个选项，请你根据自己的实际情况选择其中一个。问题的答案没有对与错之分，只是反映你自己看待事物和决定事情的倾向性或方式。请你仔细阅读题目，答完所有的问题。注意不要花太多时间考虑问题，根据阅读问题后的第一印象做出选择。

（I）下列问题中的哪一个选项更接近你的日常行为和感受？请在该选项上画"√"（每个题目只能画一个"√"）。

1. 当你某日想去一个地方，你会_____。
a. 去之前先计划好要做的事
b. 去了再说

2. 如果你是一位老师的话，你愿意教_____。
a. 偏重于实践的课程
b. 偏重于理论的课程

续表

3. 你是一个_____。 a. 容易和大家打成一片的人 b. 安静、拘谨的人	4. 你更喜欢_____。 a. 预先把聚会或活动的内容安排好 b. 聚会时再自由安排任何有趣的节目
5. 你通常和_____相处得更好。 a. 爱想象的人 b. 现实的人	6. 你通常_____。 a. 以"心"（情感体验）做决定 b. 以"脑"（思考）做决定
7. 和一群人在一起时，你更多时候是_____。 a. 参加大家的谈话 b. 和认识的人单独说话	8. 你更喜欢_____做事情。 a. 按当时的兴致 b. 按计划
9. 你觉得自己更像是一个_____。 a. 注重实际的人 b. 具有创造性的人	10. 在群体中，你经常_____。 a. 主动去结识新朋友 b. 更多时候等别人来认识你
11. 你更容易被_____所吸引。 a. 想法新奇、思维敏捷的人 b. 判断力强、务实的人	12. 按日程表办事_____。 a. 正合你意 b. 束缚了你
13. 你觉得别人通常_____。 a. 要花很长的时间才能和你熟悉起来 b. 很快就能和你熟悉起来	14. 你更欣赏_____。 a. 一个真情流露的人 b. 一个始终有理性的人
15. 你倾向于_____。 a. 认为情感重于逻辑 b. 认为逻辑重于情感	

（Ⅱ）下列词语或短语中，你更愿意接受或喜欢哪一个？请在该选项上画"√"。请考虑这些词的含义，而不是根据是否好听做选择（每个题目只能画一个"√"）。

16. a. 抽象	b. 具体	17. a. 计划好的	b. 未计划的
18. a. 温和的	b. 坚定的	19. a. 事实	b. 猜想
20. a. 思考的	b. 情感的	21. a. 强烈的	b. 平静的
22. a. 令人信服	b. 令人感动	23. a. 阐述事实	b. 阐述概念
24. a. 分析	b. 体验	25. a. 有计划的	b. 自发性的
26. a. 敏感细腻	b. 正确合理	27. a. 寡言的	b. 健谈的
28. a. 实际的	b. 理论的	29. a. 计划与规则	b. 临时与随意
30. a. 宁静	b. 活跃	31. a. 冲动	b. 果断
32. a. 喜安静的	b. 喜社交的	33. a. 经验的	b. 创新的

（Ⅲ）下列问题的选项哪一个更接近你的日常行为和感受？请在该选项上画"√"（每个题目只能画一个"√"）。

34. 身边有很多人_____。 a. 会令你变得更有精神 b. 会令你感到疲于应付	35. 你做一个决定时，更多地会考虑_____。 a. 客观事实 b. 他人的感受和意见
36. 你的社会活动，通常_____。 a. 提前一段时间计划好 b. 事先不计划，根据当时情境而定	37. 参加聚会活动，你往往_____。 a. 感到厌烦、疲倦 b. 玩得高兴、尽兴
38. 多数情况下，你_____。 a. 按照兴致做事 b. 按照计划做事	39. 你更喜欢_____。 a. 和他人交往 b. 和自己的内心交流

续表

40. 你做事情喜欢_____。 a. 等事情发生了再做计划 b. 很早就把事情计划好	41. 你更喜欢上那些_____。 a. 原理和理论的课 b. 具体、直观的课
42. _____对你来说是更高的评价。 a. 有竞争心 b. 有同情心	43. 你更喜欢_____。 a. 用已证明是行之有效的方法解决问题 b. 分析错误，寻找新方法解决未解决的问题
44. 你更愿意有一个_____的老板。 a. 和蔼可亲但是反复无常 b. 严厉苛刻但是讲道理	

计分方式如表3-10所示。

表3-10 计分方式

维度（$a=1$，$b=0$）	项目	总数	反向计分（$a=0$，$b=1$）	反向题数
E-I （≥6，记为E）	3，7，10，13，21，27，30，32，34，37，39	11	13，27，30，32，37	5
S-N （≥6，记为S）	2，5，9，11，16，19，23，28，33，41，43	11	5，11，16，41	4
T-F （≥6，记为T）	6，14，15，18，20，22，24，26，35，42，44	11	6，14，15，18，26，44	6
J-P （≥6，记为J）	1，4，8，12，17，25，29，31，36，38，40	11	8，17，31，38，40	5

第五节　职业能力倾向探索

能力倾向（aptitude）是指经过适当学习或训练后或被置于一定条件下时，能完成某种活动的可能性或潜力。能力高的人干什么成什么，能胜任的职位比较多。而能力低下的人能胜任的职位就比较少。大学阶段是大学生培养能力的重要时期。对于大学生来说，除了要清楚了解自身已经具备的技能（skill），更重要的是要分析自身的能力倾向。因为相关研究表明，只要经过适当训练，能力倾向就能转变为你的本领。

一、能力倾向与职业发展

案例3-4　乌鸦学老鹰

鹰从高高的岩石上飞下来，以非常优美的姿势俯冲而下，把一只羊羔抓走了。一只乌鸦看见了，非常羡慕，心想：要是我也能这样去抓一只羊，就不用天天吃腐烂的食物了，那该多好呀！于是乌鸦凭借着对鹰的动作的记忆，反复练习俯冲的姿势，也希望像鹰一样去抓一只羊。

一天，它觉得练习得差不多了，呼啦啦地从山崖上俯冲而下，猛扑到一只公羊身上，狠命地想把它带走，然而它的爪子却被羊毛缠住了，怎么拔也拔不出来。尽管它不断地使劲拍打翅膀，但仍飞不起来。牧羊人看到后，跑过去将它一把抓住，剪去了它翅膀上的羽毛。傍晚，他带着乌鸦回家，交给了他的孩子们。孩子们问这是什么鸟，牧羊人回答说："这确确实实是一只乌鸦，可是它自己却要充当老鹰。"

《乌鸦学老鹰》的故事听起来很简单，也很可笑，却告诉我们一个道理：要正确、客观地认识到我们自己擅长什么、不擅长什么，脱离自己实际能力水平而贪求不可企及的目标，必然会失败。每个人都有其独特的才干以及自身独有的优势。比如，有的人数理能力弱，但是语言能力极强；有的人不擅长与人交往，但是做技术是一把好手。因此，成功的关键之一是要清楚了解自己的优势所在，并想办法最大限度地发挥自己的优势。

二、了解你的能力倾向

（一）职业测评法

职业能力倾向测验是个人了解自己能力倾向的一种非常有效的方法，根据测验分数，个人可以了解自己的长处和短处，这在决定自己职业发展方向时具有非常重要的参考价值。目前，职业能力倾向测验也被广泛用于人才选拔和员工考评当中。从应用角度看，能力倾向测评主要有两类：一是通用能力倾向测评，以测量各职业都涉及的通用能力为目的，如一般能力倾向测验（general aptitude test battery，GATB）、区分能力倾向测验（differential aptitude tests，DAT）、雇员能力倾向测验（employee aptitude survey，EAS）等；二是特殊能力倾向测评，以测量特定职业所需的能力为目的，如我国的行政职业能力测验、音乐能力测验、机械能力测验、文书能力测验等。由于很多通用能力倾向测验已经包含一部分特殊能力倾向，因此这里主要介绍目前国际上使用最广泛的三种通用能力倾向测验。

1. 一般能力倾向测验

GATB 最初由美国劳工部就业保障局在 20 世纪 30 年代编制。目前最新版的 GATB 是 1983 年修订的版本，包括 12 个分测验（名称比较、计算、三维空间、词汇、工具匹配、算术推理、形状匹配、做记号、放置、转动、装配和拆卸），分别对九种能力倾向进行评定：①一般学习能力（G），是指推理和判断能力，由三维空间、词汇、算术推理三个分测验的分数相加得到；②文字能力（V），是指对词汇的理解能力，由词汇分测验的分数得到；③数字能力（N），是指计算能力和数学推理能力，由计算、算术推理两个分测验的分数相加得到；④空间能力（S），是指对空间图形的判断和推理能力，由三维空间分测验的分数得到；⑤形状知觉（P），是指形状知觉的能力，由工具匹配和形状匹配两个分测验的分数相加得到；⑥书写知觉（Q），是指注意书写和图表材料中的细节校正字和数的能力，由名称比较分测验的分数得到；⑦运动协调（K），是指快速运动中的手眼协同能力，由做记号分测验的分数得到；⑧手指灵巧（F），是指用手指快速操纵小物件的能力，由放置、转动两个分测验的分数相加得到；⑨手工灵巧（M），是指一个人用双手放置和旋转物体的能力，由装配、拆卸两个分测验的分数相加得到。

GATB 的这九种能力指标已被许多国家承认和采用。《职业岗位分类词典》[①]（加拿大）、《职业条目辞典》（美国）均采用 GATB 这九种能力作为职业准入的最低能力要求指标体系。由于 GATB 不仅包括文字测验，还包含操作性测验，因此在使用时受到比较大的限制。不过，职业能力倾向自我评定为评定人们的这九种职业能力倾向提供了方便。职业能力倾向自我评定全部采用文字测验的方法，要求受测者对自己的职业能力倾向进行自我评定。

2. 区分性能力倾向测验

DAT 初版于 1947 年问世，后经多次修订，最新版（1992 年版）是普遍使用的多重职业能力倾向成套测验之一。编制此测验的理论依据是人们有多种不同的职业能力倾向，并且这些能力倾向是可以测量的。DAT 有以下八个量表。

（1）词语推理（VR）：采用文字形式的类比题目测量一般智力。

例：_____对于晚上，相当于早饭对于_____。

A. 晚饭　角落　B. 文雅　早晨　C. 门　角落　D. 花　欣赏　E. 晚饭　早晨

（2）数字能力（NA）：采用计算题测量一般智力。

例：3 = 15 的_____%。

A. 5　B. 10　C. 20　D. 30　E. 以上都不是

（3）抽象推理能力（AR）：测量非言语推理能力。

例：在答案图形中找出使问题图形连续下去的下一个图形。

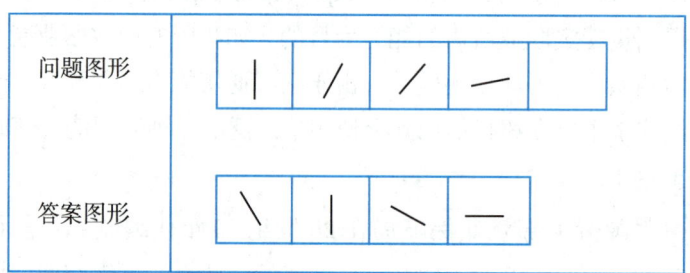

（4）感知（文书）速度和准确性（PSA）：测量完成一件简单知觉任务的速度。

例：在下排中找出与上排画底线相同的组合。

上：AB　Ab　AA　<u>BA</u>　Bb　　5m　5M　<u>M5</u>　Mm　m5

下：Ab　Bb　AA　BA　AB　　M5　m5　Mm　5m　5M

（5）机械推理（MR）：测量对机械和物理原理的推理能力。

例：在 A、B 两图中，哪一根杆要用大一些的力才能把同样的物体撬起来？（如果相等，在 C 上做记号）

[①] 除了包含 GATB 的九种能力外，还包含眼、手、脚的配合能力（E）和辨色能力（C）。

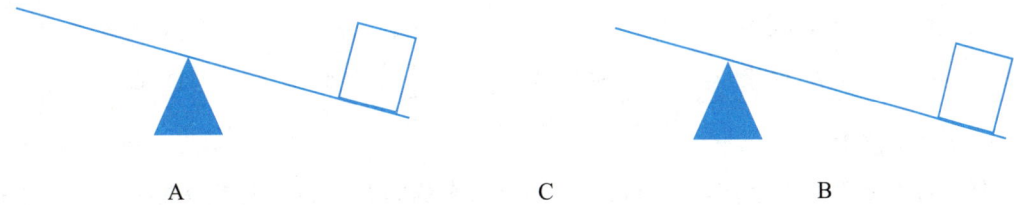

A　　　　　　　C　　　　　　　B

（6）空间关系（SR）：测量想象和心理操作有形材料的能力。

例：下面哪个图形可由左边的纸样折成？

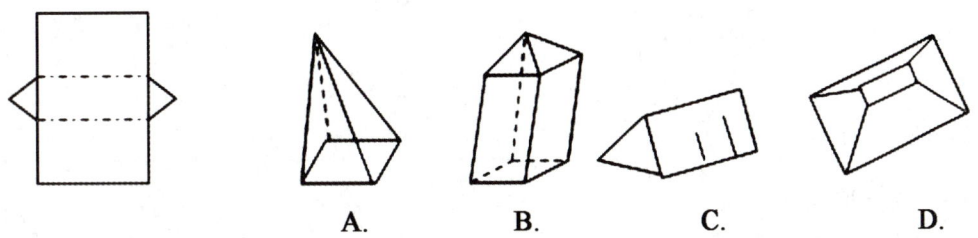

A.　　　　　　B.　　　　　　C.　　　　　　D.

（7）拼写（SP）：指出拼写正误，测量英文水平。

例：指出下列单词的拼法是否正确。

W． man

X． gurl

（8）语言应用（LU）：找出语法或惯用法错误，测量语文水平。

例：指出下列句子中哪个字母标示的部分有错误，在相应字母上标明（如果没有错误，标上 N）。

Aren't we/going to /the office/next week?

A.　　　B.　　　C.　　　D.

除了感知速度和准确性测验，其他项的测验时间多数情况下为 12~25 分钟不等。DAT 的总测验时间为 3 小时，并至少要分两次进行。

3.雇员能力倾向测验

EAS 是由美国心理学家编制的权威职业能力倾向测验之一，最早发表于 1963 年，1994 年修订并出版了第二版，2005 年修订出版了第三版。该测验在美国已经得到广泛认可和好评，目前国内已有修订版本。与 GATB 和 DAT 相比，EAS 的特点是实施便利，对施测者没有很高的要求；测验时间较短，每个分测验平均用时 5~6 分钟；同时，保持了较高的有效性和可信度。EAS 的十个分测验包括言语理解、数字能力、视觉追踪、视觉速度和准确性、空间想象、数字推理、言语推理、言语流畅性、操作速度与准确性、符号推理。

（1）言语理解。

例：请看下面的例题，与竖线左面对应的右面有四个词，这四个词中有一个与左面的词意思一致或最接近。请选出这个词，将其前面的序号圈出来。

1.巨大　　A.聪明　　B.细小　　C.矮小　　D.宏大

2.说　　　A.讲　　　B.跑　　　C.站　　　D.睡

| 3. 故事 | A. 帽子 | B. 球 | C. 白天 | D. 传说 |
| 4. 生病 | A. 健康 | B. 寒冷 | C. 染病 | D. 强壮 |

（2）数字能力。

例：请看下面的例子，每一个问题后面有四个备选答案和一个未知选项"？"。请将正确的答案勾出，如果没有出现正确的答案，就选"？"。

5+5=	8	11	12	13	?
12−6=	5	7	6	8	?
5×5=	23	24	25	26	?
30÷3=	6	7	9	8	?

（3）视觉追踪。

例：请看下面的图，右侧的选项来自左侧的方框，他们通过中间的线相连接。前三个题目已经示范如何做。请将其他追踪的结果圈出来。

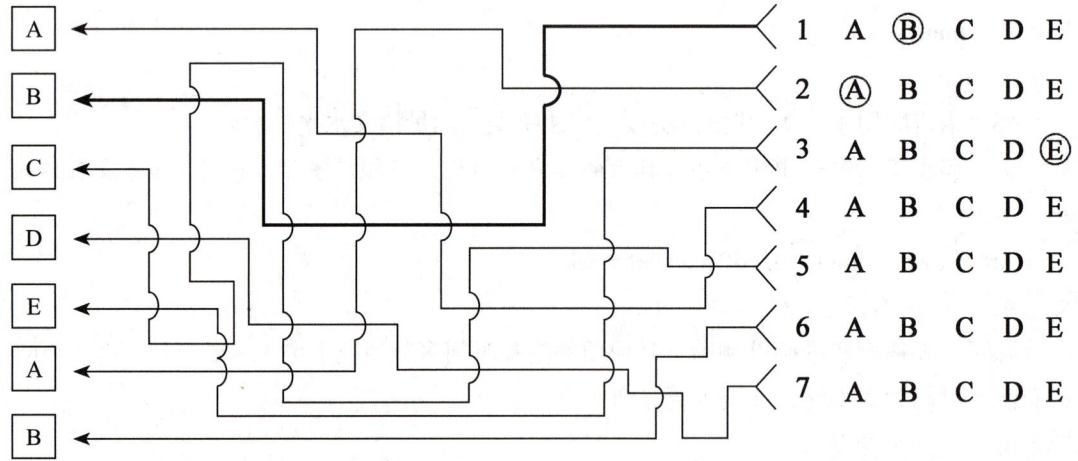

（4）视觉速度和准确性。

例：请看下面的配对数字，第一对数字792和792是一样的，因此应该在右面的选项中选择"是"；第二对6123和6122不一样，因此应该选的答案是"否"。

792	792	是	否
6123	6122	是	否
¥898	¥897	是	否
72，10	72，10	是	否
42	24	是	否
6696	6669	是	否

（5）空间想象。

例：在下面所搭的积木中，所有方块的型号、大小和形状都一样。现在要找出每块标有字母的方块与多少其他的方块挨着，然后在后面的备选答案中做出选择。

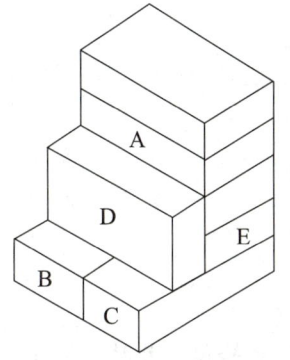

A: 1 ② 3 4 5 6 7 8 9 10
B: 1 2 ③ 4 5 6 7 8 9 10
C: 1 2 ③ 4 5 6 7 8 9 10
D: 1 2 3 ④ 5 6 7 8 9 10
E: 1 2 3 ④ 5 6 7 8 9 10

（6）数字推理。

例：请看下面的例题，每列数字的后面有一个问号，这些数字序列具有某种规律，你的任务是在方框中的数字序列中找到合适的数字，并选出正确答案。

A.1	4	7	10	13	16	19	?	20	21	22	23	24
B.20	18	16	14	12	10	8	?	7	6	5	4	3
C.20	20	19	19	18	18	17	?	17	16	15	14	13
D.4	6	5	7	6	8	7	?	6	7	8	9	10

（7）言语推理。

例：请看下面的例题，题目由一组事实和一组结论组成。根据给出的事实，你可以推断结论是正确的、错误的，还是无法判断。

老张是一个焊接工。
老李在B公司工作。
老张只有一个独女。
A公司有部分自动生产线。
B公司没有雇佣焊接工。

结论：

1. 老张不在B公司工作。　对　　错　　?
2. 老张的儿子生病了。　　对　　错　　?
3. 老张在C公司工作。　　对　　错　　?
4. 老李的工作只是焊接。　对　　错　　?
5. 老张焊接自动生产线。　对　　错　　?

（8）言语流畅性。

例：这是一个测量对词的反应的测验。给你一个词，在规定的5分钟内，尽可能多地写出包含这个字的词。你可以写任何词,只要包含给出的字就行。

"好"

好人

很好

好好学习

……

(9)操作速度与准确性。

例:这是一个对于迅速而准确地移动手的能力的测验。当施测者给出信号时,请在5分钟内用笔在"○"内打点。做得越快越好,打的点不能触及"○"的边缘。

→ ○○○○○○○○○○○○○○○○ ↓
                                    ○
↓ ○○○○○○○○○○○○○○○○ ←
→ ○○○○○○○○○○○○○○○○

(10)符号推理。

例:请看下面的例题。每一个题目包含一个陈述和一个结论。陈述和结论中的有关符号如下:等于——=;不等于——≠;小于——<;大于——>;不小于——≮;不大于——≯。你的任务是根据陈述判断结论是正确的、错误的,还是不能确定。

A.X=Y=Z,因此,X=Z	对	错	?
B.X>Y>Z,因此,X=Z	对	错	?
C.X≠Y≠Z,因此,X=Z	对	错	?
D.X=Y>Z,因此,X=Z	对	错	?
E.……	……		

(二)成就故事法

成就故事法是一种通过自我反省的方式来获得有关自身能力优势的方法。成就故事法可以对能力倾向的所有方面进行评价。成就事件就是自己做过的自认为比较成功或感觉不错的事情:可以是学习上的,也可以是课外活动、人际关系处理上的;可以是惊天动地的大事,也可以是生活中的小事情。只要符合以下标准即可:这件事情让你感到有成就感,或者在这件事情的处理上你显得比一般人要强。分析成就事件需要解决的问题如下：①这件事情是在什么情况下发生的；②当时面临的障碍、限制是什么；③你是如何克服障碍的；④结果怎么样；⑤在分析事件的过程中，你使用了一些什么样的能力。下面是某同学的成就事件分析：

  成就经历：争取到参加"挑战杯"全国创业计划大赛的资格。
  事件背景：由于队员答辩时表现欠佳，参赛作品的价值没有被评委老师充分了解。
  当时最大的障碍：(1) 时间紧，第二天就要宣布结果；(2) 评委老师对作品不了解；(3) 队员有点泄气，准备放弃。
  如何克服的：(1) 比赛结束当天晚上就找到团委老师，再次全面介绍了作品，让老师看到了作品的价值；(2) 在团队成员面前，自己没有表现出泄气，不断鼓励他们。
  使用了哪些能力：(1) 情绪管理能力；(2) 富有激情；(3) 说服他人的能力；(4) 领导能力；(5) 危机管理能力。

  在分析成就事件时，事件越多效果越好。同时，进入第五步后，如果和两三个同学一起讨论分析，那么效果会更佳。因为，他人可以帮助我们看到更多的可能性。

（三）回馈分析法

  回馈分析法是指根据行动的结果对自己的长处和短处进行分析，从而发现自己独特优势的方法。著名管理学大师彼得·德鲁克就长期使用回馈分析法对自己的长处和短处进行分析。他在《什么决定了你的未来》一文中提道："每当做出重要决定或采取重要行动时，你都可以事先记录下自己对结果的预期。9到12个月后，再将实际结果与自己的预期进行比较。"

  同样，我们只要持之以恒地运用这个简单的方法，就能在较短的时间（可能两三年）内发现自己的长处。在采用这种方法之后，我们就能知道，自己正在做（或没有做）的哪些事情会让我们的长处无法发挥出来。同时，我们也能看到自己在哪些方面的能力不是特别强。最后，我们还能了解自己在哪些方面完全不擅长，做不出成绩来。根据回馈分析的结果，我们需要在以下两个方面采取行动。第一，专注我们的长处。在我们的职业生涯中，只能靠发挥长处而不能靠短处创造绩效，要把自己放到那些能发挥长处的地方。第二，加强我们的长处。回馈分析会迅速地显示我们需要在哪些方面改善自己的技能或学习新技能，以进一步强化自己的优势。

自我认识练习 3-4：你的优势潜能在哪里

本测验把人的职业能力倾向分为九种，每种能力由一组四道题目反映。测验时，请仔细阅读每道题目，采用五等评分法对自己的能力进行评定，然后分别计算出自评等级。

（一）一般学习能力（G）	弱	较弱	一般	较强	强
1. 快速而容易地学习新内容	1	2	3	4	5
2. 快速而正确地解数学题目	1	2	3	4	5
3. 对课文的字、词、段落、篇章的理解、分析和综合能力	1	2	3	4	5
4. 对学习过的材料的记忆能力	1	2	3	4	5
（二）文字能力（V）	弱	较弱	一般	较强	强
1. 善于表达自己的观点	1	2	3	4	5
2. 阅读速度和理解能力	1	2	3	4	5
3. 掌握词汇量的程度	1	2	3	4	5
4. 你的语文成绩	1	2	3	4	5
（三）数字能力（N）	弱	较弱	一般	较强	强
1. 做出精确的测量	1	2	3	4	5
2. 笔算能力	1	2	3	4	5
3. 口算能力	1	2	3	4	5
4. 你的数学成绩	1	2	3	4	5
（四）空间能力（S）	弱	较弱	一般	较强	强
1. 解立体几何方面的习题	1	2	3	4	5
2. 画三维的立体图形	1	2	3	4	5
3. 想象盒子展开后的平面图	1	2	3	4	5
4. 想象三维的物体	1	2	3	4	5
（五）形状知觉（P）	弱	较弱	一般	较强	强
1. 发觉相似图形中的细微差别	1	2	3	4	5
2. 识别物体的形状差异	1	2	3	4	5
3. 注意物体的细节部分	1	2	3	4	5
4. 观察物体的图案是否正确	1	2	3	4	5
（六）书写知觉（Q）	弱	较弱	一般	较强	强
1. 快而准地抄写资料（如姓名、日期、电话号码）	1	2	3	4	5
2. 发现错别字	1	2	3	4	5
3. 发现计算错误	1	2	3	4	5
4. 能很快查找有编码的卡片	1	2	3	4	5
（七）运动协调（K）	弱	较弱	一般	较强	强
1. 玩电子游戏	1	2	3	4	5

续表

（七）运动协调（K）	弱	较弱	一般	较强	强
2. 打篮球、排球或踢足球	1	2	3	4	5
3. 打乒乓球、羽毛球	1	2	3	4	5
4. 打字能力	1	2	3	4	5
（八）手指灵巧（F）	弱	较弱	一般	较强	强
1. 灵巧地使用很小的工具	1	2	3	4	5
2. 穿针眼、编织等使用手指的活动	1	2	3	4	5
3. 用手指做一件小工艺品	1	2	3	4	5
4. 使用计算机的灵巧程度	1	2	3	4	5
（九）手工灵巧（M）	弱	较弱	一般	较强	强
1. 用手把东西分类	1	2	3	4	5
2. 手在推拉东西时的灵活度	1	2	3	4	5
3. 很快地削水果	1	2	3	4	5
4. 灵活地使用手工工具	1	2	3	4	5

计分方法：①选"强"得 5 分，选"较强"得 4 分，依次类推；②计算每种能力倾向的自评等级：自评等级＝总分÷4；③将自评等级填入表 3-11 中。部分职业所需的最低能力标准见表 3-12。

表 3-11 职业能力倾向自评等级表

职业能力倾向	自评等级	职业能力倾向	自评等级
G		Q	
V		K	
N		F	
S		M	
P			

表 3-12 部分职业所需的最低能力标准

职业	职业能力								
	G	V	N	S	P	Q	K	F	M
生物学家	1	1	1	2	2	3	3	2	3
建筑和工程技术专家	2	2	2	2	2	3	3	3	3
系统分析和计算机程序员	2	2	2	2	3	3	4	4	4
经济学家	1	1	1	4	4	2	4	4	4
心理学家	1	1	2	2	2	3	4	4	4
社会工作者	2	2	3	4	4	3	4	4	4
法官	1	1	3	4	3	3	4	4	4

续表

职业	职业能力								
	G	V	N	S	P	Q	K	F	M
律师	1	1	3	4	3	3	4	4	4
职业指导专家	2	2	3	4	4	3	4	4	4
内科、外科、牙科医生	1	1	2	1	2	3	2	2	2
护士	2	2	3	3	3	3	3	3	3
医院药剂师	2	2	2	4	2	3	3	3	3
作家和编辑	2	1	3	3	3	3	4	4	4
秘书	3	3	3	4	3	2	3	3	3
出纳员	3	3	3	4	4	2	3	3	4
商业经营管理者	2	2	3	4	4	3	4	4	4
画家、雕刻家	2	3	4	2	2	5	2	1	2

本章小结

1. 自我探索的方法主要有自我反省、实践活动、他人评价和职业测评法。自我探索的重点领域为职业价值观、职业兴趣、职业性格和职业能力倾向。

2. 职业价值观探索的方法：价值观测评、交互指导信息系统、生命中的五样、生涯拍卖会、卡片分类法。

3. 职业兴趣探索的方法：自我导向搜寻量表、库德职业兴趣量表、斯特朗－坎贝尔兴趣调查表。

4. MBTI 根据能量指向方式、信息的获取方式、做决策的方式和日常生活方式将人的职业性格分为 16 种。

5. 职业能力倾向探索的方法：职业测评法、成就故事法和回馈分析法。

相关资源

1. 雷五明. 绝不迷茫：青年职业心理测评与生涯规划 [M]. 武汉：华中科技大学出版社，2005.

2. DiggMe 智能测评云平台（https://wx.diggme.cn/）

案例分析　换一种方式也许离成功更近点

他出生在美国新泽西州一个贫穷的外来移民家庭。

他从小就是个腼腆、内向的孩子，和他一样大的孩子都不喜欢和他在一起，因为他什么也不会。

每次考试他都是倒数几名,老师不想让他回答问题,因为他总是羞涩地说不知道。大家认为他是笨蛋,是白痴。伙伴们嘲笑他,说他永远和失败在一起,是失败的难兄难弟。邻居们说,这个孩子将来注定一事无成。父母听到这样的话,暗暗为他担心。

他努力过,可是收效甚微,他在学业方面取得的进步几乎为零。但是,他还是在不断苦读。

他每天醒后都害怕上学,害怕被嘲笑。周末,他坐在自家的门前,看着草地上喜笑颜开的男孩们,感到自己的未来一片渺茫。

时间一天天地流逝,而学校也在考虑劝他退学。

一次,他看到一个老人为了一张被老鼠咬坏的一美元钞票而痛哭不已。为了不让老人伤心,他悄悄回家将自己平时积攒的硬币换成一张一美元的钞票,交给了老人,说这是他用魔法变回来的。老人激动不已,说他是个善良、聪明的孩子。父亲知道这件事后,认为自己的孩子还不是个笨到家的人。

而接下来的这天,是他永远不会忘记的。

父亲要带他出门,目的地是波士顿。他说:"我们坐汽车可以到达。"父亲说:"那我们坐汽车吧。"可是,在中途的一个小站,父亲下车买东西忘记了汽车出发的时间。就这样,汽车在他的喊叫声中呼啸而去。他很害怕,心想这下怎么办,没有汽车,父亲怎么能到波士顿呢?波士顿汽车站到了,他下车时却看到父亲正在不远处等着他。他快速跑了过去,扑进父亲的怀抱,诉说一路的忐忑不安,他害怕父亲到不了波士顿,并惊讶父亲是如何到达的。

父亲说:"我是骑马来的。"

竟然是这样的!他惊讶不已。父亲说:"只要我们能到达目的地,管它用什么方式呢,孩子,就像你学业不成功,并不代表你在其他方面不能成功,换一种方式吧!"此时,他恍然大悟。

随后,他看到很多人因为不能实现自己的理想而痛苦不已,他就想,假如自己能用魔法帮助他们实现理想就好了,即使是假的,但起码能从精神上减轻他们的痛苦。

从此,他对魔术表现出浓厚的兴趣,并跟随一些魔术师学习魔术。

他克服心中的怯懦,开始为自己的梦想奋斗。他为了实现自己的梦想而努力,并得到了父母的鼓励。

教他魔术的老师发现他在这方面具有很高的悟性,学东西很快,而且每次都能在原有的基础上有所创新。很快,老师的技巧便被他学光了,他不得不换老师。就这样,短短两年时间里,他换了四个魔术老师。

他就是大名鼎鼎的魔术师大卫·科波菲尔,一个令人匪夷所思的成功人士。

有人问他是怎么成功的,大卫·科波菲尔说:"父亲告诉我,成功对我们来说就好比固定的车站,我们在为怎么到达而绞尽脑汁,大家都在争夺汽车上的座位,没有得到座位的人不得不等下一班汽车，可是，为什么我们不能骑马或者乘轮船去车站呢？这样，我们不是也可以到达吗？只不过换了一种方式而已。"

最后，大卫·科波菲尔说："后来我才知道，这一切是父亲安排好的。其实那个小站离波士顿很近，骑马比坐汽车还快，所以父亲到得比我早。"

这个道理浅显易懂，可是能真正理解它并且付诸行动的人却很少。

> **思考**
> 1. 大卫·科波菲尔的故事带给你哪些思考？
> 2. 我们应该从哪些方面、用什么方法去认识自己？

第四章

职业社会认知

> 知己知彼，百战不殆。
>
> ——《孙子兵法·谋攻篇》

 本章学习要点

1. 了解当前工作世界的基本概况。
2. 了解不同类型职业对人才核心素质的要求。
3. 理解并运用认识工作世界的方法，从不同方面了解职场。

 本章案例

案例 4-1　认识职场，科学择业

肖晓现在在武汉某大型国有企业从事人事工作。回想起当初高考填报志愿，她有一种庆幸的感觉。当初填报高考志愿时，她本来是想报新闻专业的，因为她想当一名记者。她觉得记者这一职业非常好，不仅很体面，而且看起来很威风。妈妈的一位同事得知她的这一想法后，觉得肖晓不仅对记者这一职业的认识不全面，还带有偏差。因此，他建议肖晓对记者这一职业进行一番实地调查。在他的帮助下，肖晓联系了武汉一家知名报社的记者，并跟随他工作了一个星期。第一天，她带着兴奋，觉得做记者蛮好玩的，很自由，可以经常到外面出差。第二天，她带着几分沮丧以及失望回来了。因为，今天她跟着这名记者出去采访时，不仅被他人粗暴地拒绝了，而且挨了骂。第三天，通过与这名记者交谈，肖晓得知记者这一职业的压力非常大，记者不仅经常要到外地去采访，而且要经常加班加点赶稿子。第四天，肖晓有点想打退堂鼓了。可是，在妈妈的一再坚持下，她不得不继续自己的实地调查之旅。经过 7 天的跟随工作后，肖晓对记者这一职业有了一个更加全面、客观的了解，她认为自己并不适合从事记者这一工作。最后，在对其他备选的职业进行深入了解后，她觉得人力资源管理工作挺适合自己的。于是，肖晓报考了人力资源管理专业。毕业后，她就进了现在这家企业从事人事工作。她觉得这份工作很适合自己，对工作的内容和环境也很满意。

肖晓是幸运的，她如果当时抱着那一点点对记者这一职业模糊的认识而选择了新闻专业，那么在人生发展的道路上会多走很多弯路。当然，肖晓的幸运也是她努力的结果。对于当代大学生来说，大学绝不是"两耳不闻窗外事，一心只读圣贤书"的地方。相反，我们应该勇于走出校门，多跟社会接触，通过与社会接触，了解外部世界，特别是我们感兴趣的职业或行业的情况，以及职场对大学生能力、素质等方面的要求。只有这样，我们才能真正做到自主学习，充分利用大学的丰富资源，提高自身的综合素质。

第一节 现代社会背景下的职业发展

现代社会是一种以工业生产为主导的社会，是继农业社会或传统社会之后的社会发展阶段。科学技术高度发达，社会分工日益精细，个人发展机会增多和自主程度提高，竞争激烈成为现代社会的基本特征。与传统社会相比，现代社会对人才的素质要求发生新的变化，而且个人的职业生涯发展也出现一些新特点，如无边界性。对个人而言，不仅要认清形势，更重要的是要积极顺应社会发展的趋势，根据社会需求并结合自身特质，选择和发展自己的职业生涯。

一、高等职业教育发展与大学生就业

职业教育是国民教育体系和人力资源开发的重要组成部分。发展职业教育已经成为世界各国应对经济、社会、人口、环境、就业等方面挑战的方式，也已成为实现可持续发展的重要战略选择。高等职业教育是我国职业教育中的重要组成部分，包括高等职业专科教育、高等职业本科教育、研究生层次职业教育。从20世纪70年代后期至今，中国经济发展取得了巨大成就。在这四十余年里，中国高等职业教育也经历了曲曲折折、起起伏伏的不平凡发展历程。高等职业教育从一个辅助和配角地位，逐渐成为高等教育的重要组成部分，成为中国高等教育发展不可替代的半壁江山，成为培养中国经济发展、产业升级换代迫切需要的高素质技能型人才的主力军，在中国高等教育和经济社会发展中扮演着越来越重要的角色。概括来说，中国高等职业教育经历了全面恢复阶段（1977—1984年）、探索与调整阶段（1985—1994年）、确立阶段的中国高等职业教育（1994—1998年）、规模快速发展阶段（1999—2004年）、全面提升质量阶段（2004年至今）五个阶段。2022年，全国共招收职业本科生7.63万人、高职（专科）生538.98万人。2022年教育事业统计数据结果显示，2022年，我国共有本科层次职业学校32所，高职（专科）学校1489所。

我国高等职业教育以服务区域和行业发展为办学方针，采用产教融合校企合作的教育模式，从而培养出高素质技术技能人才。教育部2022年8月发布的《中国职业教育发展白皮书》显示，职业学校毕业生就业率连续保持高位，中职、高职毕业生就业率分别超过95%和90%，专业对口就业率稳定在70%以上。职业学校毕业生就业岗位遍布高端产业和产业高端。当前，我国正逐步从制造大国向制造强国迈进。一方面，制造业企业数字化、智能化转型提速，一部分人工被取代之后，产生的是对高素质技能人才、紧缺技术人才更

大的需求；另一方面，技能人才总量不足、结构不合理、高技能领军人才匮乏等问题凸显。数据显示，预计到2025年，我国制造业十大重点领域（新一代信息技术、高档数控机床和机器人、航空航天装备、海洋工程装备及高技术船舶、先进轨道交通装备、节能与新能源汽车、电力装备、新材料、生物医药及高性能医疗器械、农业机械装备）人才需求总量将接近6200万人，人才需求缺口约3000万人，缺口率达48%。比如，到2025年我国先进轨道交通装备人才缺口将增加至10.6万人。因此，2019年8月20日，习近平总书记在甘肃考察山丹培黎学校时，从"实体经济是我国经济的重要支撑，做强实体经济需要大量技能型人才，需要大力弘扬工匠精神"的战略高度，做出了"发展职业教育前景广阔、大有可为"的重大论断。当然，要成为市场的"抢手货"，一定强化职业生涯规划意识，弘扬工匠精神，努力把自己培养成职业技能熟练、职场应变能力强、专业创新能力突出的高素质技能人才。

案例 4-2 "蓝领"月薪超大学生[①]

这几日，"蓝领"月薪过万、高过大学生的话题引发关注。有媒体报道，近日，一位专门招聘"蓝领"的人力资源公司负责人给江苏一家电子厂招聘了一名月薪8000元的普工，工人刚到现场，就被隔壁的电子厂以1万元的月薪抢走了。对此现象，该负责人表示，现在所有工厂都缺人。

普工如此抢手，其所折射的劳动力市场及其经济现象值得细究。结合近些年大学生平均工资普遍较低的现实情况，"蓝领"月薪过万就更加引人注目。其实，"蓝领"工资超过大学生的现象并没有颠覆经济常识。观察近些年的职业薪资水平，能够发现各个行业和职业的薪资涨跌与其行业和职业所提供的产品和服务的市场评价越来越贴近。

事实也是如此。从此次媒体报道的案例就可以看出，正是工人岗位的稀缺性使得"蓝领"月薪过万。报道称，随着消费回暖和"双11"的刺激，不少制造工厂的订单量明显上升，以"蓝领"为主的制造业用工迅速走高，多地开始争抢工人，不少工人月薪过万，在一些就业领域甚至超过了本科生等群体的平均月薪。

当然，"蓝领"之所以在劳动力市场上受追捧，是因为现在许多普工早已不是十几年前的概念。说到底，"蓝领"自身所掌握的职业技能是其月薪上涨的根本原因。随着科技的发展，用工企业也开始大量使用先进设备来提高生产力，这意味着流水线上的工人除了需要具备熟练的操作技术外，还要能够适应新设备。这就要求"蓝领"具备一定的学习能力，而这种以操作经验为基础的学习能力并不以学历作为衡量标准。

在"蓝领"群体中，有很多具有各自特点的专业人才。这部分专业人才并没有拥有高学历，但他们通过对相关专业技术的不断实践，获得了如高级技工、技师、高级技师等相关职业技能认证。这样的工人，其角色和能力与工程师一样，是企业解决生产或服务难题时不可或缺的人才。此类群体当然是市场稀缺人才。

[①] 陈城．"蓝领"月薪超大学生：学习能力是关键 [N/OL]．光明日报，2020-11-02(2)[2020-12-24]．https://epaper.gmw.cn/gmrb/html/2020-11/02/nw.D110000gmrb_20201102_6-02.htm．

在此，我们也无须担心人力资源配置"倒挂"。"蓝领"月薪高过大学生的月薪是市场评价的结果，但是，这个评价只是一个方面、一个工种的评价，并非对大学生能力和价值的否认。市场化程度的不断提高，制造业的不断升级自然要求工人的能力不断提高，这必然会带动相关行业的薪资上涨。这也意味着，只要其能力符合市场需要，无论是"蓝领"还是大学生，都能够获得与能力相匹配的薪酬。

所以，"蓝领"月薪超过大学生，并不能证明"读书无用论"。恰恰相反，"蓝领"受热捧，其背后核心因素还是学习以及学习能力。只不过，这个学习以及学习能力的判定并不只以学历为标准。

二、市场经济与无边界职业生涯

目前，我国正逐步由计划经济转向市场经济。自由选择、市场竞争是市场经济的基本特征。激烈的市场竞争导致我国企业逐步取消了传统的长期雇佣制度，取而代之的是更具弹性的雇佣形式，如雇佣短期化、员工派遣、裁员等，终生雇佣制在我国正在走向终结。伴随着市场经济的兴起，人们择业的自主性得到了极大提高，人们可以根据自身情况选择职业和组织。长期雇佣制的取消以及人们主动或被动地在不同组织间进行自由流动，使得人们的职业生涯出现一个新的特点：无边界性。无边界职业生涯（boundaryless career）是指超越单个就业环境边界的一系列就业机会。著名组织行为学家亚瑟在1994年首次提出了无边界职业生涯的概念，用来描述一种新的职业生涯框架系统，预示着员工不再是在一个或两个组织中度过自己的职业生涯，而是在多个组织、多个部门、多个职业、多个岗位实现自己的职业生涯目标。无边界职业生涯可以分为自愿无边界和非自愿无边界：①自愿无边界是指当听说或者找到一个能够获得更多发展和回报的机会时，人们主动选择进入一个新的企业；②非自愿无边界则是指当企业发生如缩小规模、淘汰、重构或者裁员的情况时，人们被迫去寻找新的工作。无边界职业生涯的特点：便携式的知识和技能、跨越多个公司的才干、个体对有意义的工作的认同感、个体对职业生涯的管理负责等。传统职业生涯与无边界职业生涯的区别见表4-1。

表 4-1 传统职业生涯与无边界职业生涯的区别[①]

维度	传统职业生涯	无边界职业生涯
雇佣心理契约	以工作安全换取忠诚	以可雇佣性换取绩效和灵活性
边界	一两家公司	多个公司
技能	特定公司	可迁移
成功衡量标准	薪酬、晋升、地位	心理上感觉有意义的工作
职业生涯管理责任	组织承担	个人承担

---

① 庞涛，王重鸣. 知识经济背景下的无边界职业生涯研究进展 [J]. 科学学与科学技术管理，2003（3）：58-61.

续表

维度	传统职业生涯	无边界职业生涯
方式	直线形、专家型	短暂型、螺旋形
培训	正式的程序	在职、即时
转折点	年龄相关	学习相关

在无边界职业生涯时代，个体要想能跨越不同组织实现持续就业就必须具备可就业能力（employ ability），即个人具有获得工作、保持工作、在工作中进步以及在需要时重新获得就业的能力。

三、知识经济与终身学习

通俗地讲，知识经济就是以知识为基础的经济。知识经济强调知识和信息在经济发展中的作用，强调人力资源的创造力在经济发展中的价值，强调高科技产业在国民经济发展中的主导地位。知识经济给个人的职业发展所带来的影响主要体现在以下两点。一是知识型员工成为企业最宝贵的人力资源。在知识经济时代，知识和创新成为经济发展的最大推动力。那些掌握和运用符号、概念，利用知识和信息工作的人，自然成为企业和社会最宝贵的人力资源。二是工作由静态变为动态。在人类未进入知识经济时代之前，工作是相对静止的，个体一旦掌握某一种技能就能胜任工作，并且只要愿意就能终身受雇。然而，随着技术的快速革新、市场竞争的加剧以及组织不确定性的增加，个体只有不断更新其知识与技能，才能跟得上时代发展的步伐，始终保持外部竞争力。传统学习观与终身学习观的区别见表4-2。

表4-2 传统学习观与终身学习观的区别

方面	传统学习观	终身学习观
学习时间	幼儿期、少年期、青年期	人生的各个阶段
学习目的	学习基础知识	培养生活和工作的能力
学习作用	文凭是挑选人才的凭证	发现和强化潜能，注重提高实践能力
学习领域	限定的、隔离的	沟通的、融合的
学习机会	分数、年龄、区域、专业、性别都会影响选择	学所想学，不受限制
向谁学习	学校里的老师	能者为师，先者为师，快者为师
学习方式	你教我学，你考我答	提供方法，事实检验
考试场所	教室	处处可能是考场
考试内容	考卷上的题目	事事可能是考卷
成绩标准	分数	事情结果
学习工具	主要用书本学习	各种学习工具、媒体
成人与儿童的学习关系	儿童向成人学习	相互学习

续表

方面	传统学习观	终身学习观
学习观点	活到老、学到老是一种良好品德	学到老才能活到老是一种生存本领
学习内容	根据学校、老师的安排，侧重自然科学、抽象知识	根据生活、工作需要，侧重文化修养、实用知识
文盲	不识字的人	不会继续学习的人

21世纪是学习的世纪。就个人职业生涯发展而言，知识经济时代要求我们不断学习、不断补充新的知识。只有这样，我们才能适应不断变化的世界，才不至于被快速发展的时代抛弃。以前，我们常说"活到老、学到老"，而现在我们只有学到老才能活到老。同时，在中国的现代化进程中，无论是在2035年总体发展目标体系中，还是在未来五年的主要目标体系中，经济高质量发展均位居前列。我们只有不断补充新知识，磨炼新本领，才能紧跟时代，真正推动经济高质量发展，为中国式现代化在新发展阶段的进一步成功推进和拓展奠定坚实的物质技术基础。

四、平台经济与新就业形态

案例4-3 新就业形态成为许多人"副业创新"的沃土[①]

今年7月，做了10年全职宝妈的刘敏，终于有了自己的事业。她正式成为一名电商平台的社区团购团长。短短10天，刘敏就建立了370人的用户群，日均营业额在1000元左右。

今年43岁的陈进喜也颇有同感："共享电单车换电员的工作，早、晚高峰忙一点，中间可以适当放松，不像工厂工作那样需要时刻紧绷着神经。"陈进喜来昆明打工两三年了，收入一直不太稳定，最低的时候月收入只有2000元。今年7月，他开始在美团电单车业务部从事换电员工作。工作两个多月，平均月收入达到了6000多元。

今年大四的彭光彬，就读于山东师范大学体育教育专业，已经兼职从事外卖配送工作超过两年时间。目前，彭光彬已成为济南长清大学城的配送站长，管理8个学校、9个站点，以及近百人的大学生兼职配送团队。他说送外卖让自己比同龄人成长得更迅速，独立性更强。他表示，外卖配送经验让他对高校市场有了较深刻的了解，希望毕业后能够继续深耕这一领域，锁定高校市场并继续做大。

平台经济是一种基于数字技术，由数据驱动、平台支撑、网络协同的经济活动单元所构成的新经济系统。平台本身不生产产品，但可以促成双方或多方供求之间的交易，收取适当的费用或赚取差价从而获得收益。平台可以是一种虚拟交易场所，也可以是真实的

[①] 程琦.美团发布《生活服务业新就业形态和灵活就业的发展特征和发展趋势》[EB/OL].（2020-09-16）[2020-12-24].http://n.eastday.com/pnews/1600232403023185.

交易场所。美团、京东等均是知名的平台型企业。目前，随着平台经济的迅速发展，大批新就业形态（如自由职业者、多重职业者、创业式就业者等）和灵活就业岗位被催生出来，大量受过高等教育的大学生加入新就业形态之中。在大学生就业日益严峻的形势下，新就业形态在发挥"就业蓄水池"作用的同时，正在成为许多人"副业创新"的沃土。

五、人工智能与技能提高

人工智能诞生于20世纪40年代，但直到2016年Alpha Go与围棋棋手李世石的世纪人机大战才开始被更多人关注。在这之前，很多人对AI（artificial intelligence）的印象还停留在科幻电影的人形机器人上。如今，随着科技的快速发展，人工智能已经走进人们的日常生活，如人脸识别、无人驾驶、AI面试官、AI会计、AI翻译等。人工智能在为人类提供越来越多服务和便利的同时，也将取代大量职业或工作，加快现有的很多职业或工作消亡的速度。英国广播公司曾经在2017年专门就"AI的发展会导致部分人类失业吗？什么领域更有可能被机器取代？"这一话题进行了报道。报道提到，牛津大学的研究者们得出一个惊人的结论：英国现存的工作种类有35%会在未来的20年内完全被机器取代。波士顿的专家们则认为这个时间会更短：2025年之前，全世界至少要有四分之一的岗位因为人工智能的发展而彻底消失，预计可能有数十万乃至上百万人因受到直接冲击而失业。报道还提到，与很多人想象的不同，除了那些低端的体力劳动外，会计、金融、摄影、法律等通常被认为是中高端脑力劳动的岗位一样会受到AI发展的影响。牛津大学的人工智能专家弗雷和奥斯本于2017年发表了一篇题为《就业前景：工作有多容易被计算机取代？》的论文。在该文章中，他们列出了一份容易被计算机化的职业清单，见表4-3。

表4-3 容易被计算机化的职业清单（前100名）[①]

序号[②]	可能性	职业
1	0.0028	娱乐治疗师
2	0.003	机械、安装和维修人员的一线监督员
3	0.003	应急管理主任
4	0.0031	精神健康和药物滥用社会工作者
5	0.0033	听力学家
6	0.0035	职业理疗师
7	0.0035	矫形师和修复师
8	0.0035	医疗社会工作者
9	0.0036	口腔颌面外科医生

① FREY C B, OSBORNE M A. The future of employment: how susceptible are jobs to computerisation?[J]. Technological Forecasting and Social Change, 2017, 114: 254-280.
② 根据被计算机化的概率对职业进行排名。

续表

序号	可能性	职业
10	0.0036	消防和预防工人的一线监督员
11	0.0039	营养师和营养学家
12	0.0039	酒店经理
13	0.004	编舞指导
14	0.0041	销售工程师
15	0.0042	内科医生和外科医生
16	0.0042	教学协调员
17	0.0043	心理学家（除了后面提到的心理学家）
18	0.0044	警察和侦探的直接主管
19	0.0044	普通牙医
20	0.0044	小学教师（特殊教育除外）
21	0.0045	医学科学家（流行病学家除外）
22	0.0046	小学和中学的教育行政人员
23	0.0046	足病医生
24	0.0047	临床、咨询和学校心理学家
25	0.0048	心理健康咨询师
26	0.0049	面料和服装图案制作者
27	0.0055	布置和展览设计师
28	0.0055	人力资源经理
29	0.0061	娱乐工作者
30	0.0063	培训和发展经理
31	0.0064	语言病理学家
32	0.0065	计算机系统分析师
33	0.0067	社会和社区服务经理
34	0.0068	策展人
35	0.0071	运动训练师
36	0.0073	医疗卫生服务经理
37	0.0074	幼儿教师（特殊教育除外）
38	0.0075	农场和家庭管理顾问
39	0.0077	人类学家和考古学家
40	0.0077	高中的特殊教育教师
41	0.0078	高中教师（除特殊和职业/技术教育）
42	0.0081	牧师

续表

序号	可能性	职业
43	0.0081	林务员
44	0.0085	教育、指导、学校和职业咨询师
45	0.0088	高中的职业/技术教育教师
46	0.009	注册护士
47	0.0094	康复咨询师
48	0.0095	教师和指导员（除了以上提到的，所有其他的教师和指导员）
49	0.0095	法医学技术员
50	0.01	戏剧和表演的化妆师
51	0.01	船舶工程师和海军建筑师
52	0.01	高等教育的教育行政人员
53	0.011	机械工程师
54	0.012	药师
55	0.012	后勤人员
56	0.012	微生物学家
57	0.012	工业组织心理学家
58	0.013	教练和球探
59	0.013	销售经理
60	0.014	水文学家
61	0.014	市场经理
62	0.014	婚姻和家庭治疗师
63	0.014	工程师（除了已提到的，其他工程师）
64	0.014	培训和发展专家
65	0.014	办公室和行政支持工作人员的直接主管
66	0.015	生物科学家
67	0.015	公共关系和资金筹集经理
68	0.015	多媒体艺术家和动画师
69	0.015	计算机与信息研究科学家
70	0.015	首席执行官
71	0.015	学前教育和儿童保育中心/项目的教育行政人员
72	0.015	音乐总监和作曲家
73	0.016	生产和运营工人的直接主管
74	0.016	证券、商品和金融服务销售代理

续表

序号	可能性	职业
75	0.016	环保科学家
76	0.016	初中的特殊教育教师
77	0.017	化学工程师
78	0.017	建筑和工程经理
79	0.017	航空航天工程师
80	0.018	自然科学管理人员
81	0.018	环境工程师
82	0.018	建筑师（除了景观和海军建筑师）
83	0.018	理疗师助理
84	0.019	土木工程师
85	0.02	健康诊断和治疗从业人员
86	0.021	土壤和植物学家
87	0.021	材料学家
88	0.021	材料工程师
89	0.021	时尚设计师
90	0.021	理疗师
91	0.021	摄影师
92	0.022	制片人和导演
93	0.022	室内设计师
94	0.023	牙齿矫正医师
95	0.023	艺术总监
96	0.025	惩教人员的直接主管
97	0.025	宗教和教育活动主管
98	0.025	电子工程师（除计算机工程师外）
99	0.027	生物化学家和生物物理学家
100	0.027	按摩师

图 4-1 和图 4-2 分析了在体力劳动和认知劳动方面，什么样的工作是 AI 擅长的，什么样的工作是 AI 难以完成的[①]。

---

① 职业生涯规划. 未来十年可能会消失的和最不容易被取代的职业 [EB/OL]. (2019-09-16) [2020-12-24]. https://mp.weixin.qq.com/s/46Bj2fCH_omCZvr5tcXK9Q.

4 职业社会认知

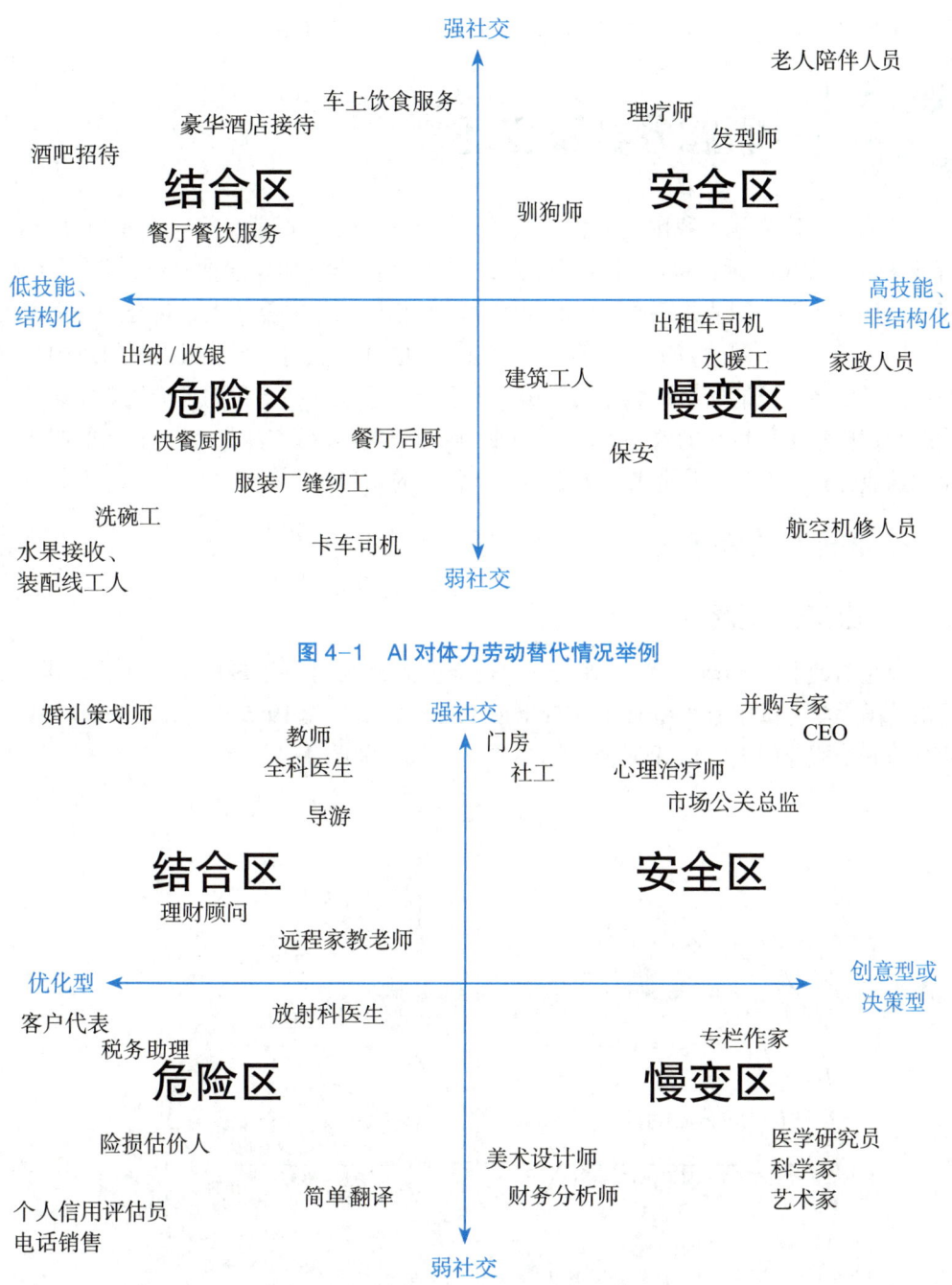

图 4-1 AI 对体力劳动替代情况举例

图 4-2 AI 对认知劳动替代情况举例

总体而言，低技能、结构化型职业（工作流程、方法固定且技能要求不高的职业，如装配工、流水线工人、打字员、清洁工等）、优化型职业（工作的重点是将数据中可量化的变量最大化以实现结果最优化的职业，如个人信用评估员、报账员、速记员等）最容易被 AI 取代。而创意型或决策型职业（工作中需要加入个人创意、情感、经验等来完成，且所得出的工作结果难以被量化或者得出的量化结果十分不稳定的职业，如设计师、程序员等）、社交性强职业（需要与职业服务对象进行频繁的人际互动或情感交流的职业，如教师、销售员、月嫂、护工、教练、心理咨询师等）不太容易被 AI 取代。

第二节 职业分类及变迁

从产业的角度来说，我国一般将国民经济行业分为第一产业、第二产业和第三产业。从行业来说，我国将国民经济行业划分为 20 个行业门类，如建筑业、制造业、金融业、教育、房地产业等。职业是不同行业和组织中具有相似工作内容的人的集合。一个人既可以在不同的行业、不同的组织中从事同一种职业，也可以在同一行业或同一组织中从事不同职业。了解将来可能从事的职业属于哪一个门类，不仅有利于我们正确认知职业，还可以提高我们探索工作世界的效率。因为，同一职业门类不仅具有同一性比较高的职业活动对象和从业方式，而且在从业要求方面也具有很大的相似性。

一、职业分类系统

（一）工作世界地图

工作世界地图（world-of-work map）是全世界范围内应用最广泛的职业分类系统。它是由美国大学考试中心（American College Test，ACT）于 1985 年研究出来的。ACT 把职业分为 6 个职业门类、12 个职业群、26 个职业簇，如图 4-3 所示。

图 4-3　工作世界地图

工作世界地图的特点如下。

①根据数据—观念（data-idea）和人群—事物（people-things）两个维度、4个向度区分出4个主要分类象限。数据（data）是指文字、数字、符号等资料的收集、整理与归档等程序，有助于进一步分析和整合；观念（idea）是指想法的启发、观念的传播、思考的运作、创意的发挥、真理的探究等认知历程；人群（people）是指和其他人的所有接触与沟通，包括了解、服务、协助或教导以及说服、组织、管理、督导等；事物（things）是指处理物品、材料、机械、工具、设备和产品等与人或观念无关的实物。

②与人有关的工作在西，与事物有关的工作在东。越往西走，越要求与人进行交往；越往东走，与人的交往越少，而与事物打的交道逐渐增多；需进行智慧创意的工作位于南，要求喜欢思考、爱分析；朝北移动，创意渐弱，强调秩序，故管理、理财的工作位于北。

③与霍兰德的人格类型理论有机联系起来。比如，从大类来说，社会服务类职业要求从业者具备S型人格；管理和销售类职业要求从业者具备E型人格。当然，更多工作属于交叉型工作，因此需要从业者具备多个方面的特点。

（二）《中华人民共和国职业分类大典》

1982年，国家统计局、国家标准总局、国务院人口普查办公室公布了《职业分类标准》，将全国范围的职业划分为大类、中类、小类三层，即大类8个，中类64个，小类301个。1986年，我国首次颁布了《职业分类与代码》。1992年，中华人民共和国劳动和社会保障部编制了《中华人民共和国工种分类目录》。1999年，在广泛借鉴国际经验和深入分析我国社会职业构成的基础上，国家职业分类大典和职业资格工作委员会编制完成了《中华人民共和国职业分类大典》，对我国的职业状况做了科学、客观、全面的分析与总结。2015年，国家职业分类大典修订工作委员会审议并颁布了《中华人民共和国职业分类大典（2015年版）》，把我国的职业由大到小、由粗到细地分为4个层次：大类（8个）、中类（75个）、小类（434个）、细类（1481个）。

为了适应当前职业领域的新变化，更好地满足优化人力资源开发管理、促进就业创业、推动国民经济结构调整和产业转型升级等需要，2021年4月，人力资源和社会保障部启动了第二次修订，并于2022年9月28日正式公布2022版《职业分类大典》。近几年来，我国陆续颁布了74个新职业，均被纳入新版大典，2019—2021年人力资源和社会保障部发布的新职业一览表见表4-4。

表4-4　2019—2021年人力资源和社会保障部发布的新职业一览表

批次	发布时间	新职业名称
第一批	2019年4月	人工智能工程技术人员、物联网工程技术人员、大数据工程技术人员、云计算工程技术人员、数字化管理师、建筑信息模型技术员、电子竞技运营师、电子竞技员、无人机驾驶员、农业经理人、物联网安装调试员、工业机器人系统操作员、工业机器人系统运维员
第二批	2020年2月	智能制造工程技术人员、工业互联网工程技术人员、虚拟现实工程技术人员、连锁经营管理师、供应链管理师、网约配送员、人工智能训练师、电气电子产品环保检测员、全媒体运营师、健康照护师、呼吸治疗师、出生缺陷防控咨询师、康复辅助技术咨询师、无人机装调检修工、铁路综合维修工、装配式建筑施工员

续表

批次	发布时间	新职业名称
第三批	2020年7月	区块链工程技术人员、城市管理网格员、互联网营销师、信息安全测试员、区块链应用操作员、在线学习服务师、社群健康助理员、老年人能力评估师、增材制造设备操作员
第四批	2021年3月	集成电路工程技术人员、企业合规师、公司金融顾问、易货师、二手车经纪人、汽车救援员、调饮师、食品安全管理师、服务机器人应用技术员、电子数据取证分析师、职业培训师、密码技术应用员、建筑幕墙设计师、碳排放管理员、管廊运维员、酒体设计师、智能硬件装调员、工业视觉系统运维员

同时，围绕制造强国、数字中国、绿色经济、依法治国、乡村振兴等国家重点战略，工业机器人操作员和运维人员、农业数字化技术员和农业经理人等职业也被纳入新版大典。经调整，与2015版大典相比，在保持八大类不变的情况下，新版大典净增158个新职业，职业数达1639个。新版大典首次标识了97个数字职业，占职业总数的6%，同时，延续2015年版大典对绿色职业标注的做法，标注134个绿色职业，占职业总数的8%，其中既是数字职业也是绿色职业的，共有23个。

二、职业的变迁

随着社会经济的发展、产业结构的调整，职业内容不断发生变化，社会职业结构也不断调整。同世界上任何其他事物一样，职业有自身的生命周期，会经历萌芽、发展、衰退直至消亡的过程。职业变迁轨迹如图4-4所示。

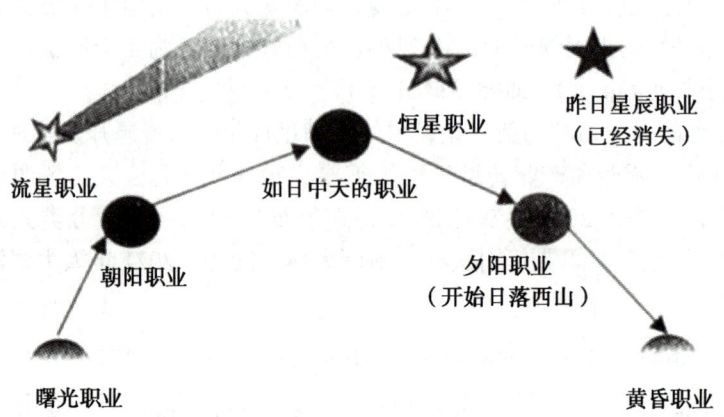

图4-4 职业变迁轨迹

① 曙光职业。这类职业好比已经出现亮光，但是还没有升起的太阳。近些年，我国不断涌现的新兴职业，如心理咨询师、职业生涯规划师、会展设计师、网络工程师、电子商务工程师、网络分析师等都属于曙光职业。

② 朝阳职业。这类职业就像一轮冉冉升起的红日，如项目管理人员、商务策划人员、企业培训师、企业信息管理师、企业行政管理师、人力资源管理师等。

③ 如日中天的职业。这类职业是指那些已经充分发展并且在目前占据主流的职业，

这类职业仿佛正午普照大地的太阳，是世间万物的主要能量来源，如职业经理人、企业家、建筑设计师等。

④ 夕阳职业。这类职业是指那些从业人员正在逐渐减少，人员数量呈下降趋势的职业，这类职业如同夕阳下山一般。有些职业，如公交车售票员，虽然曾经从业人数众多，现在依然有一定的社会需求，但是日落西山之势已经显而易见。

⑤ 黄昏职业。这类职业已经暮色环绕；从业人数急剧减少，如弹棉花工、送煤工、钢笔修理工、相片着色工等。

⑥ 恒星职业。这类职业是指只要人类社会延续就一定会存在的职业，如教师、厨师、服装设计师、医生、公务员等。

⑦ 流星职业。这类职业是指像流星般一闪而过的职业。比如，传呼台的传呼员在20世纪90年代还是一个很不错的职业，但是现在随着手机的普遍使用，传呼台没有了，传呼员这个职业也消失了。

⑧ 昨日星辰职业。这类职业是指曾经持续较长时间，现在已完全消失的职业，如铅字打字员、铁匠等。

第三节 职业社会对人才素质的要求

从古至今，社会需要什么样的人才一直是人们非常关心的一个话题，也是一个仁者见仁、智者见智的问题。由于所处行业、组织的不同，即使是同一职业，对从业者的素质要求也会有所差异。同时，随着社会经济的发展，职业内容会发生一些变化，也会对从业者提出一些新的素质要求。因此，想得到一个放之四海而皆准的答案是很困难的。不过，同一类型的职业在职业活动对象和从业方式上具有很大的相似性，因此对人才的素质要求也会呈现一些共同之处，而正确把握这些共同素质的要求，可以帮助我们在大学期间有效地培养职场上需要的能力和素质。

一、职业社会对高素质技能人才的总体要求

高素质技能型人才，"高技能"是目标，"高素质"是标准。概括而言，高素质技能人才的素质表现在三个方面，一是职业技能熟练，二是应变能力强，三是专业创新能力突出。

（一）职业技能熟练

熟练的职业技能是高素质技能人才所应具备的最基本素质。其内容包括掌握基本的职业技能操作方法和操作规范，达到上岗所要求的熟练程度；树立基本的职业意识，形成与职业或岗位相对应的较完备的合理的专业知识结构；等等。其衡量尺度一般遵从国家制定的相关职业标准。具备这一层次的素质，可保证高素质技能人才在既定的工作岗位上胜任工作，也使毕业生能顺利就业。

（二）应变能力强

应变能力就是指高素质技能人才灵活、适时地应对行业要求变化的能力。它包括及时把握特定行业的发展趋势和最新动态的能力，自主学习新职业技能的能力，以及掌握最先进的相关职业理念和操作方法的能力。具备这一层次的素质可使这类人才不仅能成功就业，而且能在必要时能顺利转岗或再就业，甚至赢得更好的职位，在职场上能进退自如。

1. 前瞻能力

在社会发展的过程中，技术进步遵循一定的发展规律，这就要求高素质技能人才具备前瞻能力。前瞻能力表现为个体能够及时把握特定行业在职场中的发展趋势和最新动态。这种对未来的判断和把握的能力是高素质技能人才生存的关键，没有这种前瞻性，技术将会失去生命，在这种前瞻性指引下，高素质技能人才才能更好地为社会服务。

2. 自主学习能力

自主学习能力是指个体出于职业发展的需要，在不断提升自己的综合素质和综合技能时表现出的学习能力，是个体胜任各级各类职业和岗位所必须具备的能力。现代科技日新月异，新职业、新发明、新理念层出不穷，自主学习能力已成为个体在职业生涯中必备的生存能力。如果缺乏自主学习能力，个体就不可能迅速适应工作岗位的变化和岗位对职业能力的新要求，就会被社会淘汰。

3. 职业延展力

职业的要求在不断变化，为了与时俱进，职业社会要求高素质技能人才具备一定的职业延展力。职业延展力是指提升职业广度和深度的能力。有广度，意味着个体可以更容易地转行，拥有更多的选择权；有深度，意味着个体实现本职业深耕，有着成为专家的可能性。

（三）专业创新能力突出

高素质技能人才同样需要具备创新能力。创新能力主要包括不断发现现存事物的缺陷、不断找出新问题的能力，创造性地解决问题的能力，以及根据工作的需要提出创造性的设想并具体实践、操作和开发的能力。作为新时代高素质技能人才，我们需进一步扩大知识面，以适应创新能力的各种要求。

1. 批判性思维

批判性思维是职业社会中的一项关键思维能力。批判性思维主要表现为在职业发展中对各种事项进行理性的思考、分析、考虑和决策。批判性思考者不仅善于积累信息，而且知道如何利用这些信息来推断重要的事实和结果。批判性思维能够帮高素质技能人才不断找出新问题，进而改进决策。

2. 创造能力

职业社会要求高素质技能人才从就业型向创新创业型转变。一是在就业中创新，高素质技能人才能够创造性地解决职业中存在的问题，而不是简单完成重复性的生产工作；二是把握创业机会，根据工作的需要提出创造性的设想，为社会创造更多的就业机会。创造能力可以帮助高素质技能人才实现更高层次、更具社会意义、更能体现个人价值的就业。

案例4-4 张一鸣专访：我为什么会选择创业

我陆续加入过各种创业团队。在这个过程中，我跟很多毕业生共处过，现在还和他们很多人保持联系。跟你分享一下我看到的一些好和不好的情况，总结一下这些优秀年轻人应该有哪些特点。

第一个特点：有好奇心，能够主动学习新事物、新知识和新技能。我有个前同事，理论基础挺好，但每次都是把自己的工作做完就下班了。他在一家公司待了一年多，但对网上的新技术、新工具都不是很了解，非常依赖别人，当他想要完成一个项目时，就需要有人帮他做后半部分，因为他自己只能做前半部分。如果是有好奇心的人，将前端、后端、算法都掌握了，至少有所了解的话，那么很多调试分析就可以自己一个人做了。

第二个特点：对不确定性保持乐观。比如，今日头条刚开始做的时候，我跟大家讲："我们要做1亿的日启动次数。"很多人觉得，你这家小公司怎么可能做得到呢？如果对此持怀疑态度，就不敢努力去尝试。只有乐观的人会相信，并且愿意去尝试。其实我加入北京酷讯科技有限公司时也是这样，那家公司当时想做下一代搜索引擎，但最后也没有做成，只做了旅游的垂直搜索。我不知道其他人是怎么想的，反正我自己觉得很兴奋。我确实没有把握，也不知道怎么做，但当时就去学、去看所有相关的东西。我觉得最后也许不一定能做成，或者没有完全做到，但这个过程也会很有帮助——只要对事情的不确定性保持乐观，你会更愿意去尝试。

第三个特点：不甘于平庸。走入社会后的年轻人，应该设定更高的标准。大学期间的同学、一起共事的同事中，有很多非常不错的人才，技术、成绩都比我好，但10年过去了，很多人没有达到我当初的预期。很多人在毕业后设定的目标就不高。我回顾了一下，发现有同事加入银行的信息技术部门：有的是毕业后就加入，有的是工作一段时间后加入。为什么我把这个跟"不甘于平庸"联系在一起呢？因为他们很多人的加入是为了快点解决户口问题，或者得到买经济适用房的机会。如果一个人一毕业就把目标定在这儿：在北京五环内买一个小两居、小三居，把精力都花在这上面，那么他的工作会受到很大影响，他的行为会发生变化，不愿意冒风险。如果不甘于平庸，希望做得非常好的话，是不会为这些东西担心的，这是很重要的。我说的不平庸并不是专指薪酬很高或者技术很好，而是对自己的标准一定要高。也许前两年变化得比较慢，但10年后再看肯定会非常不一样。

第四个特点：不骄傲，要能延迟满足感。在这里举个反例：有两个我印象比较深刻的年轻人，我当时是他们的主管，他们的素质、技术都蛮不错，也都挺有特点，但是我发现他们在工作中表现出来的态度始终不是很好。他们觉得其他同事做得不如他们，其实他们确实可以算作在当时招的同事里面的佼佼者。所以很多基础一点的工作，比如要做一个调试工具，他们就不愿意做，或者需要跟同事配合的工作，他们就配合得不好。本来都是资质非常好的人才，人非常聪明，动手能力也强，但没有控制好自己的骄傲情绪。我觉得这和"不甘于平庸"并不矛盾。"不甘于平庸"是指你的目标要设得很高，而"不骄傲"是指你要踏实。另一个例子是，当时我们有个做产品的同事，也是应届生招进来的，当时大家都觉得他不算特别聪明，就让他做一些辅助性的工作，如统计一下数据，或做一下用户反弹之类的工作，但现在他已经是一家十亿美元市值公司的副总裁。后来我想了想，他的特点就是肯去做，负责任，从不推诿，只要是他承担的事情，他总会尽可能地做好。每次也不算做得特别好，但我们总是给他反馈。他去了那家公司后，把一个用户数量不足10万的边缘频道负责起来，越做越好。由于是边缘频道，没有配备完整的团队，所以他一个人承担了很多职责，也得到了很多锻炼。

第五个特点：对重要的选择有判断力。对于选什么专业、选什么公司、选什么职业、选什么发展路径，自己要有判断力，不要被短期选择所左右。比如，原先有很多人愿意去外企，不愿意去新兴公司。2006 年、2007 年的时候，很多师弟、师妹在进行职业选择的时候向我咨询，我都建议他们去百度，不要去国际商业机器公司或者微软公司。很多人都偏于短期考虑：外企可能名气大、薪酬更高一点。虽然这个道理大家都听过很多遍，但实际上，刚毕业时薪酬相差三五千元，真的可以忽略不计。其实，短期薪酬差别并不重要，但能摆脱固有思维、能有判断力的人也不是特别多。

二、不同类型高素质技能人才的核心素质要求

除了前文所述职业社会的三个总体要求，不同类型职业对高素质技能人才的核心素质还提出了具体要求。

（一）高素质专业技术人才的核心素质要求

高素质专业技术人才是指能够应用基础科学和自然科学理论知识与方法，以及各种专门技能，将设计、规划、决策物化为工艺流程、物质产品、实施方案，并能在工程一线进行生产、维护等实际操作的高素质人才。在由制造业大国向制造业强国迈进的过程中，我国急需大量的高素质专业技术人才。而且，在世界综合国力的竞争中，高素质工程技术人才已成为衡量一个国家科技水平、经济实力、生产力发展水平的重要指标。

总体而言，高素质专业技术人才的核心素质要求主要包括以下五条。

① 广博的知识基础。高素质专业技术人才不仅要具备坚实的自然科学知识，而且要具备广博的人文社会科学知识。坚实的自然科学知识使专业技术人才懂得如何去设计和开发复杂的技术系统。但是，任何技术都是为人服务的。广博的人文社会科学知识可以使专业技术人才更好地理解技术与人和社会之间的复杂关系。

② 分析和综合能力。高素质专业技术人才应该能够对工作中遇到的种种技术问题进

行分析，找出问题的症结所在，成为正确判断和解决实际问题的多面手。

③ 卓越的实践能力。高素质专业技术人才不仅要扎实掌握专业理论知识，而且要能够灵活运用专业知识处理实际问题。

④ 工匠精神。培养精益求精、专注坚守和传承创新的工匠精神不仅是促进我国科技创新、推动高质量发展的必由之路，而且是高素质专业技术人才职业发展的内在要求。

案例 4-5　以不凡述平凡 用"匠心"致初心[①]

从一个普通的电铲司机到名副其实的"工匠大师"，卜维平完美诠释了什么叫"把一项工作做到极致，就是工匠精神"。

40 年来，卜维平带领核心技能团队累计完成创新革新成果 1353 项，征集合理化建议 1374 条，获国家授权专利 206 项，创造先进工作法 45 种，产生直接与间接经济效益 2.14 亿元。他个人拥有 39 项国家授权的发明专利和实用型专利，3 种先进操作法，先后荣获全国技术能手、全国五一劳动奖章、全国新长征突击手、中国工匠精神奖、全国劳动模范等诸多荣誉称号。

选择了矿山，就立誓做高品位的矿石

20 世纪 80 年代初，南山矿业公司矿石年产量高达 600 万吨，享有"马钢粮仓"的美誉，雄踞华东地区矿山之首。卜维平就是在这样的一个大型铁矿山上，开始了他的矿业技能大师之路。

"我家就住在南山矿边的农村里，小时候看到矿山里大大小小挖矿的机器，听到远处传来轰隆隆响的开山炮声，那时的我觉得在矿山上工作非常有意思，就想着长大之后也要成为一名矿山工人。"1978 年，15 岁的卜维平如愿以偿考上了马钢技校，于 1980 年毕业后被分配到马钢南山矿凹山采场工作，就此与矿山结缘，也与电铲相伴了 40 年。

"梦想很美好，而现实却是残酷的。当时凹山露天采场工作环境十分恶劣，冬天冻得人瑟瑟发抖，夏天又热得像个火炉，而且空旷的采场上岗位与班组相距很远，当时在没有通勤车接送的条件下，我们每天只能靠两条腿来回在采场中穿行，雨天一身泥，晴天一身灰。"卜维平回忆起刚来矿山的日子感慨万千，"当时师父的一句话让我记到了今天，'是金矿，总会被发现，被开采只是时间的问题，但是前提是你要知道怎样成为一块好矿'。这句话也是我能坚持下来的原因，那时候我在采场上抢大锤、背大绳，干到凌晨 4 点多，天天累得筋疲力尽，但是从没有想过偷懒和放弃，因为我暗暗下定决心，既然选择来到矿山，那我就要做一块最高品位的矿石。"

十年磨一剑，在平凡岗位上熠熠生辉

卜维平几十年前的笔记本中，虽然纸张有些泛黄，但是字迹工整清晰。技校毕业的卜

[①] 吴衡，谭尚宇. 全国劳模、南山矿业公司电铲司机卜维平：以不凡述平凡 用"匠心"致初心 [N/OL]. 马鞍山日报，2021-04-29（3）[2023-06-13]. http://epaper.wjol.net.cn/masrb/PC/content/202104/29/content_60154.html.

维平学历虽不高，但是，他的工具包里始终有两样东西：一本笔记本和一支笔。

"几十年的工作经历养成的习惯了，在平常工作中，我会把所有的心得体会、设备故障的现象和特征、解决问题的方式方法都用纸笔记录下来，回去再慢慢揣摩消化，总结提炼。"卜维平把记笔记这个习惯几十年如一日地保持下来，工作记录已经写满20多本。

"那时候总有人劝我好好干活就行了，不要整天捣鼓乱七八糟的东西，还说'你不就是一个开电铲的嘛，能有多大能耐，还能把电铲当飞机来开啊'。"在卜维平看来，工作并不是一味地干死活就行，而是要多思考问题、多总结经验。那时候，每天一有空闲，他就会趴在桌子上或蹲在地上写写画画，跟各个岗位的师父问这问那的。

"把简单的事做好了就不简单，在平凡的岗位上也能熠熠生辉。"凭着执着和坚韧，卜维平逐步从理论和实践中摸索出一套驾驭电铲的独到技术——使用4立方米的电铲，普通司机铲装1列机车（8个车厢）的矿岩大约需要25分钟到30分钟，而卜维平最多只需18分钟，并且铲装质量高、不偏重、不抛洒。早已自学摸清了机械和电气原理的他，还可以常常自己动手排除一些设备上的小问题。

机会总是青睐有准备的人。1990年3月，在第二届青工大比武上，平时工作表现突出的卜维平得到了一次"亮剑"的机会。经过层层选拔，他一路过关斩将代表马钢参赛，在比赛中脱颖而出，获得了"全国新长征突击手"荣誉称号，此后，已经崭露头角的卜维平渐渐受到公司器重，逐步从一个初出茅庐的岗位新星成长为老成持重的草根大师。

愿做铺路石，一人百步不如百人一步

"一个人的力量是有限的，而一群人的力量是无限的。我一直想打造一支由能够处理岗位生产疑难杂症的能手、预防设备故障的高手以及班组机台管理的行家里手组成的高技能人才队伍。"卜维平是这样想的，也是这样做的。

多年来，卜维平热心传授技艺培育新人，他积极为马钢各矿山电铲司机培训授课和指导实践，先后有194名电铲司机受训后达到中高级工水平，其中有24名电铲司机经过考核被聘为工人技师。卜维平还培养出了包括马鞍山市、马钢双料首席技师林震源和马钢首席技师王本治在内的13名岗位技术带头人、10名高级技师。

马钢矿山工匠基地"绿色矿山工作室"带头人马守斌介绍，自2012年启动"卜维平创新工作室"创建工作，到2014年全国冶金矿山首个电铲示范实训基地的建立，到2017年国家级"卜维平技能大师工作室"的建设，再到马钢矿山工匠基地的成立，经历了8年的持续推进，目前马钢矿山工匠基地在卜维平的带领下已经拥有10个创新工作室以及131名团队技能人员。

"在卜大师悉心指导和引领下，现在我们南山矿基本上每个车间都设有工作室，把各个岗位潜心钻研、锐意创新的年轻人吸纳进来，大家聚在一起'头脑风暴'、共享资源，共同推进矿山的转型升级。"马守斌说。为了尽快培养出一批优秀的青年技术人才，卜维平积极发挥劳模作用，为矿山技术蓝领队伍建设夯实了人才培养的基础。

⑤ 良好的合作精神。在21世纪，科学技术的发展常常是多学科交叉综合、多领域共

同合作的结果。一个高素质的专业技术人员，只专注于自己的想法是不行的，还必须具有较好的社会活动能力，善于与人交往，与人协同合作，既能够尊重、理解他人，也善于交流表达自己、使人理解自己。

（二）组织管理人才的核心素质要求

组织管理人才是指在既定的组织内，通过实施计划、组织、领导、协调、控制等职能来影响他人，使别人同自己一起实现既定组织目标的人才。组织管理工作具体可分为经营管理、行政管理和技术管理。经营管理是指在企业内为使生产、采购、物流、营业、财务等各种业务能按经营目的顺利地执行、有效地调整而进行的一系列运营管理活动。行政管理是运用组织权力对公共事务进行管理的一种管理活动，也可以泛指一切企业、事业单位的行政事务管理工作。技术管理通常是指在技术行业当中所做的管理工作，管理者一般具有较高的技术水平，同时带领自己所管理的团队完成某项技术任务。虽然三类组织管理人才对人才的具体素质要求有差异，但是有效的组织管理者必须具备技术技能、人际技能和概念技能。技术技能是指管理者掌握和熟悉特定专业领域中的过程、惯例、技术和工具的能力，如人力资源管理者必须掌握的人力资源管理相关知识和技能。人际技能是指成功地与别人打交道并与别人沟通的能力。管理者的人际技能包括对下属的领导能力和处理各种关系的能力。概念技能是指产生新想法并加以处理，以及将关系抽象化的思维能力。

研究显示，不同层级的管理者需要具备的三大管理技能的比重是不一样的。技术技能对于基层管理者最为重要，对于中层管理者较重要，对于高层管理者较不重要。人际技能对于所有层次的管理的重要性大体相同。概念技能对于高层管理者最为重要，对于中层管理者较重要，对于基层管理者较不重要。三大管理技能在不同层级管理者素质要求中所占的比例如图4-5所示。

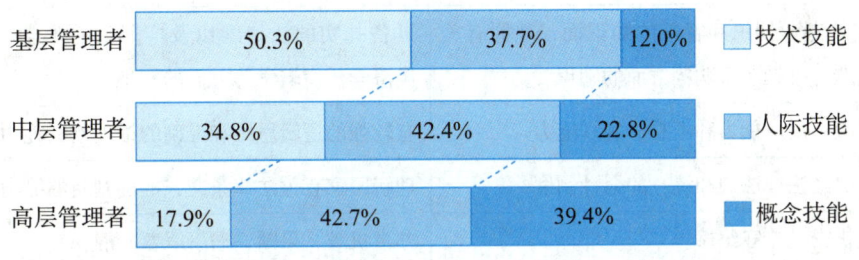

图4-5 三大管理技能在不同层级管理者素质要求中所占的比例

（三）商业管理人才的核心素质要求

商业管理人才是指对商业活动进行计划、组织、指挥、协调和控制，从而创造商业价值的人才。商业管理人才可分创业人才、营销人才和外贸人才。这三种商业管理人才的核心素质要求见表4-5。

表 4-5　三种商业管理人才的核心素质要求

创业人才	营销人才	外贸人才
有创业激情，对创新创业充满兴趣和热情	抗挫折能力强，不怕被拒绝	保密意识强，严守国家机密
创新精神强，能不懈创新、追求卓越	主动性强，能主动捕捉市场机会	外语水平高，语言表达能力强
有商业敏感度，善于发现并把握市场机会	人际交往能力强，善于与不同类型人交往	熟悉国际贸易规则
敢于主动追求风险	有敏锐的观察力，能敏锐觉察客户需求	跨文化管理能力强
具备企业家精神，能兼顾企业利益和社会利益	面对营销过程中的突发情况能随机应变	服务意识强，耐心细心，能为客户提供无微不至的服务

（四）专业服务人才的核心素质要求

专业服务人才是一种利用专门知识和技能为他人提供专业帮助、解决其实际问题的人才，他们分布在经济、法律、金融、医疗卫生、健康服务等各领域。专业服务人才不同于一般服务人员的特征在于他们拥有不容易被替代的专门知识和技能。随着服务业在我国国民经济中地位的提升，专业服务人员的社会地位和薪资都得到了大幅提高。专业服务人才包括多种人才，比如咨询师、鉴定师、评估师等。这里主要介绍财会人才和法律人才的核心素质要求，见表 4-6。

表 4-6　财会人才与法律人才的核心素质要求

财会人才	法律人才
实事求是，客观公正	有正义感，坚持原则，不畏权势
具有扎实的专业知识和宽广的知识面，掌握有关经营、制造、推销、采购等方面的知识	具备扎实的法律学以及广博的心理学、社会学、经济学、逻辑学等方面的知识
有较强的数字反应能力和汇总、规划能力	有较强的逻辑思维和准确的推理判断能力
熟悉国家财经法律法规和统一的会计制度	理解国家有关法律条文，准确判断的能力较强
保守商业机密，严守纪律	办事机敏、果断，遇事沉着冷静
责任心强，踏实认真，慎重细致	具有较强的书面和口头表达能力

（五）文化创意人才的核心素质要求

文化创意人才是指以自主知识产权为核心、以"头脑"服务为特征、以专业或特殊技能（如设计）为手段的人才。文化产业作为现代服务业的重要组成部分，是推动经济发展和增加就业的新动力，它具体包括的行业主要有动漫、广告服务、艺术表演、广播、电视、专业设计服务、雕塑工艺品制造、图书出版、应用软件开发等。文化创意人才包含的范围很广泛，现主要就广告人才和艺术设计人才的核心素质要求进行列举，见表 4-7。

表 4-7　广告人才与设计人才的核心素质要求

广告人才	设计人才
拥有深厚的专业知识，掌握艺术、人文、市场、消费心理学、营销、媒体、社会学等方面的知识	拥有深厚的专业知识，了解与本专业相关的其他学科知识，比如哲学、心理学、美学、传播学等
有相关的计算机应用能力	有相关的计算机应用能力
有造型及表达能力	有美术基础和造型能力
有较强的创造性，能独出心裁	有专业设计与沟通能力
有沟通、协调能力	有较强的创造性
有较强的观察、分析、判断能力	有较强的观察、分析、判断能力
既有独立风格，又有团队合作精神	既有独立风格，又有团队合作精神
学习能力强，善于吸收	学习能力强，善于吸收
拥有融会贯通的能力	拥有融会贯通的能力
想象力丰富	想象力丰富

由表 4-7 可以看出，从事文化创意产业的人才在很多方面是相似的，比如都需要具备敏锐的洞察力、持续的创新能力、融会贯通的能力、强劲的学习能力、丰富的想象力等。

第四节　探索工作世界的维度与方法

每个同学所学的专业不同，将来的职业发展方向也是不一样的，因此，仅仅了解工作世界的基本概况是不够的，我们还需要主动走出校园，积极探索自身感兴趣的行业和职业的情况及其对人才素质的要求。走出"象牙塔"了解社会，我们可以更清楚地了解职场对大学生的要求，从而更好地促进大学学习。

一、探索工作世界的维度

工作世界是由地域、组织、行业、职业所构成的一个嵌套系统。在该系统中，大系统的改变会引发小系统的变化。这种变化会表现在很多方面，如素质要求、工作内容、工资待遇等。比如，会计这一职业既存在于金融行业，也存在于教育行业；教师这一职业，既存在于中小学，也存在于大学。职业嵌套在不同行业、组织、地域之中，其工作内容、工作环境、工资待遇等都会有差异，甚至差别很大。这个嵌套系统如图 4-6 所示。

由于工作世界是一个嵌套系统，因此我们需要从地域、组织、行业和职业等几个方面去了解工作世界。由于确定职业和组织要比确定行业和地域困难，因此下面重点介绍应该如何去评估职业和了解组织。

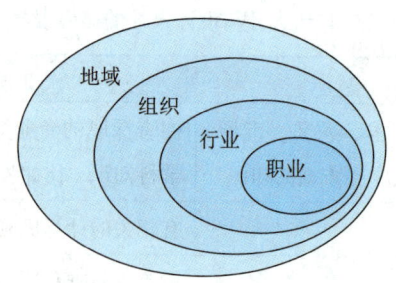

图 4-6　工作世界嵌套模型

（一）评估职业

通过使用 PLACE 法可以获得一项职业全方位的信息。"P"代表职位（position），"L"代表工作地点（location），"A"代表升迁状况（advancement），"C"代表雇佣状况（condition of employment），"E"代表雇佣条件（entry requirements）。

1. P（职位）

一个人进入一个职业，最终要落实到一个具体的职位或岗位之中，因此评估职业时首先要评估该职业在社会中具体包含哪些职位。职位不同，承担的职责、所需的技能会有很大的差异。比如，人力资源管理这一职业在组织内的典型职位设置是人力资源助理、人力资源专员、人力资源主管、人力资源经理、人力资源总监等。其中，有些组织还将人力资源专员细分为招聘专员、培训专员、考核专员、薪资福利专员等。

2. L（工作地点）

工作地点包括地理位置、环境状况、室内或室外、工作地点的变化性和安全性等。比如，人力资源管理从业人员的工作地点主要在室内，地点固定，在现代化的办公室工作，条件舒适，不过可能要经常出差。

3. A（升迁状况）

升迁状况包括工作的升迁通道、升迁速度等。比如，人力资源管理从业人员在公司内的典型晋升通道为人力资源助理→人力资源专员→人力资源主管→人力资源经理→人力资源总监。

4. C（雇佣状况）

雇佣状况包括薪水、福利、进修机会、工作时间、工作稳定性、工作保障等。比如，薪酬福利专员在北京的收入为 8 万~10 万元，薪酬福利主管在北京的收入为 10 万~15 万元，薪酬福利总监在北京的收入可达 30 万~50 万元。

5. E（雇佣条件）

雇佣条件包括所需的教育程度、资格证书、训练、能力、人格特质、职业兴趣、价值观等。比如，从事人力资源管理工作至少需要本科学历，受过管理学和心理学的训练，要敬业、乐群、灵活、性格外向，要善于倾听和富有全局观念，具有良好的沟通能力和协调能力，等等。

(二)了解组织

确定一个职业或职位后,就要进入某个组织工作。组织就像人一样,有不同的秉性,适合不同的人。组织文化会告诉我们在组织内什么行为会得到鼓励,什么行为会受到惩罚;组织结构会告诉我们,进入组织后我们的位置在什么地方,上下左右分别是谁;组织的职业生涯发展通道会告诉我们,进入组织后我们在组织内的职业发展空间有多大,组织主要是从内部选拔人才还是从外部招聘人才。

1. 组织文化

组织文化是指组织成员共享的价值观体系,它使组织独具特色,区别于其他组织,它是组织在长期的生存和发展中形成的。组织文化是组织最宝贵的无形资产,是塑造员工、凝聚员工最重要的法宝。很多知名企业以其独特的企业文化而著称。追求以最佳服务独步全球的美国"电脑王国"国际商业机器公司的企业文化有三条:第一,尊重员工;第二,提供最佳服务;第三,追求卓越。全公司几十万人遵循这些信念是国际商业机器公司服务制胜并成长为全球最大电脑公司的关键。海尔集团从一个亏损的企业发展成今天的国际化大公司,走过了"名牌战略"、"多元化战略"和"国际化战略"三大阶段,其赖以发展的基石是"海尔文化"。其中,最关键的部分是海尔集团的"愿景"和"使命"。当海尔集团创始人张瑞敏被问到最终的理想目标是什么时,张瑞敏回答道:"成为一个真正的世界品牌,走到世界任何地方,大家都知道海尔是一个非常好的、令人喜欢的名牌[①]。"这就是海尔集团的愿景,海尔集团的企业使命则是"敬业报国",海尔集团的核心价值观是创新。

如何了解组织文化的差异,进而做到个人与组织文化相匹配呢?埃默里大学的杰弗里·桑南菲尔德提出了组织文化的标签理论,通过对组织文化的研究,他确认了四种组织文化类型,见表4-8。

表4-8 四种组织文化类型

类型	特点	适合人群	典型代表
学院型	喜欢雇用年轻的大学毕业生,并为他们提供大量的专门培训,然后指导他们在特定的职能领域内从事各种专业化工作	想全面掌握每一种新工作的人	IBM公司、可口可乐公司、宝洁公司等
俱乐部型	非常重视适应能力、忠诚感和承诺。在俱乐部型组织中,资历是关键因素,年龄和经验都至关重要。与学院型组织相反,它们把管理人员培养成通才	重视稳定,不喜欢流动的人	联合包裹服务公司、德尔塔航空公司、贝尔公司、政府机构和军队等
棒球队型	鼓励冒险和革新,招聘时从各种年龄和经验层次的人中寻求有才能的人。薪酬制度以员工绩效水平为标准。这种组织对工作出色的员工给予巨额奖酬和较大的自由度,所以员工一般都拼命工作	冒险家和革新家	在会计、法律、投资银行、咨询公司、广告机构、软件开发、生物研究领域中,这种组织比较普遍

---

① CCTV2海尔全球行《再造海尔》专题节目。

续表

类型	特点	适合人群	典型代表
堡垒型	棒球队型公司重视创造发明，而堡垒型公司则着眼于公司的生存。这类公司以前多数是学院型、俱乐部型或棒球队型的，但在困难时期衰落了，现在只能尽力来保证企业的生存	喜欢流动、勇于挑战的人	大型零售店、林业产品公司、天然气探测公司等

观察外表、行为举止、交谈、相处方式等可由外到内地了解一个人的秉性。同样，观察、交谈和相处也可以由表及里地认识一个组织的文化。组织文化包含四个层面：物质层面、制度层面、行为层面、精神层面，这四个层面呈同心圆结构，如图4-7所示。

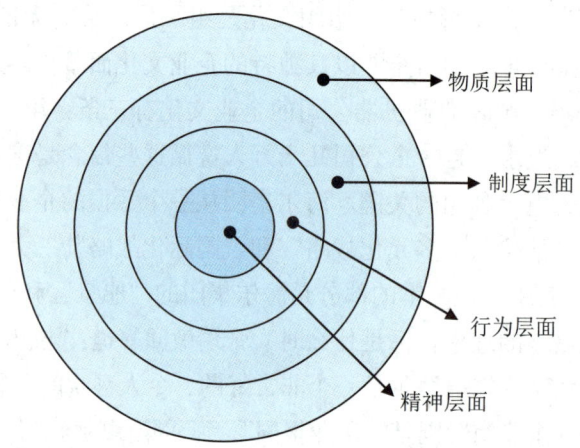

图4-7 组织文化的四个层面

（1）物质层面：组织文化的表层，包括设备、产品和生产环境，还有视觉形象、厂房外观、颜色、服装、车辆等。

（2）制度层面：组织文化的浅层，包括管理体制、规章制度、经营机制、奖惩办法及行为准则、道德规范等。

（3）行为层面：组织文化的中层，包括会议、活动、典礼仪式、领导风格、行为、语言及习惯等。

（4）精神层面：组织文化的核心层，包括企业愿景、经营理念、价值取向、标语、口号等。精神层的核心是企业的核心价值观，即企业全体员工共同信奉的价值标准和基本信念，也可称作企业的基本信仰。价值观是企业文化中最稳定的内容。随着企业内外环境的改变，企业的竞争战略与策略、具体经营理念和管理模式可以变化，但其核心价值观不会轻易变化。比如，雅戈尔集团股份有限公司的"装点人生，服务社会"，大连燃料有限责任公司的"燃烧自己，温暖他人"，既有行业特点，又有其独特的文化底蕴。

由图4-7可以看出，物质层面、制度层面和行为层面的组织文化是显性组织文化。显性组织文化是组织精神的物化产品和精神行为的外在表现形式，人们通过直观的视听器官能感受到。而组织文化的精神层面是组织的隐性组织文化，是组织文化的根本，是最重要的部分。

2. 组织结构

组织结构是企业的基本架构，相当于人体的骨骼体系，是企业管理的重要组成部分，是企业运行发展的基础和有力支撑。企业在运行中有三种常见的组织结构形式：简单组织结构、职能型组织结构和矩阵型组织结构。

（1）简单组织结构是一种扁平式组织结构，通常只有2~3层垂直层次，员工之间的联系比较松散，决策权力集中在一个人身上。简单组织结构在所有权与经营权合一的小企业中最常见到。简单组织结构的优点：结构简单，权责分明，指挥统一，运营成本低，反应迅速、灵活；缺点：它只适用于小型组织，当组织成长以后就变得不适宜了，因为这种模式会导致高层信息超载。简单组织结构如图4-8所示。

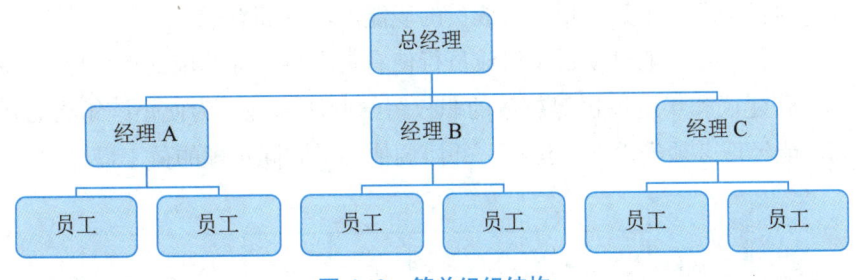

图4-8 简单组织结构

（2）职能型组织结构，其特点是将同类专业人员集合在各自专门的职能机构内，并在各自的业务范围内分工合作，任务集中明确，上行下达。职能型组织结构的优点是有利于各部门工作的专业化和高效化。这种模式能从专业化中取得优越性，将同类专业人员归在一起可以产生规模经济，减少人员和设备的重复配置，给员工们提供与同行们"说同一种语言"的机会，使他们感到舒服和满足，有利于高层领导的集中指挥。职能型组织结构如图4-9所示。

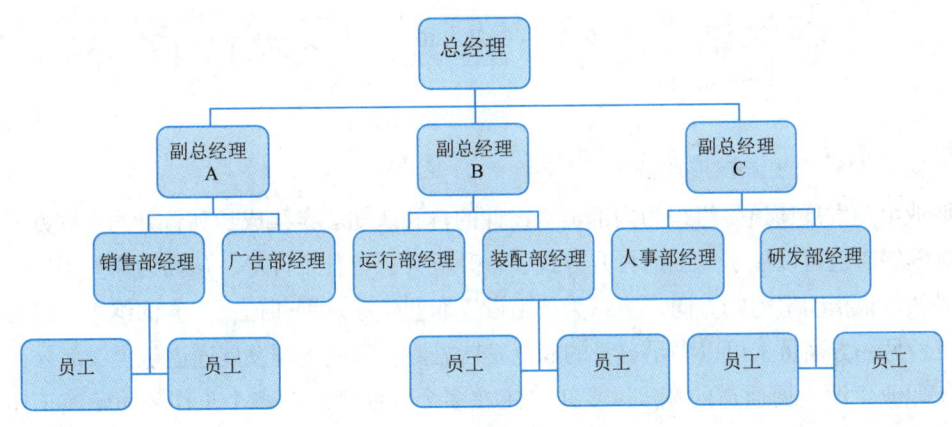

图4-9 职能型组织结构

职能型组织结构的一个主要不足可以从下面一家公司四位主管的对话中得到佐证。生产部门主管说："你知道，除非我们生产出东西，否则公司就什么也没发生。"研究开发部主管评论道："不对，除非我们设计出东西，否则公司就什么也没发生。""你们说什么？"

市场营销主管说,"除非我们卖掉些东西,否则公司就什么也没发生。"最后,恼怒的财会主管反击道:"你们生产、设计、销售什么都无关紧要,除非我们核算出各种结果,否则谁也别想知道公司发生了什么。"这段对话说明在职能型组织中,工作专门化导致各个分部门产生冲突,职能部门的目标有时会凌驾于组织的整体目标之上。

(3)矩阵型组织结构由纵横两套管理系统组成:一套是纵向的职能领导系统,另一套是为完成某一任务而组成的横向项目系统,横向和纵向的职权具有平衡对等性。也就是说,既有按职能划分的垂直领导系统,又有按项目(或产品)划分的横向领导系统的结构。矩阵型组织结构如图4-10所示。

矩阵中的员工有两个上司:他们所属职能部门的经理和他们所工作的项目(或产品)小组的经理。项目经理对于其项目小组成员的职能人员也拥有职权,两位经理共同享有职权。一般来说,公司往往把对项目小组成员行使有关项目目标达成的权力分配给项目经理,而将晋升、工薪建议和年度评价等决策的职权留给职能经理。为使矩阵结构有效地运作,项目经理和职能经理必须经常保持沟通,并协调他们对共同管理的员工提出的要求。

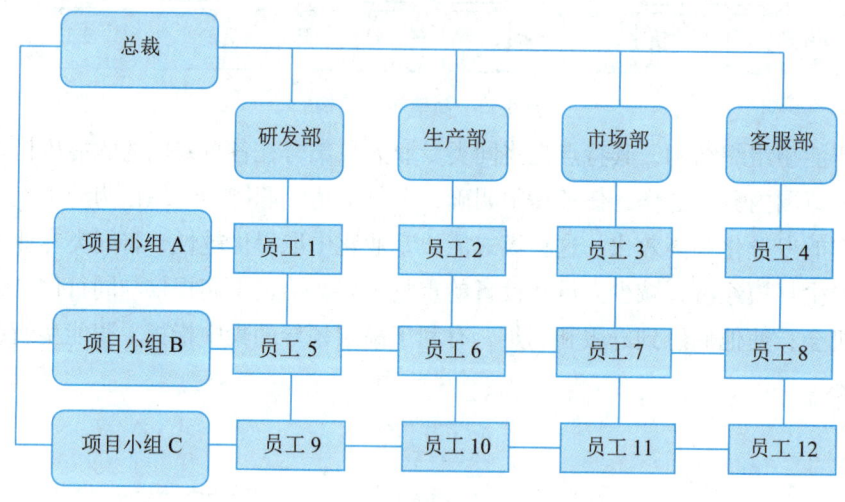

图 4-10 矩阵型组织结构

3. 组织的职业生涯发展通道

职业生涯发展通道是组织为内部员工设计的自我认知、自我成长和晋升的管理方案。职业生涯发展通道可以显示员工的晋升方式、晋升机会、晋升条件等,从而为那些渴望获得职位提升的员工指明努力的方向。组织为员工设置职业生涯发展通道,一方面组织可以留住优秀员工,另一方面员工可以满足自身的职业发展需要。职业生涯发展通道包含3部分。

①职业生涯发展通道的宽度。要求员工在多个职能部门、多个工作环境轮换工作的职业生涯发展通道称为宽职业生涯发展通道;要求员工在有限职能部门和工作环境中工作的职业生涯发展通道称为窄职业生涯发展通道。宽通道要求员工具备高度综合能力和适应能力,窄通道要求员工具备有限专业经验和技能。

②职业生涯发展通道的速度。晋升速度比较快的职业生涯发展通道称为快通道;晋升

速度比较慢的职业生涯发展通道称为慢通道。

③职业生涯发展通道的长度。职业生涯发展通道的等级在 4 级及以下的为短通道，在 10 级以上的为长通道，在 5~10 级的为中等长度通道。

就职业生涯发展通道的模式而言，它可以分为单阶梯模式、双阶梯模式和多阶梯模式。

（1）单阶梯模式。这种职业生涯发展通道模式往往只存在于性质比较单一的组织中，绝大部分组织采取双阶梯模式或多阶梯模式。

（2）双阶梯模式。组织中存在两个职业生涯发展通道，如管理序列和专业技术序列。沿着管理序列可以达到高级管理职位，沿着专业技术序列可以达到高级职称。双阶梯模式如图 4-11 所示。

在双阶梯模式中，同一等级的管理人员和技术人员在待遇和地位上是一样的。某移动通信系统有限公司的职业生涯发展阶梯是典型的双阶梯模式。技术人员的职业生涯发展阶梯共分为 6 级，由低级到高级依次为职业技师、助理职业工程师、三级职业工程师、二级职业工程师、一级职业工程师、专家。管理序列分为 7 级，依次为初级职员、中级职员、高级职员、主任职员、三级经理、二级经理、一级经理。

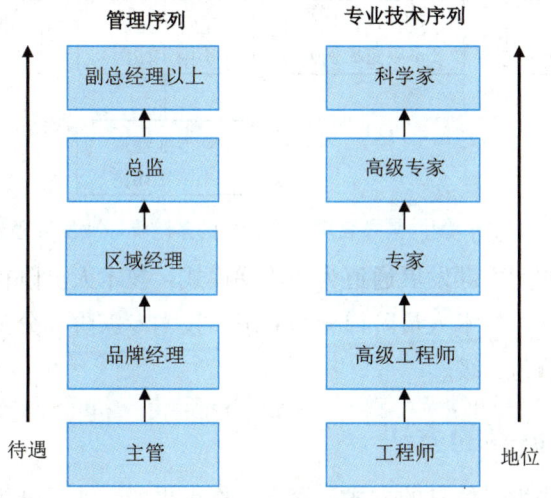

图 4-11 双阶梯模式

（3）多阶梯模式。组织中存在 3 个或 3 个以上职业生涯发展通道，如管理序列、专业技术序列、业务线序列。相对于双阶梯模式，多阶梯模式可以为员工提供更大的发展空间。多阶梯模式如图 4-12 所示。

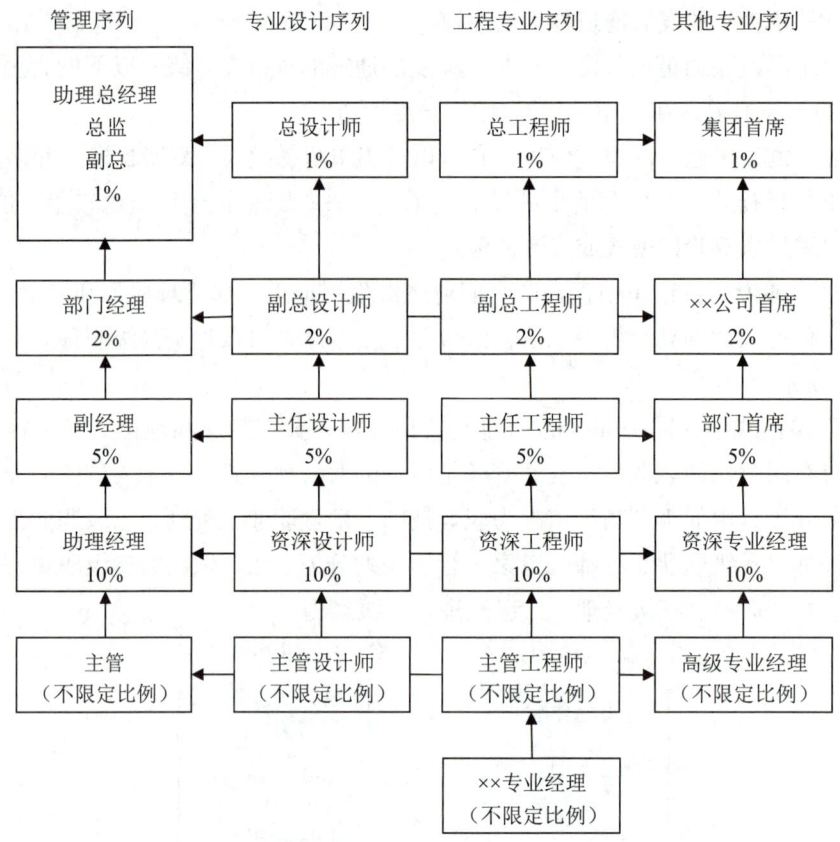

图 4-12　国内某知名房地产公司的多阶梯职业发展通道

也有一些公司的职业生涯发展通道为四阶梯模式：技术人员阶梯、技术专家阶梯、行政管理阶梯和经理阶梯。技术人员阶梯分为 6 级，技术专家阶梯分为 7 级，行政管理阶梯分为 7 级，经理阶梯分为 3 级。

二、探索工作世界的方法

根据获取有关工作世界信息的方式，探索工作世界的方法可分为直接接触和间接接触。直接接触就是通过直接与工作世界建立关系，亲身感受，获得第一手的资料；间接接触就是去查阅存在于各种出版物、视听资料、网络中的间接信息。

（一）直接接触

1. 生涯人物访谈

生涯人物访谈是大学生获得比较全面、真实的工作世界信息的最有效的方法。生涯人物访谈就是找一至多位从事自己感兴趣工作领域的资深工作者进行面谈。生涯人物访谈可以起到如下作用：一方面，可以印证通过间接接触所收集到的职业资讯的可靠性和有效性；另一方面，可以更加深入地了解工作者从事该职业的职业决策或甘苦经验，并以此作为审视自身是否投入该项职业的重要参考。

通过老师、亲戚介绍或毛遂自荐，找一位从事你感兴趣职业的资深工作者或拥有至少3年以上工作经验的工作者进行面谈。有礼貌地告诉他或她，你对该项职业很感兴趣，希望能更进一步了解该职业的相关资讯，以及他或她从事该职业的心得和经验。在正式面谈之前，我们需要列出一张问题访谈清单，见表4-9。

表4-9 生涯人物问题访谈清单

职业资讯方面	生涯经验方面
工作性质、任务或内容	个人教育或训练背景
工作环境、工作地点	投入该职业的决策过程
所需教育、训练或经验	生涯发展历程
所需个人资格、技能	工作心得：乐趣和困难
收入或薪资范围、福利	对工作的看法
工作时间	获得成功的条件
相关就业机会	未来规划
进修和升迁机会	对后进者的建议
组织文化和规范	
未来发展前景	

访谈结束后，要及时将访谈生涯人物的经过、所收集的资料和心得整理撰写成生涯人物访谈报告。生涯人物访谈报告可以采用如下方式撰写。

生涯人物访谈报告

访谈人物：_____ 从事职业：_____ 访谈日期：_____ 访谈地点：_____

§ 职业资讯方面：_____
_____

§ 生涯经验方面：_____
_____

§ 访谈心得与反思：_____
_____

---

2. 工作跟随

生涯人物访谈一般是在一个固定的时间、固定的地点和对方交谈，很难观察到对方在工作时的具体情况。为克服这个不足，可以采取工作跟随的方式获取工作世界的信息，即跟随一名在职人士，通过观察该人士的工作，直观地了解从事该职业的人士是如何工作的。当然，工作跟随除了要像"影子"一样跟随对方，观察对方之外，还需要和对方进行深入交谈。工作跟随可以让我们更实际地观察感兴趣职业的工作者的工作情形、工作内容等，以评估自己对该类工作的喜好或适合程度。本章开篇案例中的肖晓所采取的方法就是工作跟随。

3. 社会实践

社会实践包括兼职、实习、社会活动、校园活动等。很多同学仅仅想通过兼职来赚点钱或锻炼能力，但其实兼职还有另外一个功能：了解工作世界。另外，现在很多企业尤其是大型企业，针对在校大学生设立了很多暑期实习岗位，这些岗位分布在企业的各个部门、各个环节。通过暑期实习，大学生一方面可以锻炼自己多方面的能力，另一方面还可以丰富对职场的了解，特别是对感兴趣的行业和职业的了解。我们要善于通过网络、校园招聘等途径获取企业实习岗位的信息，亲自走进企业、了解企业。除此之外，还有一些政府组织、社会团体、媒体或学生社团组织的各种活动，如职业生涯规划大赛、职场精英挑战赛等，参与这些活动对了解职场也是有帮助的。因为，这些活动一方面会模拟一个比较真实的职业环境，另一方面会邀请一些职场人士做评委，他们对我们了解职场也会有一定的帮助。

（二）间接接触

1. 出版物

《中华人民共和国职业分类大典》是我国唯一一部有关职业的分类大典，它对每个职业的职业描述、工作内容进行了详细说明。比如，想了解"人民检察院负责人"这一职业，可以在《中华人民共和国职业分类大典（2022年版）》中找到第一大类"党的机关、国家机关、群众团体和社会组织、企事业单位负责人"、第二中类"国家机关负责人"、第五小类"人民法院和人民检察院负责人"，第"02"细类。

《中国大学生就业》是一本大学生可以方便获得的杂志。《中国大学生就业》由中华人民共和国教育部主管，全国高等学校学生服务与素质发展中心主办，是全国唯一一份为大学生就业提供指导与服务的专业性半月刊。其办刊宗旨为：为学校、毕业生和用人单位提供沟通交流渠道和信息咨询服务，宣传国家有关毕业生就业的方针、政策，加强毕业生就业指导，宣传和介绍企业，提升企业形象。《中国大学生就业》设有"权威声音""政策前沿""理论研究""就业与人才培养""创新创业""高端访谈"等主要栏目，提供了丰富的校园、行业、企业等方面的信息。

2. 视听资料

很多电影、网络学堂以及各类电视节目的视听资料包含很多有关工作世界的信息。《大国工匠》（高端技师）、《人间世第二季》（医生）、《林来疯》（篮球运动员）、《起点》（芭蕾舞者）、《永不止步的人》（动画片导演）、《寿司之神》（厨师）、《我们都为比尔着盛装》（时尚摄影师）、《拉姆斯》（工业设计师）、《我在故宫修文物》（文物修复专家）、《寻找手艺》（199位行业工匠）、《造物小百科》（制造业者）、《超级工程》（工程师）这12部影片以纪录片的形式对相应职业进行了介绍。另外，天津卫视的《非你莫属》和《创业中国人》也是目前国内在播的优秀职场类真人秀节目，这些节目囊括各行各业、人生百态，行业达人和求职者之间的对话,能够反映当下最热点的行业话题并产生观点的碰撞。通过展示不同行业职位的人群、不同的思维与视角,展示社会的本来面目,通过理性、客观、全面、真实的分析展示真正的职场。

3. 网络

网络是获取工作世界信息最为便利的一种方式。在中华人民共和国人力资源和社会保障部、各行业协会主办的行业网站、猎头网、调查公司、搜索引擎、用人单位等网站上可以找到非常丰富的职场信息。

本章小结

1. 高等职业教育的发展要求我们一定要强化职业生涯规划意识,弘扬工匠精神,努力把自己培养成职业技能熟练、职场应变能力强、专业创新能力突出的高素质技能人才。

2. ACT把职业分为6个职业门类、12个职业群、26个职业簇。《中华人民共和国职业分类大典(2022年版)》将我国职业分为8个大类、79个中类、449个小类、1639个细类。职业有其自身生命周期,呈现萌芽、发展、衰退、消亡的过程。

3. 职业社会对高素质技能人才的总体要求是职业技能熟练、应变能力强和专业创新能力突出。除此之外,5大类人才还需满足自身职业特点所提出的特殊素质要求。

4. 工作世界是一个嵌套系统,通过直接接触和间接接触可以对职业、行业、组织和地域进行全面、客观的了解。

相关资源

1. 中国就业网(http://chinajob.mohrss.gov.cn/).
2. 陈丹苗,王震廷. 21世纪最热门的职业[M]. 天津:百花文艺出版社,2003.

大学生涯决策

> 我们的决定决定了我们。
>
> ——萨特

 本章学习要点

1. 了解大学生涯与未来职业发展之间的关系。
2. 明确大学阶段生涯发展的主要任务。
3. 结合自身未来职业的发展方向，确定大学期间的生涯发展目标。

 本章案例

案例 5-1 "90后"小杨的选择

小杨，1990 年出生在一个世代经商的家庭。1994 年 4 月 20 日，中国通过一条 64K 的国际专线全功能接入国际互联网，中国互联网时代从此开启。

中国互联网成长的烙印深深地刻在了小杨这个"90 后"青年的成长过程中。他经历了"中国网游元年"（2000 年）、"中国博客元年"（2005 年）。在"中国 SNS 元年"2008 年，高考前夕，他没有听从父母的要求将志愿全填成商科，而是慎重地制订了一个自己满意的发展计划。

（1）高考不直接将商贸专业作为首选，而是报考计算机网络技术专业。

（2）毕业后进入互联网公司做技术岗工作，同时在继续教育学院学习商贸的相关知识。

（3）等到自己的综合实力有所提升后，去自家公司的网络部门应聘一个管理岗位。

（4）最后，以自己的实力和人脉创办互联网公司。

2010 年，大学在校生小杨又见证了小米、美团的成立；后来上市的爱奇艺同样成立于 2010 年。2010 年既是中国"双创"大潮的元年，也是风口革命的元年。2011 年，第一轮电商大战爆发。小杨毕业后，选择去势头正火的电商企业应聘网络维护工程师的职位。

经过 10 年的准备和努力，小杨确确实实地按照自己当初的计划从技术岗升到了管理岗。但他一点也没有借助家族提供的资源，而是靠自己一步一个脚印走上来的。现在，小杨已经有了自己的互联网电商企业。

5 大学生涯决策

人生充满选择，但关键处只有几步。正如下棋，一步之差，可能全盘皆输。生活是由一系列的选择组成的，在做出选择之前有一个很重要的心理过程——决策。在日常生活中，我们经常要面临各种各样的抉择。有的决定很简单，只要稍加思考，很快就能依照个人的需要或者喜好做选择。例如，今天要穿什么衣服，到餐厅吃饭点什么菜，要不要去参加同学的生日聚会，等等。有的决定则必须慎重考虑，因为最后的决定可能关系到一个人未来的发展前途。比如，选择什么样的人作为终身伴侣，选择什么样的职业，等等。在大学阶段，我们会面临很多决策问题。有些决策问题可能无关轻重，而有些决策问题可能非常重要。比如，大学阶段我们究竟学什么、如何学，如何确定4年后的出路，等等。总之，今天的我们是我们昨天选择和努力的结果，而今天的选择和努力将决定我们明天的生活品质。

第一节 大学生涯与职业发展

大学阶段虽然还没有正式进入职业生涯阶段，但是大学是我们职业生涯的重要准备期，也是我们人生发展的黄金时期。我们在大学阶段的学习情况会直接影响我们毕业时的就业竞争力，同时，也会间接影响我们进入职场后的职业发展潜力。进入大学，我们的人生就有了一个新的起点。新的学习环境、新的生活环境、新的人际环境，这一切为我们继续获取知识、提高能力、发挥潜能、展示才华提供了更大的平台。

一、大学能给我们什么

（一）良好的成长环境

大学是一个专门培养高级人才的地方。"大学者，'囊括大典，网罗众家'之学府也。"大学为我们追求人生梦想搭建了一个大舞台，我们可以在其中发现圆梦的途径，尽情地利用大学校园里丰富的学习资源提升我们的综合素质。

1. 老师——传道授业解惑者

大学是高级知识分子的聚集地。在这里，他们不仅传播知识，还创造知识。这些有着丰富知识的学术精英，通过授课、做讲座、做报告、日常指导等多种方式传授给大学生系统的专业知识和最前沿的研究成果。

2. 学生干部与社团——实践出真知

一进校园，学校院系班级各级各类干部的竞选推荐、琳琅满目的社团招新的宣传海报会充斥我们的眼帘，诱惑我们跃动的内心。心动不如行动，争取机会去体验吧。你不是想将来拥有就业竞争力吗？不是想多学一些本领吗？去与那些形形色色的人交往，去体验展示兴趣才华的快意，体验服务的滋味，体验社团的集体乐趣……。但记住，不要贪多，而要注重质量；不要奢望收获很多，而要用心体验。

3. 图书馆——知识的殿堂

图书馆是每一所高校重点建设的公共服务场所。也许有的大学的图书馆藏书不是很丰富，期刊种类、电子数据库数量也不是很多，但是，任何一个大学的图书馆所蕴藏的资源对满足我们日常学习的需要来说绝对是绰绰有余的，关键在于我们有没有充分利用图书馆。大学里曾经流行过这么一句话："一流的学生进图书馆，二流的学生到教室，三流的学生留在宿舍。"充分利用图书馆资源，是获取知识的重要途径。

4. 运动设施——生命活力的源泉

拥抱运动，拥有健康。生命在于运动，有运动才有健康，有健康才有快乐，有快乐才有生命的意义。大学里有丰富的运动场地，如田径场、篮球场、网球场、足球场等，为我们锻炼身体、寻找健康快乐提供了物质基础。

（二）较高的职业发展起点

在严峻的就业形势下，人们对上大学的价值产生了怀疑，甚至很多人发出"上大学又有什么用，到头来还不是替别人打工""读了大学，也有可能找不到工作，还不如不读大学呢"等悲观失望的言论，甚至出现一些应届高中毕业生放弃高考的现象。对于这些现象我们应该形成正确的认识。首先，创业成功很美好，但创业过程很艰辛，并不是每个人都适合创业。我们每个人将来的出路无外乎两条：一是自己雇佣自己，二是被他人雇佣。大部分的人都会走向第二条道路，而要在这条道路上有一个比较好的起点和持续的成长力，就必须具备良好的专业技能和较高的综合素质。其次，随着我国社会、经济的发展，受过高等教育将成为合格公民的基本要求。在改革开放前，受过初中、高中教育的人就是一个知识分子了，上过大学的人就更了不起了。但是随着我国社会、经济的发展，在大学教育由精英教育转向大众化教育的背景下，上大学虽然不再意味着进机关、进大企业，但是经过大学系统的培养之后，相对于没有上过大学的人而言，大学生具备了从事起点更高的职位所要求的素质与能力，而且大学生的知识优势也会让大学生在未来的职业生涯发展中有更大的潜力和持续的成长力。问题的关键在于我们要积极调整心态，将自己定位为"有知识的普通劳动者"，遵循人成长、成才的规律，从基层做起，在为社会创造财富的过程中实现自身的价值。

（三）大学精神

人们常说社会是个大染缸，掉进哪个颜色的染缸里就会带有哪个染缸的色彩和气味。其实，大学也一样。上过大学与没有上过大学的人在思维方式、视野、学习能力等很多方面存在差异。大学最吸引人也最为世人津津乐道的东西之一就是大学精神。大学精神其实就是一种文化，大学文化最重要的一个功能是育人。在大学文化的熏陶下，不管我们是积极还是被动，愿意还是不愿意，都会在思想、行为举止上受到它潜移默化的影响。

（四）高质量的人际关系

人际关系也称社会资本。职业心理学的研究表明，社会资本因为可以为个人提供信息和职场庇护而对个人的职业发展起到至关重要的作用。一个人的社会资本越丰富、质量越高，其将来的职业发展水平也会越高。大学是一个人才聚集的地方，汇聚了来自五湖四海的同学和老师。这些人中，有些人可能会成为我们一生的好朋友，有些人只是点头之交，有些人可能不会再有交集。但是，共同的母校或者共同的学习经历会让我们彼此之间更容易建立人与人之间的信任，在我们人生某个时候会起到至关重要的作用，如信息提供、职场庇护等。

案例 5-2　早期的人际关系将影响你的职业生涯

阿图罗·史密斯是《瓦托城堡》的执行制片人和摄影导演。该电影于 2020 年 3 月在美国迈阿密举行的国际电影节首映。《瓦托城堡》是一部以迈阿密为背景的喜剧和社会纪实电影。在电影创作初期，电影编剧兼导演汤姆·穆斯卡邀请阿图罗·史密斯担任电影执行制片人和摄影导演。阿图罗·史密斯介绍说："这部电影讲述了美国人民的苦难，告诉人们如何在遭遇工资低或者失业的状况下仍然保持快乐。它向许多西方国家正在经历一个非常困难时期的人们传递了信心。"谈及与这部电影的渊源，阿图罗·史密斯认为良好的沟通能力是成为电影制作人的一项关键技能。阿图罗·史密斯表示自己在几年前的一个电影节上遇到了汤姆·穆斯卡，并在那之后始终与他保持联系。得益于这段关系，自己收到了汤姆·穆斯卡的邀请。他说："人际关系是非常重要的，而且这些关系甚至从大学时期就开始了。我告诉我的学生们，当你还在大学的时候，就会遇到很多对你职业生涯至关重要的人。我也建议他们要多交朋友，因为你永远不知道什么时候会与他们再次相遇。"

二、大学生涯对未来职业发展的影响

坊间曾经广泛流传着这样一个故事。某公司引进了一条香皂包装生产线，结果发现这条生产线有个缺陷，即常常会有盒子没装入香皂。但又不能把空盒子卖给顾客，所以他们便请了一个学自动化的博士后设计一个方案来分拣空的香皂盒。这个博士后成立了一个十几个人的科研攻关小组，综合采用了机械、微电子、自动化、X 射线探测等技术，花了 90 万元成功解决了这个问题。每当生产线上有空香皂盒通过，两旁的探测器能够检测到，并且驱动一只机械手把空的香皂盒推走。中国南方有个乡镇企业也买了同样的生产线，老板发现这个问题后非常生气，但他很快想出了办法，他花了 190 元在生产线旁边放了一台大功率电风扇猛吹，于是空的香皂盒都被吹走了。这个故事成为持"读书无用论"观点的人津津乐道的故事。特别是随着大学生就业形势日益严峻，"读书无用论"在社会中甚嚣尘上。但事实果真如此吗？

北京大学"全国高校毕业生就业状况调查"课题组于 2021 年 6 月起对高校毕业生进

行了问卷调查。样本包括东、中、西部地区 19 个省份的 34 所高校，样本量超过 2 万。调查显示，2021 年博士、硕士、本科、专科的月起薪算数平均值分别为 14823 元、10113 元、5825 元、3910 元；中位数分别为 15000 元、9000 元、5000 元、3500 元。

再来看一组数据，如图 5-1 和图 5-2 所示。

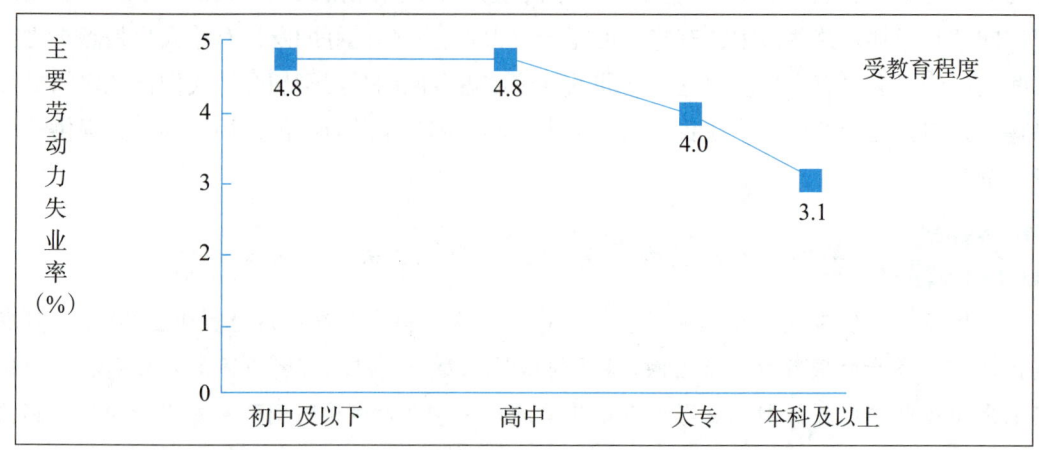

图 5-1 2023 年 3 月中国 25~59 岁主要劳动力失业率与受教育程度统计

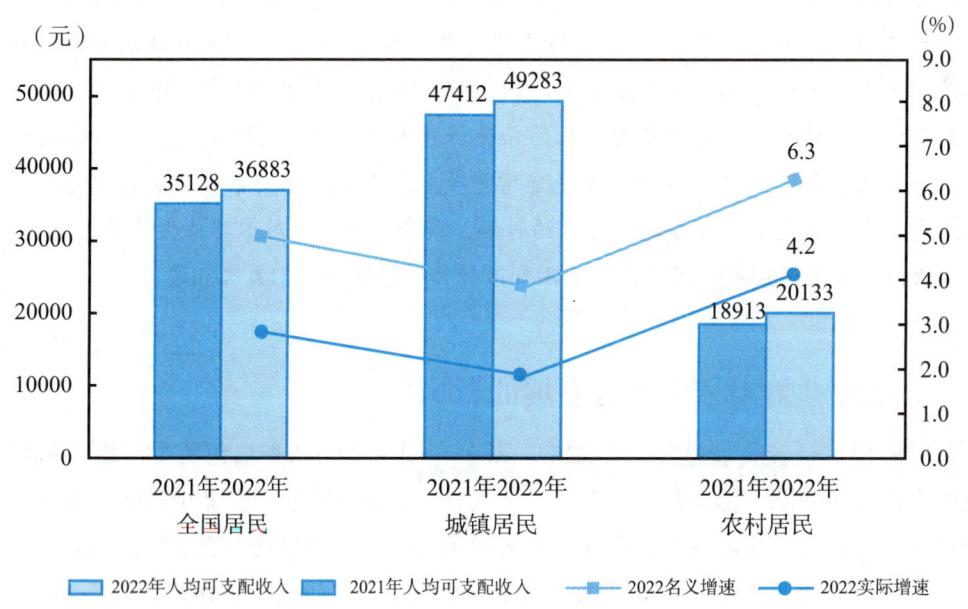

图 5-2 2022 年全国及分城乡居民人均可支配收入与增速

上述数据清晰地反映出，随着个人受教育程度的提高，个人的职业收入也会随之提高，而失业风险会随之降低。虽然收入并不是衡量职业成功的唯一标准，但是确实是一个重要标准。因此，可以说大学生涯对我们将来的职业发展具有非常重要的作用，是我们职业生涯发展的重要准备期。另外，我们进入大学的目的是学习科学文化知识，提高综合素质，以便将来谋取一份好的职业，在今后的职业活动中创造物质和精神财富，为社会发展做出贡献。职业虽然没有高低贵贱之分，但职位是有高层和底层之分的。从社会职位的分布来说，底层职位在社会上的分布最多，中层职位次之，高层职位最少。任何社会职位对从业者都是有从业要求的。随着层级水平的逐渐提高，职位对从业者的能力要求也会越来越高。社会职位层次与个人能力之间的关系如图 5-3 所示。

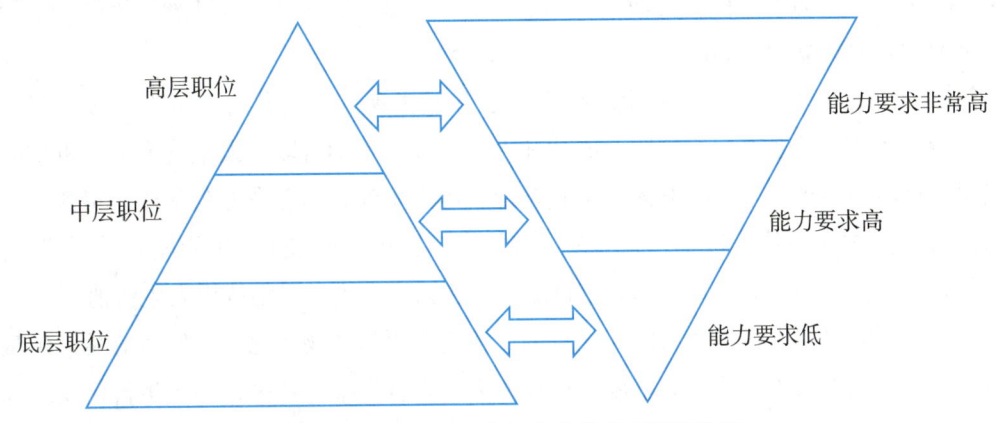

图 5-3　社会职位层次与个人能力之间的关系

"人往高处走，水往低处流"，人的本性是追求更高层次的发展，追求幸福的生活。通过上大学，我们能够在较短的时间内系统地学习适合自己未来发展的相应领域内前人的成果，然后将这些知识转化为自己的职业能力，从而在就业时能为将来的职业生涯发展创造一个比较高的发展起点。而且，大学里系统的专业教育会使我们更能适应社会分工的需要；大学所强调的学会学习会使我们具备更强的学习能力。在未来的职业发展中，这种学习能力能使我们与时俱进，及时更新知识，培养新的工作技能，从而具备持续的职业发展力。而且，我们也不得不面对这样一个事实：当今的社会对文凭是非常看重的。虽然高文凭并不一定意味着高能力和高素质，但是从概率上来说，高文凭者较低文凭者而言，确实有更高的能力与素质。因此，用人单位在招聘时为了降低用人风险，往往将文凭设置为一个基本门槛。

第二节　大学生涯发展任务

　　大学阶段，我们要考过英语四、六级考试，要获得几门职业技能证书，要培养自己的表达能力、沟通能力……。总之，大学阶段是我们人生的重要时期，有做不完的事情。在许多需要完成的任务当中，哪些是我们在大学阶段必须完成的呢？由于各位同学所学专业不同，今后从事的职业也有所差异，因此每个人在大学阶段的具体发展任务是有差异的。不过，透过这些具体差异，结合工作世界的需要，不同专业的同学在大学期间具体任务的共性可以总结为 16 个字：学会做人、学会学习、学会共处、学会做事。

一、学会做人

做事先做人，做事中体现着做人。一个人不管有多少财富、多高的地位，多么聪明、能干，如果不懂得为人处世的道理，最终是不会获得真正意义上的成功和幸福的。学会做人最重要的是要树立起正确的人生观。

简而言之，人生观是关于人生的根本看法和基本观点。不同的人生观直接决定了我们如何待人接物，关系着我们的职业成功和人生幸福。大学阶段是人生观形成的重要时期，我们对于物质与精神、个体与群体、自我与他者等人生问题的思考尤为重要。正如习近平总书记所说："青年一代有理想、有本领、有担当，国家就有前途，民族就有希望。"树立正确的人生观，最根本的是要明确人生目的，端正人生态度，科学认识人生价值。

第一，要明确"内在修养"的人生目的，避免人生目的物欲化。人生目的是人生观的基本内容，人生目的决定了人会采取什么样的人生态度，秉持什么样的人生价值观。部分学生可能认为人生就是不断满足无限增长的物质欲望，将精神追求抛在物质享受之后。但是，科学研究表明，仅仅追求物质欲望的满足并不会给人带来幸福的人生，反而会给人带来诸多困扰。新时代的大学生要多关注内在精神世界的满足，用知识武装头脑、丰富精神世界，不断提升内在修养，筑牢精神堤坝。

第二，要端正"积极入世"的人生态度，避免人生态度消极化。部分大学生可能认为，人活着就是要快乐地生活，快乐就是自由地享受。对于通过个人努力来换取幸福和成功，他们虽认可但觉得很难做到。在面对困难时，他们往往消极对待，怨天尤人，找各种理由与借口为自己开脱，缺乏积极进取的人生态度。对美好生活的追求是我们每个人的渴望，正如习近平总书记所言："幸福美好生活不是从天上掉下来的，而是要靠艰苦奋斗来创造。"新时代的大学生要树立积极进取的人生态度，表现出勇于担当的历史和现实使命感，积极融入社会创造之中，在奋斗创造中绽放青春，激扬人生。

第三，要树立"重义轻利"的人生价值观，避免人生价值庸俗化。部分大学生可能认为人与人之间的关系就是单纯的社会交换关系，自觉或不自觉地把自我利益摆在公共利益之前。事实上，完全利己，把利己放在利他之前的为人处世之道虽然有可能帮助我们获得短期利益，但最终会损害我们的长期利益。在处理个人利益与他人或社会利益之间关系的时候，我们需要坚持两条基本原则：第一，"己所不欲，勿施于人"；第二，"己欲立而立人，己欲达而达人"。第一条原则保证了我们不去损害他人的利益，第二条原则旨在指导我们实现自身利益的同时兼顾他人的利益。"推己及人"，在不损害他人的前提下，尽可能实现利人利己是我们为人处世的基本之道。

二、学会学习

美国著名心理学家斯金纳说："如果我们将学过的东西忘得一干二净，最后剩下来的东西就是教育的本质。"所谓"剩下来的东西"，其实就是自学的能力，也就是举一反三或无师自通的能力。事实上，在知识大爆炸的时代，学校不可能保证教给我们的知识都是有用的，甚至有可能我们在大学里学的就是已经被淘汰的知识。但是在大学里，我们可以学会独立思考并掌握学习的方法，这个"剩下来的东西"会让我们不论面对怎样的知识变更和激烈竞争都能游刃有余，得心应手。

大学不是职业培训场，而是一个让学生学会适应社会、适应不同工作岗位的平台。在大学期间，学习专业知识固然重要，但更重要的还是要学习独立思考、解决问题的方法，掌握自修之道。只有这样，大学毕业后才能跟上瞬息万变的未来世界。许多同学可能总是抱怨老师教得不好，懂得不多，学校课程的安排也不合理。"与其诅咒黑暗，不如点亮蜡烛。"大学生不应该只会跟在老师的身后亦步亦趋，而应当主动走在老师的前面，培养自己的自学能力。而要掌握自修之道，就需要我们在学习过程中做到自主学习，学会创造，要从课堂、书本、交往、实践等方面进行全方位的学习，还要终身学习。

三、学会共处

人是生活在社会中的人，任何人不可能脱离群体生存和发展。马斯洛的需要层次理论告诉我们：一个人要满足低层次的需要（生理需求和安全需求）相对比较容易，只要自我努力就可以。但是，如果要满足更高层次的需求，要被别人接纳，受到他人尊重，到达自我实现，则必须融入集体，与他人能够和谐共处，并在与他人共处的过程中为他人、为社会做出贡献。一个人为他人和社会创造的价值越多，做出的贡献越大，客观上其社会价值也就越大，主观上人生高层次的需求就越能得到满足，自我价值也就越能得到充分实现。学会共处不仅能够帮助我们建立快乐、幸福的生活，而且对于我们未来的职业生涯发展也是非常重要的。美国卡内基梅隆大学曾经做过的一项研究发现，专业知识只占成功因素的15%，其他85%取决于良好的人际关系。虽然人际关系在成功中到底是不是占85%还是一个值得商榷的问题，但是与他人能够良好相处并建立良好的人际关系，无疑对于我们的家庭生活和工作生活都是非常重要的。不仅如此，学会共处也是一个人心灵成长、成熟的重要标志。总之，学会共处是人生的必修课，我们应该在交往中学会共处。学会共处要求我们学会了解自身，发现他人，尊重他人；学会关心，学会分享，学会合作；相互交流，学会平等对话；学会用和平、对话、协商、非暴力的方法处理矛盾，解决冲突。

四、学会做事

有德无才会误事，有才无德会坏事，无德无才干不了事，有才有德方能成就大事。做人做事是分不开的。学会做事是联合国教科文组织国际21世纪教育委员会提出的21世纪教育的四大支柱之一。简单地说，学会做事就是掌握做事的本领或者说具备胜任某种工作的特征。做事的本领不仅包括硬技能，还包括软素质。

（一）职业技能

1. 专业技能

专业技能是从事任何一项工作必须具备的能力，其主要靠专业学习获得。在培养专业技能的问题上，我们应该重点把握以下几个方面。

（1）学什么与学成什么。学什么问的是专业名称的问题，而学成什么问的是专业技能的问题。有的学生可能会错误地认为在一个就业前景好的专业里学习，将来肯定能找到一份满意的工作。心存这种想法的学生简单地将专业名称与专业技能等同了起来，但实际上，在一个专业里学习不会让我们自动拥有从事与该专业相关工作的能力。现实社会中，我们也常常听到非专业的毕业生"抢"走了专业毕业生的工作岗位。原因就在于，用人单位更注重的是专业名称背后的专业技能。

（2）可通过多种途径培养专业技能。有的学生可能因为没有机会进入自己感兴趣的专业学习，就怨天尤人、自怨自艾，甚至自暴自弃。这样的人视野太狭窄，没有看到培养专业技能途径的多样性。除了进入自己感兴趣的专业进行系统的学习之外，其实还有很多其他的选择。比如，辅修、有目的地选修感兴趣专业的课程，向相关专业人士请教，等等。

（3）专业基础知识要扎实。能力是以知识为基础的，专业技能是以专业基础知识为基础的。在大学期间，我们一定要学好本专业要求的基础课程。因为，在科技发展日新月异的今天，应用领域里很多看似高深的技术在几年后就会被新的技术或工具取代，只有专业基础知识能受用终身。而且，如果没有打好基础，我们也很难真正理解高深的应用技术。

2. 办公软件使用技能

只要留心一下，无论走到什么工作场所，都会看到在工作人员的桌上摆放着一台电脑，然后工作人员在电脑前敲敲打打处理各种工作，这就是现在的办公情形。如今，随着计算机的普及，以计算机为核心的办公自动化正在覆盖大多数的工作场所，办公自动化大大提高了工作效率。因此，无论是计算机专业的学生还是非计算机专业的学生，学会使用办公软件都是非常有必要的。

Word、Excel 和 PowerPoint 是人们使用最多的文字处理、电子表格制作和电子文稿演示工具。学会使用 Word 可以提高我们的写作速度，使我们的写作过程清晰明了，并且可以帮助我们对自己的文章进行编辑、校对和修改；"一幅图能代替千言万语"，使用 Excel，我们可以制作出各种各样的图（如柱状图、饼图）和表格来显示数据之间的相互关系；使用 PowerPoint 进行演说，对我们的受众不仅有听觉刺激，还有视觉刺激，从而使我们的演说更加出色。

3. 信息获取能力

现代社会是一个信息社会，没有必要的信息，我们就无法顺利地开展学习和工作。因此，懂得如何收集自己想要的信息对于任何学习和工作而言都是至关重要的。一位企业家认为，信息是谋求发展的关键。他曾这样说道："要么去狩猎，要么被猎取。我大部分的成就源自我拥有被人需要的信息。第一步，要了解别人需要什么。第二步，要拥有足够的资源，以便知道去哪里能迅速地获取这些信息。速度是我着重强调的一点，企业需要速度，而在收集信息时，你必须做到有条不紊。"处在信息社会的大学生，应该懂得到正确的地方去获取想要的信息，而不是等着信息自动找上门。现在各个大学都有各种蕴含大量信息的平台，如图书馆、网络、论坛、校园公告等，我们应该善于利用这些信息平台获取我们想要的信息。总之，信息获取能力是信息社会背景下一个人才必备的基本能力。

4. 沟通技能

沟通技能是指我们发送和接收信息的能力。具体来说，沟通技能是指通过书面、口头与肢体语言的媒介，有效与明确地向他人表达自己的想法、感受与态度，也能较快、正确地解读他人的信息，从而了解他人的想法、感受与态度。说到沟通技能，我们往往首先想到口头沟通技能。其实，在当今这样一个科技快速进步和工作节奏加快的时代，书面沟通技能的作用已经越来越明显。对个人而言，随着职务级别的上升，书面沟通也变得越来越重要。因为，当你有一个想法时，如果只在口头上做出说明，那么你的影响范围仅限于说话的对象。但是，一页说明清晰的备忘录可以在整个公司内被传阅。现在，知识管理（knowledge management，KM）越来越成为企业培育核心竞争力的一种手段。简单地说，知识管理就是指通过知识共享，运用集体的智慧实现企业显性知识和隐性知识的共享，从而提高企业的应变和创新能力。而要实现知识的共享，除了要通过口头的方式将知识表达出来，更重要的是要通过书面的形式将有价值的知识保存下来，从而能够在企业内部广泛共享，甚至一代一代传递下去。

要进行良好的书面沟通，我们必须要具备良好的写作能力。为了培养和提高写作能力，大学期间应该尽可能地选修一些要求学生写日志、计划书和评估报告等论文结课的课程。认认真真地完成这些课程，会有助于提高写作能力。有些大学还专门开设了旨在培养大学生写作能力的课程，如公文写作等，这样的课程对培养专门的写作技能帮助非常大。另外，还可以尝试撰写各种形式的论文，如学术论文、通信稿等，这种方式对培养写作能力更加直接和有效。总之，无论学习什么专业都需要具备良好的写作能力，大学也为大学生提供了各种练习与培养写作能力的机会。

（二）职业精神

职业精神是人们在从事某项工作时所表现出来的一种态度或精神风貌。美国研究人员调查发现，在失业者或无法获得晋升者中，共有87%的人并非因为缺乏职业知识或技能，而是因为有不恰当的工作习惯和态度导致失业或无法晋升。因此，职业精神对一个人的职业生涯发展是非常重要的。

1. 积极主动

> **案例 5-3 布罗与艾洛**
>
> 布罗和艾洛同时受雇于一家店铺，他们拿同样的薪水。一段时间后，艾洛又是升职又是加薪，而布罗仍在原地踏步。布罗不满意老板的"不公正待遇"，终于有一天他到老板那儿发牢骚了。老板说："布罗，你到集市上去看看今天有什么正在卖？"一会儿工夫，布罗回来向老板汇报："今早集市上只有一个农民拉了一车土豆在卖。""有多少？"老板问。布罗又跑到集市上，回来告诉老板："一共40袋土豆。""价格呢？"老板继续问他。"您没有叫我打听价格呀。"布罗委屈地申明。
>
> 于是老板把艾洛叫来，吩咐他说："艾洛，你现在到集市上去看看今天有什么正在卖。"艾洛也很快就从集市上回来了，他向老板汇报说："今天集市上只有一个农民在卖土豆，一共40袋，价格是两毛五分钱一斤。我看了一下，这些土豆的质量不错，价格也便宜，于是顺便带回来一个让您看看。"艾洛边说边从提包里拿出一个土豆，"我想这么便宜的土豆一定可以赚钱，根据我们以往的销量，40袋土豆在一个星期左右就可以全部被卖掉。所以我把那个农民也带来了，他现在正在外面等您回话呢。"这时老板转向了布罗，说："现在你知道为什么艾洛的薪水比你高了吧？"

案例中，同样的起点，后来之所以出现这么大的差距，是因为艾洛能积极主动地做事，布罗则是被动地做事。被美国《时代周刊》誉为"思想巨匠""人类潜能的导师"并入选影响美国历史进程的25位人物之一的史蒂芬·柯维在《高效能人士的七个习惯》一书中指出，"积极主动"是高效能人士的第一个习惯。人性本质是主动而非被动的，人不仅能消极选择反应，更能主动创造有利环境。采取主动并不表示要强求、惹人厌或具有侵略性，只是不逃避为自己开创前途的责任。在现在的市场竞争中，企业的发展最终要靠全体人员发挥积极性、主动性、创造性。拥有良好的心态，积极主动，充满热情，灵活、自信的人更容易得到领导的信任和支持，并更有能力带领团队完成既定任务和开拓事业。要做一名优秀的员工，不能只是被动地等待别人说应该做什么，而应该主动去了解自己要做什么，并且认真地规划它们，然后全力以赴地去完成，因为没有人比我们更在乎我们自己的事业。

2. 独立自主

从进入大学的第一天开始，大学生就必须从依赖他人转向独立，必须成为自己未来的主人，必须积极地管理自己的学业和将来的事业。独立自主是个人开创事业的前提条件之一。《中国青年报》曾经报道过这样一个案例。有一个高中生学习成绩十分优异，但从小生活在父母的溺爱下。高考时，他考上了名牌大学，然而，多年来衣来伸手、饭来张口的生活让他失去了独立生活的能力。在学校里，他几乎不能生活自理，不会到食堂打饭，不会洗衣服，只能不停地向家里诉苦。结果，不到半个月，他就偷偷跑回家，再也不肯到学校去了。他的父母也没有办法，只好让他退学。像上述主人公一样缺乏生活自理能力的大学生在大学校园里可能并不多。这样的学生即使读完大学，也根本不可能在社会上立足，更别提为社会做贡献了。不能自立的人，不仅会成为家庭的负担，还会成为社会的累赘。自立分为五个层次：身体自立、行动自立、心理自立、经济自立和社会自立。身体自立是指个体无须扶助而能直立行走；行动自立是指个体具备生活自理能力，如会自己洗脸，刷牙，洗衣服；心理自立是指个体能独立思考，独立判断，自己做决定；经济自立是指不依赖父母或他人的经济援助而能独立生存；社会自立是指能够按照社会所规定的行为规范、责任和义务而行动。进入大学后，我们离开了父母，面对的环境也更加复杂，而这正是我们培养自立能力、学会独立自主的好时候。

3. 团队协作

案例 5-4 《西游记》中的团队精神

唐僧团队是一支优秀的团队。为了完成西天取经任务，唐僧、孙悟空、猪八戒、沙和尚组成了取经团队。其中，唐僧是项目经理，孙悟空是技术核心，猪八戒和沙和尚是普通队员，这个团队的高层领导是观音。

这个团队的组成很有意思，唐僧作为项目经理，有很坚韧的品性和极高的原则性，不达目的不罢休，又很得上司的支持和赏识（直接得到唐太宗的任命，既给袈裟，又给紫金钵盂；又得到以观音为首的各路神仙的广泛支持和帮助）。沙和尚言语不多，任劳任怨，承担了项目中挑担这种粗笨无聊的工作。猪八戒，看起来好吃懒做、贪财好色，又不肯干活，最多牵下马，好像留在团队里没有什么用处，但其实他的存在还是有很大用处的，因为他性格开朗，能够接受任何批评而毫无负担、压力，在项目组中承担了润滑油的作用。最关键的还是孙悟空，孙悟空是这个取经团队里的技术核心，但是他的性格极为桀骜，回想他大闹天宫的历史，恐怕没有人会让这种人待在团队里，但是取经项目要想成功实在缺不了这个人，只好采用些手段来收服他。孙悟空毕竟是很厉害的人，承担了取经项目中降妖除魔的绝大多数重要任务，虽然是个难于管束的主儿，但又不能只用手段来约束他，这时猪八戒的作用就显出来了，在孙悟空苦恼的时候，上司不能得罪，沙和尚这种老实人又不好伤害，只好通过戏弄猪八戒来排除心中的郁闷，反正猪八戒是个乐天派，任何的指责他都不会放在心上。

《西游记》是一部值得品读的巨著，书中描述了由四种不同性格的成员组成的一支团队如何克服重重困难，最终取回真经的艰苦历程。让人更加深刻地理解：团队的进步与个人的前程是如此紧密地联系在一起。当一个团队实现既定目标的时候，每一位成员都会从中获得个人的成功。现代社会是一个强调专业分工的社会，既然分工就必然需要协作。任何单打独斗的想法和行为在现代社会是根本行不通的。我们必须融入一支优秀的团队，懂得协同作战，而不是一味追求个人成就。

4. 手、脑、心并用

用手做事是指扎扎实实地做工作，脚踏实地干事业；用脑做事是指勤于观察、善于思考，用正确的方式做正确的事情；用心做事是指负责任、认认真真地做事。做事手到而脑不到，则是机械重复地做事，结果事倍功半；脑到而手不到，则是想法很好，但缺乏执行力，结果是空想一大堆，没有任何结果；手到而心不到，则是行动常常跑偏，效果不佳。

一个小和尚担任撞钟一职，每天都能按时撞钟，但半年下来主持很不满意，就调他到后院劈柴挑水，说他不能胜任撞钟一职。小和尚很不服气地问："我撞的钟难道不准时、不响亮？"老主持耐心地告诉他："你撞的钟虽然很准时，也很响亮，但钟声空泛、疲软，没有感召力。钟声是要唤醒众生的，我却没有听到这样的声音。"小和尚撞钟，只不过是"做一天和尚撞一天钟"而已，并没有用"心"去撞钟，更没有用一颗"唤醒众生"的心去撞钟，其结果当然是不能把这看似最简单的事情做好。我们做事时只有用手、用脑、用心，手、脑、心并用，才能放飞心中的理想，把事情做好。

第三节 大学生涯目标的选择

案例 5-5 航空手艺人胡双钱

胡双钱1980年毕业于上海飞机制造厂技校。毕业后，从小就喜欢飞机的胡双钱进入当时的上海飞机制造厂，亲身参与并见证了中国人在民用航空领域的第一次尝试——"运-10"飞机研制和首飞。那一刻他强烈感受到"造飞机是一件很神圣的事"。然而，20个世纪80年代初，"运-10"项目下马了，原本聚集了各路中国航空制造精英的工厂转眼间冷清了下来，争抢这些飞机技师的各公司专车甚至开到了工厂门口。面对私营企业老板开出的优厚工资，胡双钱谢绝了。选择留下后，胡双钱与同事一起陆续参与了中美合作组装麦道飞机和波音、空客飞机零部件的转包生产，并抓住这些机遇练就了技术上的过硬本领。20多年后，当我国启动ARJ21新支线飞机和大型客机研制项目后，胡双钱几十年的积累和沉淀终于有了用武之地。他先后高精度、高效率地完成了ARJ21新支线飞机首批交付飞机起落架钛合金作动筒接头特制件、C919大型客机首架机壁板长桁对接接头特制件等加工任务。他还发明了"反向验证"等一系列独特工作方法，确保每一个零件、每一个步骤都不出差错。2015年10月，胡双钱被授予全国敬业奉献模范称号。2019年4月，他荣获全国"最美职工"。2022年，胡双钱的事迹被第九季《大国工匠·匠心报国》收录。

一、决定职业发展方向的关键因素

方向和目标是不一样的。比如，我们在武汉，想去北京，方向是向北，目标是北京。方向较模糊，目标则看得见、摸得着。比如，"懂专业的管理者"是职业发展方向，而"未来成为人力资源总监"是看得见、摸得着的职业发展目标。方向和目标当然也存在密切的联系，方向是一条线，目标是一个点，而这条线是由一个个点构成的。在人生发展过程中，目标定得越具体越好。但是对于一个还没有进入职场的学生来说，要求每个学生都确定一个未来5年以上的职业发展目标是有难度的，但是确定一个未来的职业发展方向是必要的，也是必需的。在确定未来的职业发展方向时，我们需要重点考虑以下三个关键因素。

（一）个人特质

个体差异是普遍存在的，每个人都有自己独特的个人特质。比如说，有些人喜欢与人打交道，而有些人喜欢做技术工作；有些人更看重物质财富，而有些人更看重精神财富；有些人内向，而有些人外向……。每一种职业由于其工作性质、环境、条件、方式不同，对工作者的价值观、兴趣、性格、能力、心理素质等有着不同的要求。比如，成为一名成功的创业者需要个人具备很强的冒险精神，能够忍受高度的不确定性；在党政机关成为一名优秀的领导者需要个人能够善于与不同的人交往，具有很高的政治敏锐性。幸运的是，人是有弹性的，可以根据环境要求做出改变和调整。但是，我们又不得不承认另一个事实：人的弹性是一定的，只能在一定的范围内做出改变和调整。因此，在确定未来职业发展方向时，需要我们根据个人特质的弹性范围，寻找到个人特质与职业之间的最佳匹配点。匹配得好，那么个人特质与职业环境就协调一致，工作效率和职业成功的可能性就大大提高；反之，工作效率和职业成功的可能性就很低。

总之，职业是丰富多彩的，它要求具备不同秉性的人去从事，从而为每个独特的个人发挥自身优势、实现自我价值提供了舞台。要实现个人特质与职业之间的良好匹配，首先需要我们正确分析自身的特质。在分析个人特质时，要重点分析四个方面的特质：职业价值观、职业兴趣、职业性格和能力优势。

（二）社会需求

社会需求无疑是影响一个人职业选择的一个非常重要的因素，这是由职业的内涵所决定的。什么是职业呢？职业是指参与社会分工，利用专门的知识技能，为社会创造物质财富和精神财富，从而获得合理报酬的活动。由此可见，一种职业的产生和发展是社会需求的结果，有了需求才会有社会分工。比如：随着企业不断发展，企业所有者需要专人为自己的企业提供专业服务，因此有了"职业经理人"；有人怕被商家"宰"，需要他人帮助自己与商家讨价还价，因此有了"砍价师"；有人因为在职业发展中遇到很多困惑，需要他人为自己提供专业的帮助,因此有了"职业生涯规划师"……。总之,没有社会需求和分工,职业也不可能产生。同时,职业的内涵也告诉我们,今后不管我们从事什么性质的工作(管理、服务、技术等),都要站在职业服务对象的角度思考问题,满足职业服务对象的实际需要。只有这样,我们的工作才会卓有成效,我们的职业生涯才有可能取得成功。否则,我们的职业服务对象将会不再需要我们的服务。到那时,我们所从事的职业距离消亡也就不远了。

(三)所学专业

专业技能是一项硬技能,任何工作岗位都需要从业者具备相应的专业知识与专业能力。而要具备相应的专业知识与专业能力,除了在工作岗位中学习,进入相应专业接受专门的训练也是一种非常有效的方法。大学里的专业教育可以使大学生经过3~5年的专门学习,比较快地掌握相应职业所需要的专业知识与专业能力。因此,在确定未来职业发展方向时,还需要考虑所学的专业。但是,很多大学生只是很简单地将专业与职业一一对应起来。随着现代科学技术的飞速发展,社会职业在不断分化的同时也在不断融合,社会不仅需要专业型人才,还需要复合型和创造型人才。因此,专业与职业之间并不存在严格意义上的一一对应关系。其实,大学生将来能够进入的职业领域是非常广泛的,并非只能与大学里所学的专业相关。专业与职业的关系如图5-4所示。

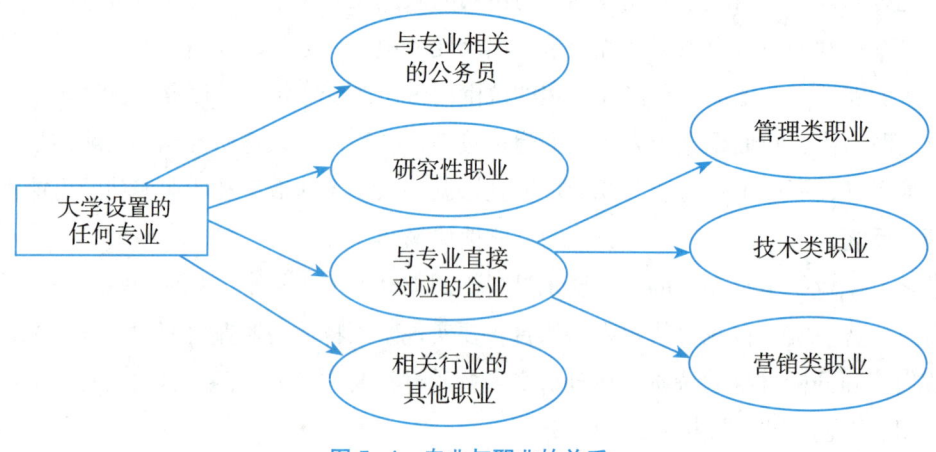

图5-4 专业与职业的关系

> **延伸阅读**
>
> 专业与职业的三种关系
>
> 1. 一对一
>
> 这种情况最为简单。一个专业方向对应一个职业目标,这类专业一般都存在于中、高职学校,培养目标单一明确。此类职业的技术含量比较高,属于学业规划中比较主动的一种态势。我们可以先定目标,后选路线,在各种路线中选择求学成本最低的一条路。这类

专业和职业一般适合专业技术人员。

2. 一对多

这类专业一般存在于普通高校中，人们常说的宽口径、厚基础专业就是指这类专业。它们所对应的职业目标有多个，从职业的人格特征来看，许多都对应了两种以上甚至六种人格类型的职业。这样一来，我们在确定了专业方向后，还要确定适合自己发展的职业目标，这里要注意的是，在确定职业目标时一定要和自己的职业人格相匹配，并根据职业目标的具体标准有针对性地学习其他必要的知识，培养其他必要的技能。比如，当你确定自己毕业后从事动画制作这一行业时，你在学习影视动画的同时，还要了解整个影视动画制作流程，针对其中的岗位来开展学习与研究。若你想成为项目经理或导演，你也需要对其他知识和技能有针对性地进行学习和培养，如角色模型、动画造型等。这种类型适合在学业规划时先确定专业后确定职业目标的情形。应该说，先确定专业再确定职业目标已经是一种比较被动的人生发展态势。然而这一类型专业和职业关系的存在可以让我们比较顺利地由被动转化为主动。因此，大学毕业后一定要抓住第一份工作的机会，从被动走向主动，或学习深造，或对应专业就业。

3. 多对一

多对一就是多种专业都可以发展到某一种职业的情形。这类职业一般属于管理型人格的职业，如导演、项目经理等。这种类型也适合先确定职业目标后确定专业方向的情形。它其实和第一种情况比较类似，在做学业规划时处于比较主动的态势，能够比较好地找到一条求学成本最低的学业路线。

二、确定大学生涯发展目标

在讨论如何确定大学生涯发展目标之前，先来看一个大三女生的困惑。

案例 5-6　继续深造？工作？来自准大三生的困惑

小张现在是通信软件技术专业的一名大二学生，尽管已经学习两年，快进入大三，但是他并不喜欢这个专业，在填志愿时，他是因为喜欢这个学校所在的城市才报了这个专业。

小张是一个自制力很差的人，在大一的时候因为跟室友一起学习，所以还有干劲，考试成绩也不算太差；但是到了大二，室友们有的搬回家住了，有的开始准备实习就搬出去了，小张经常独来独往，学习上也松懈了。大二上半年的期末考试，他的成绩一落千丈，还有两门课不及格。经过一个学期的努力，他在大二下半年又达成了全部课程合格的目标。他现在很迷茫，一方面是他对自己的专业提不起兴趣，也不知道该怎么确定将来的方向；另一方面是专业课很难，他之前的基础非常薄弱，他感觉以自己目前的状态没法静下心来学习。他之前上学的心态是得过且过，但现在面对即将到来的大三却很痛苦。他怕自己实在是太差了，连毕业证都拿不到，对不起家人的期望。

父母一直想让他继续深造，但他也不知道该从哪里下手。从大三才开始准备会不会太晚了？他该选择什么专业、哪个学校？他又该收集哪些资料、做哪些方面的准备呢？现在他自己的观念和父母的观念有所冲突，他一想到考试就头疼，希望能早点投入工作。在之前的暑假里，他在一家通信技术领域的公司进行暑期实习。在轮岗的过程中，他发现自己虽然在通信软件技术这一专业领域差强人意，但在社群运营与营销方面有一定的兴趣和天赋。尽管工作经验不足，但他觉得现在自己掌握的知识和技能短期来说已经够用，他也更愿意在工作、实践的过程中提升自己。他觉得，自己不能再困惑下去了，要尽早确立目标。他初步为自己确定的职业发展方向是从事营销策划工作。

相信很多学生在进入大学后，都会遇到像上面小张的类似的困惑。目前，大学毕业生的出路主要有继续深造、直接就业和自主创业。很多学生常常在二者或三者之间举棋不定，无法将大学生涯目标确定下来。由于每个人的具体情况不一样，因此根本不可能有一个统一答案。一个总体指导原则是，不管是继续深造、直接就业还是自主创业，一定要有利于促进自己实现未来职业发展目标，而不是盲目地跟随他人。大学生涯目标不是最终目标，而只是通向职业发展方向途中的一个点。比如，上面案例中的小张最终为自己确定的职业发展方向是从事营销策划工作。若要转向与自己所学专业完全不同的领域，小张须具备相应的知识和技能，因此，小张决定继续深造，为自己未来的职业发展打牢基础。

另外，针对直接就业与继续深造，有以下两点建议供大家参考。

①对低年级学生来说，要坚持"两条腿走路"，保持积极的不确定性。对低年级学生来说，继续深造与就业根本不冲突。当代社会既需要具备过硬专业素质的人才，也需要具备良好的人际关系处理、团队协作等高综合素质的人才。任何只专注于一方面，而忽视另一方面的行为，都是不利于将来自身成长的。因此，低年级学生既要保证专业学习的时间，也要积极参加各种实践活动，提高自己的综合素质。

②对于高年级学生来说，要果断决定继续深造还是就业，切莫在继续深造与就业之间徘徊。选择继续深造，就要风雨兼程，全力以赴；对继续深造兴趣不大，就不必勉强，可以牢牢把握现有的就业机会。如果以后想继续深造，还是有求学机会的。

三、克服大学生涯决策困难

大学生涯决策是一个复杂的过程。在决策过程中，我们往往会出现这样或那样不能做决定的情况。什么因素导致我们在做决策时出现不能做决定的情况呢？根据职业心理学的研究，职业决策困难可分为决策过程前的困难和决策过程中的困难，包括三大类共十个因素。职业决策困难模型如图5-5所示。

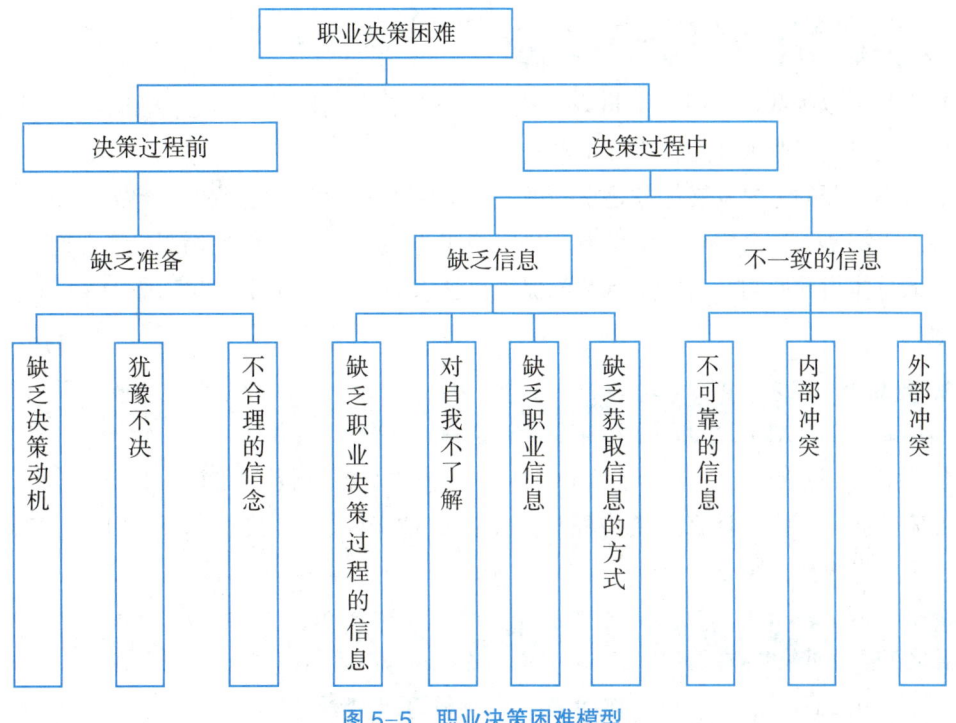

图 5-5　职业决策困难模型

　　决策过程前，缺乏准备会造成决策困难。以下三个因素会导致我们在这个阶段出现决策困难：①缺乏决策动机，比如，认为还没到需要确定职业发展方向或大学生涯目标的时候，不愿意做出选择；②犹豫不决，比如，面临抉择时，通常都会感到困难，做不了决定；③不合理的信念，比如，决定了就不能改变，改变就意味着失败。

　　决策过程中，缺乏信息或信息不一致会造成决策困难。缺乏信息主要表现在以下四个方面：①缺乏职业决策过程的信息，比如，不知道如何确定职业发展方向或大学生涯目标；②对自我不了解，比如，不了解自己的兴趣、价值观、性格和能力优势等；③缺乏职业信息，比如，缺乏对社会需求、职业培训种类等方面的了解；④缺乏获取信息的方式。比如，不知道如何获取职业、培训等方面的信息。不一致的信息主要表现在以下三个方面：①不可靠的信息，比如，个人所了解的自己与正在考虑的职业有相矛盾的地方；②内部冲突，比如，所学专业与自己的爱好不能很好地结合；③外部冲突，比如，自己决定继续深造，但是父母坚决反对，或父母不同意自己向往的职业。

　　如何解决上述决策困难呢？首先，我们必须要清楚地知道导致决策困难的主要原因是什么。然后，针对不同类型的困难寻求不同类型的解决办法。比如，如果缺乏决策动机，我们可以与已经做出正确决策的人多多交流，从他们身上感受需要做出决策的压力；如果是因为对自己和职业不了解而做不了决策，那么可以通过职业测评、他人评价、社会实践、生涯人物访谈等方式了解自己的个人特质和职场需求；如果不知道如何做决定或存在内部、外部冲突，则可以寻求专业的职业咨询师的帮助。

本章小结

1. 大学可以为我们提供一个良好的成长环境、较高的职业发展起点和一种大学精神。大学生涯是我们职业生涯的重要准备阶段。

2. 大学生涯的主要发展任务是学会做人、学会学习、学会共处和学会做事。

3. 个人特质、社会需求和所学专业是影响职业发展方向的三个关键因素。确定大学生涯目标的总体指导原则：一定要有利于促进自己未来职业发展目标的实现，而不是盲目地跟随他人。

相关资源

1. 覃彪喜. 读大学，究竟读什么[M]. 广州：南方日报出版社，2005.

2. 宋三弦等. 我为什么不要应届毕业生：11位老板、CEO、人事干部口述实录[M]. 重庆：重庆出版社，2005.

延伸阅读

"未"你而来，职业教育筑梦青春[①]

小王出生在宁夏一个普通的农村家庭，家境拮据的她自小便沉稳懂事。2017年，小王考入了一职业技术学院的工业分析技术专业，她非常珍惜来之不易的读书机会，勤勉用功，学习成绩总是名列前茅。在求学期间，她凭借优异的表现入选学校第一届"卓越计划"人才培养项目，并担任卓越班班长。在卓越班学习期间，她的学习能力和自主探究问题能力得到了锻炼，她逐步养成严谨专注、精益求精、热爱生活、积极向上和追求卓越的综合优秀品质。

访学归来，她代表卓越班在全校学生大会上交流发言时说："金钱满足不了的东西，学术、知识、经历却可以无限弥补。"她说，她非常喜欢读路遥的《人生》和马尔克斯的《百年孤独》这两本书，因为她从中懂得了做人做事应该正直善良、脚踏实地，让自己成为"金子"。

在备赛全国职业院校技能大赛期间，她每天第一个走进实验室，自己配溶液、校数据，逐个攻克实验模块，反复练习，不断提升操作技能。作为团队的一员，她吃苦耐劳，帮助同学一起进步。经过两个月刻苦训练，她最终脱颖而出，获得了第一名。身边的同学说："她是值得敬佩的，我们不只敬佩她的毅力和坚强，更敬佩她饱满的自信和拼搏的劲头。"

在大学里，小王不仅学到了大量的专业知识，掌握了娴熟的操作技能，还积极参加社会志愿和社会实践活动。2020年6月，小王毕业，正式成为某材料公司的一员。参加工作后的她依然保持积极好学的态度。刚进入公司不久，她就积极学习生产流程、跑现场，主动向师傅请教问题。因为工作表现突出，短短一年时间里，她先被公司选派到河北学习

[①] 宁夏工商职业技术学院. 王金花："未"你而来，职业教育筑梦青春[EB/OL]. (2022-09-07)[2023-06-13]. https://tzpy.centv.cn/article/2305. （有改动）

先进检测仪器的操作技术,之后又被送到研发部学习样品分析技术,去北京学习气相色谱分析技术,她利用最短的时间掌握了公司内所有检测仪器的使用和操作方法。

凭借吃苦耐劳、扎实敬业的工作态度,小王脱颖而出成长为公司的青年技术骨干。入职一年后,她便开始担任品管部班长一职,在品管部组织的理论和实操考核中,她带领班组取得了第一的好成绩。

小王在努力拼搏的过程中增强了自信心,也找到了努力的方向和目标。为提升自己的专业水平,在工作之余,她坚持不懈地努力学习,也成功提升了学历。她多次受邀回到母校做报告,向学弟学妹分享成长经历。她总是说:"我今天所取得的一点成绩,主要得益于职业教育为我搭建了成长的舞台,帮助我练就了一技之长。"

小王就是这样一个持续筑梦、不断奋进的年轻人,她从来没有羞愧于提起自己的家庭条件,也从来没有逃避自己的生活境遇。相反,她总是把更多的重心放在自己能去追求的东西上面,她自信、张扬,她知道自己值得拥有更好的人生。她深信只有为青春筑梦,并逐梦拼搏,梦想才会"未"你而来。

大学生涯规划的制定与实施

> 大学从规划自我开始，成功靠日积月累实现。
>
> ——佚名

 本章学习要点

1. 了解制定大学生涯规划的基本原则与步骤。
2. 了解制定大学生涯规划的常用方法。
3. 了解大学生涯规划制定与实施中的助力和阻力。

 本章案例

案例6-1　修学储能

"恰同学少年，风华正茂；书生意气，挥斥方道。"龚若飞和嘉娜·沙哈提导演的电视剧《恰同学少年》演绎了青年毛泽东在湖南第一师范五年半的求学生涯。在剧中，有这样一段剧情：毛泽东第一次到杨昌济老师家里，杨老师给他"开小灶"。带着几分崇敬，毛泽东跟在杨昌济身后，向书房走去。书桌上铺着一张雪白的纸，写着苍劲有力的四个大字：修学储能。毛泽东问："修学储能？"杨昌济答道："对！修学储能，就是你今天的第一课，也是我这个老师对你这个弟子提出的学习目标。润之，一个年轻人走进学校的目的是什么？是学习知识，更是储备能力。孔子曰：'质胜文则野，文胜质则史。'就是说，一个人光是能力素质强，而学问修养不够，则必无法约束自己。本身的能力反而成了一种野性破坏之力。反过来，如果光注重书本学问，而缺乏实际能力的培养，那么知识也就成了死知识，学问也就成了'伪学问'。其人必死板呆滞，毫无实用。所以我今天送你四个字，就是要让你牢牢记住，修学储能，必须平衡发展。这也是你求学之路上不可或缺的两个方面。"

毛泽东又问："那以今日之我，应当以修什么学问、储哪种能力为先呢？"杨昌济答道："什么学问？哪种能力？润之，你的这种想法首先就是错误的。"毛泽东十分疑惑："老师的意思是？"杨昌济说道："今时今日之毛润之是什么人？一个师范学校的一年级学生而已，你喜欢哲学伦理，也关心时事社会。那是兴趣，也是天赋，但我同时担心，你走入另外一个误区，那就是知识能力的涉猎之面太窄。润之啊，你的求学之路才刚刚开始，你才掌握了多少知识，拥有多少能力，过早地框死了自己修学储能的范围，而不广泛学习、多方涉猎，于你今后是有百弊而无一利。所以在你修学储能的后面还应该加上四个字——先博后渊。"毛泽东说："我明白了，博采众长才能相互印证，故步自封必将粗陋浅薄。对吗，老师？"杨昌济答："你能这样想就对了。"

"修学储能"是我国著名教育家杨昌济先生提出的教育理念。"修"是指学问、品行方面的修养和锻炼，"学"是指知识、见识，"储"是指积蓄、备用，"能"是指才干、本事。它包含"德、识、才、学"四个方面的培养、锻炼和发展。大学阶段是我们职业生涯发展中的一个重要准备阶段。在这个重要的发展阶段里，我们准备得充分与否会直接在我们找工作时体现出来。大学阶段究竟学什么，如何学，如何确定4年后的出路，等等，是每个大学生进入大学后应该思考清楚的一个重要问题。

第一节 大学生涯规划的基本原则与基本步骤

大学生涯规划是一个周而复始的规划过程。在制定和实施的过程中，需要遵循一定的原则和基本步骤。基本原则包括：充分探索，避免提前闭合；放眼未来，立足大学生涯；寻找结合点，增强可行性；明确期限，设定时间梯度。基本步骤包括：清晰个人生涯愿景，自我评估，环境评估，确定职业发展目标，分解目标，寻找差距，制订大学成长计划，实施、评估与修订。

一、大学生涯规划的基本原则

（一）充分探索，避免提前闭合

充分了解自己的个人特质和职场特点是科学制定生涯规划的首要原则。在制定大学生涯规划的过程中，之所以要充分探索自我和职场，是因为其可以帮助我们避免职业目标提前闭合。职业目标的确定需要经历肯定—否定—肯定过程，而职业目标提前闭合则意味着没有经历对各选项的探索就确定了职业目标，导致的结果是限制个人和职业认同。从生涯未决类型的观点来说，职业目标提前闭合会使我们的生涯决定落入已决—犹豫这一类型之中。个人虽然暂时做出决定，但不能做出实际的选择，经常出现自我冲突。生涯未决的类型如图6-1所示。

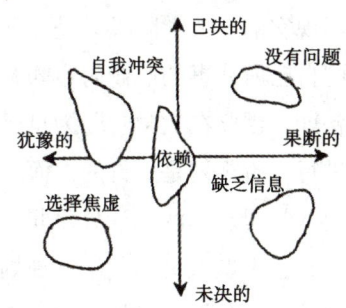

图6-1 生涯未决的类型

> **案例 6-2　广撒网，不怕晚**

有一种说法：要想在某一领域取得成功，需要早期的专业训练和大量的练习。然而，畅销书作者大卫·爱泼斯坦在他的《范围：为什么通才能在专业化的世界中取胜》一书中提出了不同的观点。爱泼斯坦深入研究了世界上最有影响力的运动员、科学家、艺术家、音乐家、发明家和商界领袖的发展轨迹，发现他们都有一个共同的特点：这些成功人士在专注于自己的领域之前，都先尝试了多种自己感兴趣的事物和活动。其中一位就是网球运动员罗杰·费德勒。小时候，他并没有专注于网球，也没有进行过专门的网球训练，而是尝试了各种不同的运动，包括滑板、游泳、乒乓球、足球和羽毛球，他直到十几岁才确定要打网球。即便这样，他的父母仍然劝他不要在网球上坚持。最后的结果大家都有目共睹，费德勒是 20 届大满贯冠军，39 岁还在打网球，职业生涯比其他运动员长得多。像费德勒这样较晚从事某一种专门职业的人并不少见。哈佛大学意识、大脑和教育项目主任、神经学家奥吉·奥加斯研究了在工作中取得成功和拥有成就感的人，包括侍酒师、动物训练师、助产士、建筑师和工程师。大多数获得成功和拥有成就感的人在职业生涯初期似乎都没有什么方向，没有在一个领域进行过专门的研究，而是在不同领域中尝试过许多不同的身份，与不同的人一起工作。

爱泼斯坦在书中这样写道：精英们通常不会在职业生涯早期就在某个领域进行刻意练习，而是会经历"试水期"。他们进行各种尝试，获得一系列可以驾驭的技能，了解自己的能力和喜好。后来，他们才专注于某个领域，并逐步加强自己的专业能力。所以，专注于某个领域的"童子功"其实并不是必要的。对大多数人来说，在早期多试试水，尝试些新东西，走慢点，并不意味着一直都会落后。

（二）放眼未来，立足大学生涯

大学生还没有真正进入真实的职业世界，因此要做一个真正意义上的职业生涯规划是不现实的。大学阶段只是为即将从事的职业做能力、知识准备，真正的职业发展规划必须同自己所从事的职业内容联系在一起。但是，大学阶段是一个人职业生涯发展中的重要准备期，因此在大学阶段为自己选定一个职业发展方向，放眼未来，立足现在，对大学生涯进行一番规划是可行的，而且也是非常必要的。大学生的职业发展规划应该重点对大学期间的学习、生活、社会兼职、社团活动等方面进行合理规划，这也是大学生职业生涯规划与其他类型人员职业生涯规划的主要区别。总之，大学生的职业发展规划如果不立足于现在（大学生涯），放眼未来，就是空谈。

（三）寻找结合点，增强可行性

职业发展规划所设定目标的实现不仅取决于个人的主观能动性，还取决于客观环境。

因此，要使自己的职业发展规划具有实现的可能性，制定规划时就必须做到以下两点：第一，符合自己的实际情况（目标符合自己的价值追求、性格、兴趣和特长等）；第二，满足社会需求（职业需求、行业需求、组织需求和家庭需求等）。不根据自身的特点制定的职业发展规划将会使自己陷入痛苦之中，永远发挥不出个人的无限潜能；无视社会需求将会使自己的职业发展规划变成空洞的自我设计，是在做不着边际的梦。对以下问题的回答将有助于我们对自己职业发展规划的可行性做出检查：规划是根据我的个性和特长制定的吗？环境（社会、行业、家庭）支持我的规划吗？（图 6-2）

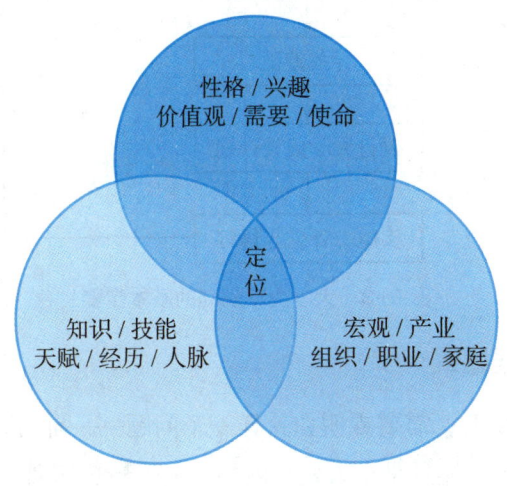

图 6-2　自我和环境的结合点

（四）明确期限，设定时间梯度

由于职业生涯发展具有阶段性特点，因此大学生涯规划的目标和行动就必须划分到不同的时间段内去完成，不能一口吃个大胖子。而且，每个规划的目标和行动都要有两个时间坐标：一个时间坐标是开始的时间，即什么时候开始为实现这个目标行动；另一个时间坐标是预期实现时间，即什么时候完成这一目标。如果没有明确的时间限定，大学生涯规划就很容易陷于无限期的空谈之中。

二、大学生涯规划的基本步骤

大学生涯规划的基本步骤如图 6-3 所示。

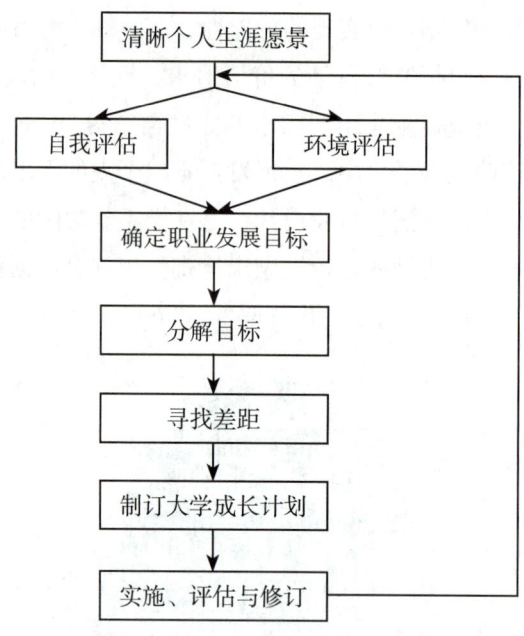

图6-3 大学生涯规划的基本步骤

（一）清晰个人生涯愿景

在制定职业发展规划时，需要弄明白这样一个问题——自己到底想过什么样的生活，即个人生涯愿景。个人生涯愿景是个人发自内心、一生最热切渴望达成的结果，它是一种期望的未来或者意象。由于人在一生中要扮演多个角色，因此生涯愿景是多方面的。总的来说，个人生涯愿景主要包括以下八个方面的内容。

（1）自我形象：你希望成为什么样的人？假如你可以变成你向往的那种人，你会有哪些特征？

（2）有形财产：你希望拥有哪些物质财产？希望拥有多大数量？

（3）家庭生活：在你的理想中，你未来的家庭生活是什么样子的？

（4）个人健康：你对于自己的健康、身材、运动能力以及其他与身体有关的事情有什么期望？

（5）人际关系：你希望与你的同事、家人、朋友以及其他人拥有什么样的关系？

（6）工作状况：你理想中的工作环境是什么样子的？你希望取得什么样的成就？

（7）社会贡献：你希望对社会或某一知识领域创造什么样的贡献？

（8）个人休闲：你期望拥有什么样的休闲生活？

被称为"现代管理学之父"的彼得·德鲁克在他的自传中讲到激发他一生的七段经历，其中一段是"威尔第教我确立目标和愿景"。

案例 6-3　威尔第教我确立目标和愿景

那时我一周去看一次歌剧。汉堡歌剧院当时是（现在也是）世界上最顶尖的歌剧院之一。我当时很穷，因为学徒是没有薪水的，但好在大学生可以免费看歌剧。我们只要在演出开始前的一个小时赶到那里就可以了，因为在演出开始前的 10 分钟，那些便宜的座位如果还没有卖完，就会免费提供给大学生。有一天晚上，我去听伟大的意大利作曲家威尔第的收笔之作——他在 1893 年创作的《福斯塔夫》。该剧如今已成为威尔第最受欢迎的作品之一，但那时很少上演，因为歌手和观众都认为它的难度太大。

我完全被它征服了。我在孩提时期受过良好的音乐教育，那个时代的维也纳是音乐之都。我听过的歌剧很多，但是从来没有听过这样的作品。那天晚上它给我留下的印象让我永生难忘。我后来做了一些研究，我非常惊讶地发现，这部洋溢着欢乐、对生命的热情和无限活力的歌剧，居然出自一位 80 岁高龄的老人之手！在当时年仅 18 岁的我看来，80 岁是一个让人难以置信的年纪，我甚至怀疑我的周围有没有年纪那么大的人。那时人们的普遍寿命也就是 50 岁上下。后来，我读到威尔第自己写的一篇文章，他在文章中谈及，人们问他身为一个著名人物，并被誉为 19 世纪最顶尖的歌剧作曲家之一，为什么在如此高龄还要不辞劳苦再写一部歌剧，而且是一部难度极大的歌剧。"我作为一名音乐家，毕生都在追求完美，可完美总是躲着我。我觉得自己完全有义务再试一次。"他写道。这段话给我留下了不可磨灭的印象。威尔第在我那个年纪，也就是 18 岁的时候，已经是一名训练有素的作曲者。我在那个年纪却根本不知道自己将来要成为一个什么样的人，只知道靠出口棉纺织品是不太可能取得成功的。18 岁的我，幼稚得不能再幼稚，天真得不能再天真。直到 15 年之后，到了 33 岁左右，我才真正知道自己擅长的是什么事情，知道自己属于哪个地方。但是，我当时下定决心，无论我的毕生事业是什么，威尔第的话都将成为指引我前行的明星，如果我能长寿，我将永不放弃。同时，我还会追求完美，尽管我非常清楚，完美总会躲着我。

（二）自我评估

自我评估的目的是对自身有一个客观、全面的认识与了解，摆正自己的位置。清楚自己的优势与特长、劣势与不足，知道自己适合做什么，只有这样，才能正确选择自己的职业发展方向，才能选定适合自己发展的职业生涯路线，才能最终赢得竞争优势。为此，我们首先要准确地评估自己，包括自己的兴趣、特长、性格、学识、技能、智商、情商、思维方式、道德水准以及社会中的自我等。

（三）环境评估

职业生涯环境的评估主要是评估各种环境因素对自己职业生涯发展的影响。每一个人都处在一定的环境之中，离开这个环境，便无法生存与成长。所以，在制定个人的职业生涯规划时，要分析环境条件的特点、环境的发展变化情况、自己与环境的关系、自己在这个环境中的地位、环境对自己提出的要求以及环境对自己有利与不利的影响等。只有充分了解这些环境因素，才能做到在复杂的环境中趋利避害，使职业生涯规划具有实际意义。

（四）确定职业发展目标

职业发展目标的设定是职业生涯规划的核心。一个人事业的成败在很大程度上取决于有无正确、适当的目标。职业发展目标是依据自己的最佳才能、最优性格、最大兴趣、最有利的环境等信息而设定的，通常可分为短期目标、中期目标和长期目标。短期目标一般为一至两年，短期目标又分日目标、周目标、月目标、年目标；中期目标一般为三至五年；长期目标一般为五至十年。

（五）分解目标

确定总体目标之后，我们需要将它分解成一个个阶段性目标，以利于总体目标的达成。"剥洋葱法"是一个分解目标的好方法，即像剥洋葱一样，将大目标分解成若干个小目标，再将每一个小目标分解成若干个更小的目标，一直分解下去，直到现在该去干点什么。实现目标的过程是由现在到将来，由小目标到大目标，一步一步前进。但是，设定目标刚好相反，需要运用"剥洋葱法"从将来到现在，由大目标到小目标层层分解，直到具体行动。比如，某同学为自己确定的职业发展目标是成为著名企业的人力资源总监，然而任何目标的达成都不可能是一蹴而就的。为此，他运用"剥洋葱法"对该总体目标进行了分解，如图6-4所示。

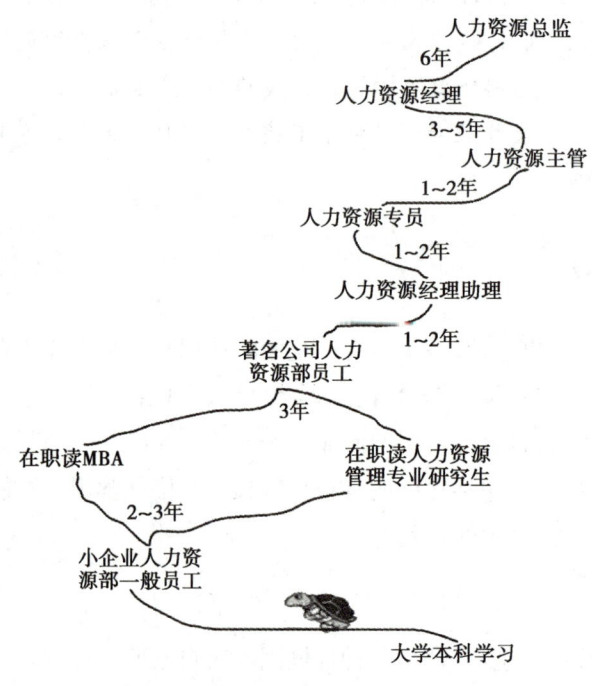

图6-4　某同学的职业发展目标分解图

（六）寻找差距

职业生涯每次质的飞跃都是以学习新知识，获取新技能为前提的。为了顺利达成目标，个人首先需要对达成目标所要求的条件进行分析，然后对照自己找出差距，并找到弥补差距的具体办法。比如，为了弥补在组织管理能力上的差距，可以通过参加教育培训班或者当学生干部进行自我锻炼。

（七）制订大学成长计划

差距找出来了，弥补差距的具体办法也找到了，接下来就要立足大学阶段，在每个学期为自己制定一份提高自身综合素质的具体行动方案。某大学生大二上学期的成长计划见表6-1。

表6-1 某大学生大二上学期的成长计划

项目	专业技术	专业理论	社会活动	外语水平	计算机	科学竞赛
总目标	掌握与专业相关的各项实验	学习专业理论知识	锻炼做事的本领	通过英语四级	通过全国计算机等级考试	提高科技创新能力以及团队领导能力
子目标	做好物理实验；做电工实验，并了解其原理	学习理论力学、运筹学、电工等与专业相关的理论课程	锻炼沟通、组织、管理能力，学会打台球	提高英语词汇量；提高英语会话水平	通过全国计算机等级考试二级	参加全国高校智能交通创新与创业大赛
时间	2022年9月至2023年1月	2022年9月至2023年1月	2022年9月至2023年1月	2022年9月至2023年2月	2022年8月至9月	2022年10月至11月
途径	通过学校安排的物理、电工实验，亲自动手操作	通过学习学校安排的课程考试；通过自学加强对专业知识的了解	加入学校的大学生心理健康协会及台球协会	每天背诵英语单词；每天早上7:00到英语角练习口语	练习全国计算机等级考试二级笔试试题；进行计算机机试练习	通过组队的形式参加科学竞赛
困难及解决方法	常出现实验误差等问题，解决方法是询问他人或老师	在学习过程中，常碰到无法理解的问题，向同学、老师请教	工作与学习之间常常发生冲突，合理安排，寻找最合适的处理方法	无法坚持自己的计划，鼓励自己坚持下去，跟同学签订学习合同	基础知识不扎实，加强基础知识的学习	在作品创作过程中常出现思路堵塞，可以采用头脑风暴法解决
备注	如果计划在实施期间有更好的方案，也可以做调整					

（八）实施、评估与修订

"心动一百次，不如行动一次。"制定好职业生涯规划之后一定要去实施，并且在实施过程中做好职业生涯的管理。俗话说:"计划赶不上变化。"影响职业生涯规划的因素有很多,有的变化因素是可以预测的,而有的变化因素是难以预测的。在这种状况下,要使职业生涯规划行之有效,就需不断地对职业生涯规划进行评估与修订。其修订的内容包括重新选择职业生涯路线,改进实施措施与变更计划,等等。

第二节 大学生涯规划的常用方法

方法是人们为获得某种东西或达到某种目的而采取的手段与行为方式。在大学生涯规划的制定与实施中掌握一定的方法,并利用这些方法帮助我们更有效地制定与实施大学生涯规划,从而提高生涯规划对我们成长、成才的效用。

一、"五 W"归零思考法

"五 W"归零思考法即通过回答"我是谁"(who am I)、"我想做什么"(what will I do)、"我能做什么"(what can I do)、"环境支持我做什么"(what does the situation allow me to do)、"我的职业与生活规划是什么"(what is the plan of my career and life)五个问题来思考自己的职业生涯规划与设计。回答这五个问题可以帮助我们对自我探索、环境探索以及生涯愿景和目标形成一个比较清晰的认知,找到它们的最大共同点,形成自己的生涯规划。

(1)对于第一个问题"我是谁",我们应该对自己进行一次深刻的反思,形成一个比较清晰而客观的认知。在回答"我是谁"的过程中,各种优点和缺点都应该一一列出。

(2)第二个问题"我想做什么",可以帮助我们对自己的职业心理动力系统(需求、兴趣和价值观)进行系统性评估。职业心理动力系统是我们在职业发展过程中的发动机和燃料。职业心理动力系统不仅在人与人之间具有相当大的差异,而且在同一个人的不同阶段也并不完全一致,有时甚至是完全对立的。但是,随着年龄和经历的增长,职业心理动力系统会逐渐固定,人们也最终会锁定自己的终生理想。

(3)第三个问题"我能做什么"则是对自己能力优势和性格优势的全面总结。一个人想在自己的短板上有所建树是很艰难的,但如果合理运用自己的优势则往往事半功倍。扬长避短是职业发展的基本规律。"长"不仅表现在能力上,而且表现在性格上。世界著名心理学家塞利格曼和彼得森通过共识命名法将人类历史上哲学家、宗教家、思想家提到的优良品格进行汇总和归纳,最后归纳为 6 大类、24 种性格优势(见本章的延伸阅读)。

(4)第四个问题"环境支持我做什么",这种环境支持在客观方面包括本地的各种状态,如经济发展、人事政策、企业制度、职业空间等;在主观方面包括同事关系、领导态度、亲戚关系等。两方面的因素应该综合起来看。有时我们在做职业选择时常常忽视主观方面的东西,没有将一切有利于自己发展的因素调动起来,从而影响了自己的职业切入点。而通过同事、熟人的引荐找到工作是最正常也是最容易的,当然我们应该知道这和一些不

大学生涯规划的制定与实施 6

正常的"走后门"等歪门邪道有着本质的区别。这种区别就是环境支持应是建立在自己的能力之上的。

（5）明晰了前面的四个问题，就可以从各个问题中找到对实现职业目标有利的和不利的条件，列出不利条件最少、自己想做而且又能够做的职业目标，那么第五个问题有关"我的职业与生活规划是什么"自然就有了一个清楚明了的框架。

下面我们对某校计算机专业一名女生的职业选择和职业目标的确定做一次分析，或许能够给大家一些启发。

案例6-4 某同学的"五W"归零思考

某校女生，计算机专业，在临近毕业时难以对自己的职业方向做出抉择。目前来说，计算机专业属于热门专业，她找一份合适的工作并不难，但由于她是女生，她在就业时可能竞争不过同班的男生，同时她对教师职业比较喜欢。在这种存在多种矛盾的情况下，我们不妨和她一起进行一次有关职业规划方面的认真思考，并通过对其职业前途的规划确定其就业方向。

（1）我是谁。某职业技术大学计算机专业毕业生；优秀学生干部，学业成绩优秀，已经通过全国大学英语四级考试；家庭状况一般，父母工作稳定，身体健康，暂时还不需要有人特别照顾；自己身体健康；性格不内向，但也不是特别活跃，喜欢安静。

（2）我想做什么。很想成为一名老师，这不仅是儿时的梦想，而且比较喜欢这一职业；其次可以成为公司的一名技术人员；如果出国读管理方面的硕士，回国成为一名企业管理人员也是可以接受的。

（3）我能做什么。做过家教，虽然自己学的不是师范类专业，但与孩子交流有天生的优势，做家教时，当学生成绩进步时会很有成就感；当过学生干部，与同学们相处得比较好，组织过几次有影响的大型活动；实习时，在公司做过一些开发项目，虽然没有大的成就，但感觉还行。

（4）环境支持我做什么。家里亲戚推荐去一家公司做技术开发；雅思考得还可以，已经申请了国外的几所高校，但现在签证比较困难；去年曾有几所学校来系里招聘，但不是做教师，而是做技术维护，今年不知道还会不会有学校再来招聘教师；有同学开了一家公司，希望自己能够加盟，但自己不了解这个公司的具体业务，也不知道它有多大的发展前途。

（5）我的职业与生活规划是什么。最后的选择可能有四种，分别如下。

第一，到一所学校当老师，自己有这方面的兴趣和理想，在知识和能力方面也不欠缺。在素质教育的大趋势下，与师范类专业相比，自己有专业方面的优势，讲授知识时可以让学生了解更多计算机技术的实际应用，特别是现在计算机在中学生中有了一定程度的普及和基础，并且自己有信心成为学生心目中理想的好教师。不足之处是缺乏作为一名教师的基本训练以及一些技巧，但这可以逐步学习。

第二，到公司做技术人员，收入会好一些，但通过这几年的发展可以看出，这种职业起伏较大，同时由于技术发展较快，得随时更新知识，压力较大，信心不足，兴趣也不是很大。

第三，到同学的公司，丢掉专业从最底层做起，风险较大，这与自己求稳的心理性格不符，同时家庭也会有阻力。

第四，如愿获得奖学金，能够出国读书，回国后还是去做一名企业管理人员。不确定因素较多，且把握性较小，自己始终处于被动状态。

单纯从职业发展看，这四种选择都有其合理性，但如果从个体而言，第一种选择显然更符合她本人的职业取向。从心理学看，第一种选择能够使她得到最大的满足，在工作中也最容易投入，做出一定的成绩后会有很大的成就感，从职业前途看，教师这个职业也日益受到社会的尊重，社会地位呈上升趋势，从性格看，这种职业也比较符合她的性格特点。主要困难是非师范生进入这个职业的门槛比较高，如果她能够在确定自己的最终目标后努力去弥补和师范生在职业技巧方面的差距，那么她实现自己的职业理想将为时不远。

二、SWOT 分析法

SWOT 分析法是一种对自我和环境的优势以及劣势进行全面分析，从而做出准确职业定位的方法。该方法最早是由美国旧金山大学的管理学教授在 20 世纪 80 年代初提出来的，是检查个人技能、能力、职业、喜好和职业机会的有用工具。其中 S 代表优势（strength），W 代表劣势（weakness），O 代表机会（opportunity），T 代表威胁（threat）。其中，S、W 是内部因素，O、T 是外部因素。通过它，我们很容易知道自己的优势和弱势，能仔细评估自己所感兴趣的不同职业道路的机会和威胁，并且将这几种因素匹配起来进行全面、系统、准确的研究，最后做出职业决策。一般来说，首先要提纲式地列出你的职业目标，并制作空白的 SWOT 分析表，然后评估自身的优势和劣势以及职业机会和威胁，最后综合各种内部和外部信息做出职业决策。

（1）评估自己的长处和短处。每个人都有自己独特的技能、天赋和能力。在当今分工非常细的市场经济里，每个人擅长某一领域，而不是样样精通。比如说，有些人不喜欢整天坐在办公桌旁，而有些人一想到不得不与陌生人打交道时心里就发麻，惴惴不安。请做一个表格，列出你自己喜欢做的事情和你的长处所在（如果你觉得界定自己的长处比较困难，可以请专业的职业咨询师帮你分析）。同样，通过列表，你可以找出自己不是很喜欢做的事情和你的劣势。找出你的短处与发现你的长处同等重要，因为你可以基于自己的长处和短处做两种选择：一是努力去改正你常犯的错误，提升你的技能；二是放弃那些对你不擅长的技能要求很高的职业。列出你认为自己所具备的很重要的优势和对你的职业选择产生影响的劣势，然后再标出那些你认为对你很重要的优势、劣势。

（2）找出职业机会和威胁。我们知道，不同的行业或专业（包括这些行业里不同的公司）都面临不同的外部机会和威胁。找出这些外界因素会帮助你成功地找到一份适合自己的工作，这对求职而言是非常重要的，因为这些机会和威胁会影响你的第一份工作和今后的职业发展。如果某个公司处于一个常受到外界不利因素影响的行业里，那么这个公司能提供的职业机会将是很少的，而且没有职业升迁的机会。相反，充满许多积极的外界因素的行业将为求职者提供广阔的职业前景。

（3）综合分析。如果从内部来说优势更明显，从外部来说职业机会更多，那么选择就很容易了。很显然，做SWOT分析不仅可以帮助我们对自己及外部环境有一个更加全面的认识，还可以帮助我们发展出一些有效的职业策略。

职业目标选择的SWOT分析如表6-2所示。

表6-2　职业目标选择的SWOT分析

内部能力分析		外部环境分析		战略分析			
优势（S）	劣势（W）	机会（O）	威胁（T）	优势机会策略（SO）	劣势机会策略（WO）	优势威胁策略（ST）	劣势威胁策略（WT）
硕士学历，成绩优秀；丰富的学生干部管理经历；大型公司实习半年的经历；具有心理学的知识背景	师范院校毕业；没有丰富的工作经验；专业不对口；性格急躁，容易冲动	人力资源管理部门逐渐受到企业的重视；外资企业的进入导致人力资源管理人才需求增加；心理学在人力资源管理中逐渐变得重要起来	人力资源管理方向的毕业生；工商管理硕士的兴起；人力资源管理在很多企业中仍然处于起步阶段，其运作很不规范；比起学历，我国许多企业更看重工作经验	继续学习心理学知识，将心理学知识运用到人力资源管理中；发挥学生干部的管理特长	利用较强的学习能力自学人力资源管理课程，加强英语的学习；继续加强自己在师范院校中所培养的口语交流、文字书写上的优势	强调自身心理学背景的优势；强调大型公司半年的实习经验；强调较强的学习能力和适应力	训练克制自己的冲动个性；结合两个不同的专业，培养宽阔的视野和创新能力；积极寻找重视员工潜能的企业

第三节　大学生涯规划制定与实施中的助力和阻力

人类活动是由个体行为、个体认知、个体所处的外部环境这三种因素交互决定的。人既是环境的塑造者，也是环境作用的产物。我们的生涯规划活动同样会受到个人内部和外部环境因素的影响。因此，了解大学生涯规划中可以借助的助力以及找到克服阻力的办法，对于提高大学生涯规划的效果是至关重要的。

一、大学生涯规划制定与实施中的助力

班杜拉的社会认知理论认为，人们可以掌控自己的人生，并且可以在自我发展、自我

适应和自我更新的过程中扮演一个积极的变革能动者。社会认知理论区分了三种能动性：直接个人能动性、代理能动性和集体能动性。直接个人能动性是指人们凭借自己内在的力量掌控与实现愿望，妥善应对人生的高峰和低谷；代理能动性是指人们借用他人的资源、权力、影响力与专业技能，以助益自己的行为；集体能动性是指与他人同心协力以达成目标。因此，根据班杜拉的观点，大学生在制定与实施职业发展规划过程中可以借助的助力主要有以下三点。

（一）目标图景化

著名管理学家彼得·德鲁克指出，目标不是命定，而是方向；目标不是命令，而是承诺；目标并不决定未来，而是为了创造未来动员资源和力量的手段。在制定目标的过程中，除了要遵循 SMART（具体，specific；可测量，measurable；可达成，attainable；现实，realistic；时间期限，time bound）原则之外，一定要将目标图景化，即要将目标视觉化，让理想的图景清晰地展现在自己的大脑中，从而提升个人的直接能动性。兰多等人的研究显示，如果在大一新生规划未来四年的目标时给其一张指向远方的图景式职业目标表，比只是在一张白纸上简单地写下职业目标对大一新生的激励效果要强得多。比如，写在图 6-5（a）上的目标就比写在图 6-5（b）中的目标对个人的激励效果要强得多。

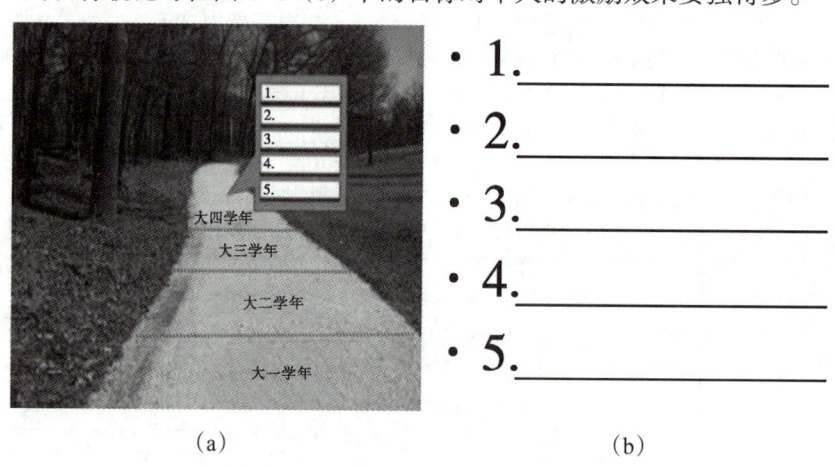

图 6-5　职业目标的不同写法

（二）寻求重要他人的帮助

重要他人是指能为个人职业发展提供支持与帮助的人。每个人在职业生涯发展的过程中都会遇到重要他人。重要他人会以他手中的资源或者专业知识为我们的职业发展提供一臂之力。对于大学生而言，重要他人可能是老师、辅导员，也有可能是父母和亲友。当然，也有可能是从事职业生涯规划辅导工作的专业人士。填写表 6-3，检查一下你的生涯支持系统。如果你的生涯支持系统不够丰富，你接下来的大学生涯发展任务可能就是积极拓展人脉了。

表 6-3　我的生涯支持系统

可能的重要他人	与他/她之间的关系	能提供的职业发展支持

案例 6-5　我的支持系统[①]

在填写我的生涯支持系统时，我才如此深刻地了解到自己的性格缺陷。我是一个不善交际、喜欢安静的人，与人交往信奉的是"君子之交淡如水"。我不喜欢太过热络的交往，有时候对待他人太过冷淡，简直就像一块冰。这样的交往方式让我无法确定在我求助他人的时候能否得到一定的帮助。我感觉悲哀：一个无法与人正常交往的人，如何在社会上生存？如果你因为错过了太阳而哭泣，那么你也错过了月亮。我意识到沟通交往艺术的提升也该进入日程了。上完职业生涯规划课，我为自己重新制定了大的目标：把课程平均分提高到85分以上；积极参加1~2个社团或学生会的活动，至少担任一个类似队长或组长的职务；在大学与6~10个同学建立亲密的朋友关系，扩大交往圈，学习沟通的艺术；以优异成绩考取雅思和托福；与任课老师、班主任和辅导员建立良好的关系等。希望我自己几年后离开校园进入社会时，能够"与众不同"！

（三）与志同道合的人一起前行

"一个篱笆三个桩，一个好汉三个帮"，与他人同心协力是有效制定和实施大学生涯规划的重要途径。雁群南飞的故事想必大家都曾读过，故事中，大雁们之所以以"一"字形或者"人"字形飞行，是因为这两种队形中，当大雁扇动双翼的时候，所有尾随的同伴都可以借助气流飞行，雁群以"一"字形或者"人"字形飞行比孤雁单飞增加了72%的飞行距离。大雁飞行的方式告诉我们：第一，与拥有相同目标的人在一起，能更加快速、更加容易地到达目的地，因为彼此能够相互推动、相互鼓励；第二，如果我们能够和大雁一样聪明的话，就会愿意留在与自己目标一致的团队中，不仅乐意接受团队成员的帮助，而且乐意帮助其他团队成员；第三，要将自己的职业发展规划告诉自己的好友、老师等，让他们对我们职业发展规划的实施情况进行监督。即使是一个非常自律的人，有时候也需要借助他律的力量督促自己行动，从而高效地达成目标。

[①] 苏文平，丁丁. 本科生职业生涯规划与就业指导案例集[M]. 北京：北京航空航天大学出版社，2019：60.

二、大学生涯规划制定与实施中的阻力

目标的实现过程不可能总是一帆风顺，面对挫折与失败，有的人愈战愈勇，有的人却畏缩不前。为什么会有这么大的区别呢？究其原因，在于不同的人分析与解决问题的能力不一样。对目标实现过程中的阻力进行分析是很有必要的，职业生涯规划制定与实施过程中的阻力主要有以下五种情况。

（一）非理性的职业生涯规划信念

1. 计划不如变化快

在规划职业生涯时，有些学生往往认为计划没有变化快，规划就是"鬼话"，其实这种想法是非常错误的。变化并不是我们不做规划的理由，而正是因为当今社会变化太快，才需要我们提前做好规划，并在实施中进行修正和调整。

2. 精确化迷思

有些学生特别是理工科的学生将职业生涯规划视为精确科学，总是希望最终能制定一个清晰、准确的职业生涯规划，并且希望这个规划能有效地引导他们的一生。精确化迷思给学生造成的一个最大的不利影响是限制了学生的职业生涯行动。因为具有这类迷思的学生在做职业生涯规划时非常谨慎、焦虑，害怕犯错误。事实上，事先制定一个清晰、准确、并能引导一生的职业生涯规划是不可能的。职业生涯规划只有在行动中才能慢慢变得清晰和准确。

3. 测验迷思

具有这类迷思的学生相信心理测验能够告诉他们应该从事什么职业，并错误地认为接受一组能力、兴趣以及人格测验就可以具体而特定地解决他们职业生涯决策的两难问题。

4. 专家迷思

很多学生有这样一种想法："老师是这方面的专家，应该能够知道我最适合干什么。"像这样错误地认为某些人（如职业生涯咨询师、老师、父母等）能够告诉自己什么职业最适合自己，称为专家迷思。做职业生涯规划需要专家或测验提供的帮助，但绝不是简单地请专家或测验直接代替个人做职业生涯规划。

5. 单一事件迷思

有些学生在职业生涯规划中将职业决策当成某个单一时间点上发生的事件，而非在一段连续的实践中发生的持续过程。具有这类迷思的学生通常认为，一旦做出职业生涯决定就不能改变，改变就意味着职业生涯规划失败。其实，就现代社会而言，职业生涯决定贯串整个人生，对职业生涯决定不断进行调整已经成为个人职业生涯规划的必然部分。

6. 理性迷思

理性迷思与精确化迷思一脉相承。持有理性迷思的学生认为个人应当完全客观、科学

地分析职业生涯决定的每一步，职业生涯决策应当完全依赖理性方法，个人的感觉或直觉是不可靠的。

7. 目标二分化迷思

很多大学生把职业生涯目标二分化，经常将职业生涯目标的结果看成不是失败就是成功。实际上，即使职业生涯目标不一定完全达成，但是在任何职业方向上的努力都会让我们获得宝贵的职业探索经验和职业成长回报。

8. 时间流逝迷思

在生活中，常听到有人说"船到桥头自然直"。这种人在职业生涯规划中通常认为随着时间的流逝，他们就能辨别不同职业生涯选择，做出更好的职业生涯决定。

9. 完美工作迷思

某些大学生相信在世界的某个地方有完美的工作正在等着他们。他们需要做的就是继续努力，直到找到它为止。实际上，多数人具有多重潜能，可以胜任和适应多个不同职业。不仅如此，个人还可以在多个可选择的职业中获得满足感，并实现自我，而绝非只有一个"完美"的工作最适合自己。

10. 机会与环境迷思

持有此类迷思的人将职业生涯发展的结果归结于一些外在因素，如运气、机会、关系、环境等。他们认为职业生涯发展的结果主要受制于这些外在因素，因此认为个人没有必要做职业生涯规划。

11. 只要努力就能成功迷思

和机会与环境迷思相反，持有只要努力就能成功迷思的人简单地将生涯结果归结于个人努力的结果。他们相信任何人只要有抱负、足够努力，就一定能成功，一个人之所以不成功是因为个人没有尽到最大努力。

（二）自我管理能力不足

案例6-6　自律是最强大的武器[①]

不管是坚持一年每周运动超过4小时，还是坚持半年打卡每天学英语1小时，坚持每天设置目标和计划，"今日事，今日毕"，绝不拖延，都是自律在我身上刻下的烙印。因为我不是那种天生聪明的小孩，深知这一点的我一直坚持努力。当坚持成为一种习惯的时候，放松反而会产生负罪感。我想，能一步步走到现在，这可能是我最宝贵的品质。我一直都觉得自己是个幸运的人，这才让天分不高的我每每被命运垂怜。希望坚持看到这里的所有人，都能如愿以偿地把握住每一次机会，过好自己心目中的幸福人生。

[①] 苏文平，丁丁. 本科生职业生涯规划与就业指导案例集[M]. 北京：北京航空航天大学出版社，2019：144.

职业发展规划意味着个人要走出舒适区。舒适区是一个人所表现的心理状态和习惯性的行为模式，人会在这种状态或模式中感到舒适。如果走出这个区域，个人就会感到别扭，不舒服，或者不习惯。因此，塞利格曼和彼得森在《真实的幸福》一书中所讲到的24种性格优势中的自律或者说自我管理能力，对于有效制定与实施大学生涯规划就显得特别重要。一个人的自律体现在时间管理、情绪管理、压力管理等方面，当然也体现在执行力上。经常听一些大学生说："我要参加升学考试，继续深造。"可是没过多久，他们就改变主意了。还有的大学生说："从下周开始，我要好好学英语。"大家可能会问："为什么非要从下周开始而不是从今天开始呢？"执行力相当于24种性格优势中的坚持性或毅力。范仲淹在吃不饱、穿不好的艰苦条件下，却能坚持读书，最后还当上了参知政事，他靠的正是毅力。人生就是一场马拉松赛，开始跑在最前面的未必能一直领先到最后，原来落在后头的并不一定永远不能后来居上。判断人生道路上的这场胜负，要看用毅力换来的成绩。正如判断一棵果树的优劣，要看它结的果实是否丰硕，而不是看它的叶子是否葱郁。总之，成功者要用拼搏精神描写坚毅的传奇。

（三）不懂得取舍

案例6-7　有目标，也要有取舍[①]

很多同学可能都面临这样一个问题，那就是定计划时安排得很理想，实施起来却非常头痛，最后坚持不下来只好放弃。这时候一定要有所取舍。大三开学的我在面对工业工程的专业课、课程设计以及科研小助手的工作时，发现学习德语的时间已所剩无几。在坚持了一段时间以后，我用了几天时间静下来思考，权衡利弊，最终决定在一定程度上减少德语的学习时间。在我看来，语言是一个工具，而我有那么多好的老师、同学以及资源帮助我学习专业知识，我应该抓住机会先提升自己。好的成绩是高校录取的重要考量标准，有的学校的某些专业会因为成绩达到一定标准而放松对于课程匹配度的要求。课外，我也是学校阿卡贝拉清唱社的一员，留一点时间照顾下自己的兴趣爱好，这也让我在学校的大小舞台上留下了宝贵的回忆。

人的欲望是无穷的。一方面，欲望不断推动社会的发展和进步；另一方面，欲望也会给我们带来无尽的烦恼，因为想要的东西太多而每个人的时间和精力又是有限的。因此，在规划职业发展目标和实施具体行动计划的过程中一定要注意取舍。要根据自己的实际情况，抓住主要矛盾，不能眉毛胡子一把抓。如果什么都想要，往往最后什么都得不到。大家可能都听过拾麦穗的故事，苏格拉底曾带领三个弟子经过一片麦田，要他们选择一个最大的麦穗，只许前进且只有一次选择机会。第一个弟子走进麦地，很快就发现一个很大的麦穗，他担心错过这个麦穗就摘不到更大的麦穗，于是迫不及待地摘下了它。继续前进时，

[①] 苏文平，丁丁. 本科生职业生涯规划与就业指导案例集[M]. 北京：北京航空航天大学出版社，2019：188.

发现前面有许多麦穗比他摘的那个大，但已经没有机会了，只能无可奈何地走过麦田。第二个弟子看到不少很大的麦穗却下不了摘取的决心，总以为前面还有更大的，可当他快到终点时才发现机会全错过了，只能在麦田的尽头摘了一个较大的麦穗。第三个弟子先用目光把麦田分为三块，在走过前面这一块时，既没有摘取，也没有匆匆走过，而是仔细地观察麦穗的长势、大小、分布规律，在经过中间那块麦田时，选择了其中一个最大的麦穗，然后心满意足地快步走出麦田。无疑，第三个弟子是最有智慧的。他既不会因为错过了前面那个最大的麦穗而悔恨，也不会因为不能摘取后面更大的麦穗而遗憾。他选择最大麦穗的智慧是懂得取舍，知道自己最想要的是什么。

（四）拖延症

拖延是个体自愿做出的一种非理性的回避行为。拖延是一种十分普遍的行为，甚至成为一部分人的生活习惯。拖延的结果会令个体感到沮丧，长期的拖延会阻碍目标的达成，降低生活幸福感，导致低的学业成就。拖延具有以下三个特征：自愿性、回避性和非理性。首先，拖延是个体的自主决定，既不是受他人胁迫的不得已行为，也不是因为突发事件而导致的客观延误；其次，拖延带有回避性，拖延者不愿意开始或完成已经打算做的事情，这种回避与简单的回避决定不同，后者的最初意图就是延迟；第三，拖延是个体的非理性行为，即尽管没有适当的理由，知道延迟会造成不利的后果，个体还是选择了拖延。美国资深心理学家简·博克和莱诺拉·袁在《拖延心理学》一书中提出了几种应对拖延症的方法。第一，盘点内心的挣扎，识别拖延的借口。回想一下最近2~3个月你的拖延经历，是什么诱发了你的拖延，你的感觉怎么样，是否伤害了别人或者造成别人不便？总结这些拖延经历是否有共同的主题和模式，剖析你是不是因为某些恐惧而一拖再拖。第二，设定一个明确的目标和可行的计划。第三，制订每周计划日程表。这张每周计划日程表横向是周一到周日七天，纵向是早晨起床（如6:00）到晚上休息（如23:00）间的每一个整点，这样形成的表格可以记录每个小时的学习活动。如果你确切知道在某个时间会做什么事，就记在相应的表格里。如果不能确定某件事的确切时间，就预估一个占用的时间长度，并在那一天上标注出来。第四，学会接受、拒绝，摆脱掌控权的潜在影响。有时候会有自己明明很忙，却不好意思拒绝别人的请求，结果因为帮助别人导致自己的工作拖延的情况。我们应该有意识地接受那些提升我们生活品质的事情，拒绝那些干扰我们的事情，最好直接表达自己的想法，而不是用拖延的方式拒绝。第五，与自我对话，培养良好的身心状态。花些时间与自己对话，感受身体、心态的转变，达到身心平衡，使我们勇敢面对工作和挑战，减少拖延的可能性。

（五）目标实现的条件已发生改变

目标的实现是个人主观能动性和外界环境共同作用的结果。然而，社会环境在随时发生变化，自我也在不断改变。因此，职业发展规划是一个动态的过程，绝不是确定了具体计划之后，就能一劳永逸地执行下去的。如果不能随时根据变化的情况对具体的职业发展规划进行调整，职业发展规划就会沦为空洞的自我设计，无法实施。因此，为有效实施职业发展规划，必须在实施过程中随时评估，并根据评估结果的变化及时进行修订。评估与修订的内容主要有：①阶段性目标评估，是否需要对阶段性目标进行重新调整；②职业路径评估，是否需要重新选择实现目标的路径；③实施策略评估，是否需要改变行动策略；④其他因素的评估，包括身体、家庭、经济状况以及机遇、意外情况。

本章小结

1. 大学生涯规划制定的基本原则包括：充分探索，避免提前闭合；放眼未来，立足大学生涯；寻找结合点，增强可行性；明确期限，设定时间梯度。

2. 大学生涯规划制定的基本步骤包括清晰个人生涯愿景，自我评估，环境评估，确定职业发展目标，分解目标，寻找差距，制订大学成长计划，实施，评估与修订，等等。

3. 大学生涯规划制定的常用方法有"五W"归零思考法、SWOT分析法。

4. 大学生涯规划制定与实施中的助力有目标图景化、寻求重要他人的帮助、与志同道合的人一起前行。

5. 大学生涯规划制定与实施中的阻力有非理性的职业生涯规划信念、自我管理能力不足、不懂得取舍、拖延症、目标实现的条件已发生改变。

相关资源

1. 塞利格曼. 真实的幸福[M]. 洪兰，译. 沈阳：万卷出版公司，2010.
2. 博克，袁. 拖延心理学[M]. 北京：中国人民大学出版社，2009.

延伸阅读

6种美德和24种性格力量[①]

世界著名心理学家塞利格曼和彼得森通过共识命名法将人类历史上的哲学、宗教、思想家提到的优良品格进行汇总和归纳，最后归纳出以下6大类24种性格优势。

1. 智慧的品德（wisdom）：包括创造性、好奇心、头脑开明、热爱学习和洞察力，这些认知优势涉及掌握知识和促进幸福感的理性思维。

（1）创造性（creativity）：意味着个体能够产生新颖的想法和做事方法，或者能够创造出有价值的艺术、科学或者其他产品。

（2）好奇心（curiosity）：对所有持续的体验保持兴趣，进行探索和发现。好奇心和内在动机对于发展技巧和专长非常重要。

（3）头脑开明（open-mindedness）：深入透彻地思考并全方位地检测事物。心理学研究认为，头脑开明和批判性思维、判断力、决策相关。这个领域的诸多研究指出，人们在

---

① 塞利格曼. 真实的幸福[M]. 洪兰，译. 沈阳：万卷出版公司，2010：131-167.

不确定的情境下会经常做出错误判断，所以头脑开明、审慎、理性的品质非常重要。

（4）热爱学习（love of learning）：掌握新的技能和多个领域的知识。

（5）洞察力（perspective）：能够给他人提供明智的建议，能用利己利人的方式看待事物。

2. 勇气的品德（courage）：包括真实性、勇敢、坚持、活力。

（1）真实性（authenticity）：诚实、正直以及真实地表达自我。

（2）勇气（bravery）：不畏生理或心理方面的威胁、挑战、困顿或痛苦，能够勇敢地根据自己的觉悟采取行动，在遭到反对的时候能够坚持不为所动。

（3）坚持（perseverance）：坚忍不拔，善始善终。具有坚持性的个体在遭受阻碍或产生退却念头的时候，仍然能够完成具有挑战性的任务。

（4）活力（zest）：生活充满激情和能量，生气勃勃。

3. 人道的品德（humanity）：包括善良、爱和社会智商，这些优势对人们建立紧密且良好的关系起到重要的作用。

（1）善良（kindness）：善良的人对他人充满慷慨、关怀、关照和同情。

（2）爱（love）：能够珍视、培养与他人的亲密关系，尤其是那些相互分享、关怀、互惠的一对一关系。

（3）社会智商（social intelligence）：了解自己和他人的动机、情绪和感受，这是一种准确理解自己和他人的心理状态、管理自身情绪、有效适应社会环境的能力。

4. 公正的品德（justice）：包括公正性、领导力和团队合作精神，这些社会优势有助于我们在团队、组织或社区中建立广泛而稳健的社会网络。

（1）公正性（fairness）：依照公平公正的观念平等对待所有人，不让个人主观情绪影响公平的决定。

（2）领导力（leadership）：组织团队活动、增进团队成员之间的良好关系，并确保团体能够完成任务。

（3）团队合作精神（teamwork）：具有团队合作精神的个体和工作团体中的其他成员有良好的关系，对集体忠诚，并做好分内的工作。

5. 节制的品德（temperance）：包括宽恕、谦虚、审慎和自律，这些优势保护我们远离无节制的过度。

（1）宽恕（forgiveness）：怀有仁慈、仁爱之心，原谅他人的错误或者接纳他人的缺点，给予别人第二次机会，不采取报复行为。

（2）谦虚（modesty）：谦虚或谦逊的人让自己的成绩说话，不自吹自擂，也不自视高人一等。谦虚的品质包括正确的自我认识、对他人的成就和缺点的包容，以及强调所有人和事物的价值。

（3）审慎（prudence）：在认真考虑之后做出谨慎的选择，而不冒没有必要的风险，也不会说出或者做出满足短期快感而导致将来后悔的决定。

（4）自律（self-regulation）：具有此项品质的个体能够为自己的想法、情绪、冲动和行为负责，能够用有纪律和计划的方法达成目标。

6. 超然的品德（transcendence）：包括欣赏美好和卓越、感恩、希望、幽默感和精神信仰，这些优势能让我们超越自我的概念，和广阔的世界保持联结，并追求更高的生活意义。

（1）欣赏美好和卓越（appreciation of beauty and excellence）：具有审美情趣，能够留意并欣赏所有生活领域中的美好事物以及卓越娴熟的表现，包括日常生活体验中对自然的敬畏感、对科学和艺术等领域的敬佩感，以及对道德表现如善良、宽恕或勇敢等行为的仰视和钦佩。

（2）感恩（gratitude）：意识到生命中美好的事物，感谢它们的发生，并体会其中的愉悦感。感恩可分为对某个具体的人或事的感恩和对整个世界、对存在本身的感恩。

（3）希望（hope）：对未来有最好的展望，并努力实现理想的未来。

（4）幽默感（humour）：具有幽默感的人乐意为他人带来欢笑，能用玩乐、逗趣的方式笑迎生活的挑战。

（5）精神信仰（spirituality）：对人生有更高的追求，追寻自我存在的意义，相信有超越自身的更大的精神力量的存在。

> **思考**
>
> 1. 根据塞利格曼和彼得森所列的6大类24种性格优势判断，你大概有多少种性格优势？
>
> 2. 除了这24种性格优势之外，还有哪些性格可以构成优势？

大学学业规划

> 宝剑锋从磨砺出，梅花香自苦寒来。少壮不经勤学苦，老来方悔读书迟。
> ——《警世贤文·勤奋篇》

 本章学习要点

1. 了解继续深造的不同方式，学会根据自身情况有针对性地进行准备。
2. 了解多样化就业的选择，能根据企业的要求有针对性地进行准备。
3. 了解如何找到一个好的创业想法，以及创业者在心理、能力、知识、经验、资金、资源等方面需要做的准备。

 本章案例

案例 7-1　从立志脱贫到出彩人生[①]

1998年出生的小谭家中兄弟姐妹多，经济负担重。2016年，小谭考进一所职业技术学院体育专业。入学之初，由于家境贫寒，小谭承受了较大的经济压力，这也促使他下定决心发奋图强，并立志脱贫。

依托学校设立的体育行业国家职业资格培训基地，小谭在上学期间考取了健身教练、游泳指导员等多项国家职业资格证书，并刻苦训练，参加各级健身竞赛，并兼职健身教练，不断提升自身的专业素养和技能。

有一年过年回乡时，小谭注意到家里人并不重视运动，年纪比较小的弟弟都不愿意出去跑跑，只喜欢闷在屋里看电视。结合自己的专业知识，小谭决心帮助家乡村民了解健康知识，养成健康的生活习惯。于是，经过一番准备，小谭与村委会合作，定期开展公益健身知识讲座，帮助村民了解减脂、增肌原理，帮助村民学会搭配营养膳食，帮助村民合理安排体育运动，以此促进村民身心健康。小谭还通过康复手法帮助数位村民解决了关节疼痛问题。这些行动让小谭的家乡掀起了一股健康生活的潮流。

---

① 改编自：东莞职业技术学院. 从立志脱贫到出彩人生——一名草根职教学子的逆袭. [EB/OL]. (2022-10-21)[2023-06-13]. https://tzpy.centv.cn/article/2259.

有了这样成功的实践先例，在毕业后，小谭获得了一份不错的工作，之后还加入了本市的健美健身队。作为市健美健身队的核心队员，小谭携手本市的国民体质监测中心、体质测定与运动健身指导站，推出家庭版健身锻炼课程，推行简便易行、科学有效的家庭版健身方法，普及科学健身知识，倡导健康生活方式，获得了市民的称赞。

几年后，小谭担任队长，率本市代表队参加了本省的体育行业职业技能大赛，最终代表队荣获团体赛第一名及优秀组织奖。赛后，小谭成为自己所在知名连锁健身工作室的企业合伙人。不久后，小谭作为企业代表回到了母校。围绕职业教育面向市场、促进就业的办学方向，小谭所在企业与小谭的母校在原有合作的基础上继续深度合作，深化产教融合，探索产教融合型企业制度、中国特色现代学徒制度，推动学校和企业形成命运共同体。

小谭说："我要感谢我的母校。在踏进这里之前，我还是一个穷酸的普通学生，真不相信我能走到现在这一步！如果说别人的成就是摩天大楼，那我现在也就盖了个两层小楼吧，我这栋小楼的地基是在上学的时候打下去、夯实的。如果当初没有老师的教导，没有学校的认可，没有这么多学校资源的支持，就没有现在站在这里的我！"

从立志脱贫到出彩人生，小谭凭着自身对事业的无比热爱和坚持不懈的努力，为推动全民健康事业贡献出了自己的力量。

大学生涯是大学生职业生涯的重要准备期。大学生职业生涯规划的最终落脚点是大学生涯。学业是大学生涯的主要内容，准确、客观地对学业做出规划，能使大学生快速地步入高效学习的状态，这可为较快达到未来职业发展目标奠定坚实基础。

第一节 继续深造

继续深造不同于培训，它是大学生进一步接受系统教育，使学习和钻研达到更精深程度的过程。有的学生选择继续深造是因为想在专业上更上一层楼，而有的学生是想给自己一次重新选择的机会。国家高度重视职业教育发展，先后出台了一系列促进职业教育发展的政策措施，把职业教育摆在了更加优先发展的位置，鼓励职业院校大学生继续深造。

大学生继续深造的方式主要包括参加普通高等学校专升本考试、成人高等教育考试、研究生考试等。近些年的大学毕业生人数呈上升趋势，见表7-1。这意味着人才竞争会越来越激烈，就业形势会越来越严峻。在这种情况下，继续深造也是帮助大学生提高人才竞争力、进一步实现职业理想的有效方式。

7 大学学业规划

表 7-1　1998—2022 年普通高等教育本专科毕业生人数[①]

年度	毕业生总数 / 万人	比上年增加百分比 / %	年度	毕业生总数 / 万人	比上年增加百分比 / %
1999	84.76	2.15	2011	608.16	5.69
2000	94.98	12.06	2012	624.73	2.73
2001	103.63	9.11	2013	638.72	2.24
2002	133.73	29.05	2014	659.37	3.23
2003	187.75	40.39	2015	680.89	3.26
2004	239.12	27.36	2016	704.18	3.42
2005	306.80	28.30	2017	735.83	4.49
2006	377.47	23.04	2018	753.31	2.38
2007	447.79	18.63	2019	758.53	0.69
2008	511.95	14.33	2020	797.20	5.10
2009	531.10	3.74	2021	826.51	3.68
2010	575.42	8.34	2022	967.30	17.03

无论想要参加哪一种继续深造考试，在每个学习阶段都需要做好相应准备，完成预定目标。

（1）准备阶段：全面了解信息，初步制订计划。本专业属于什么类别，考试科目是哪些，今年的招生院校有没有变化……，这些信息可能会在很大程度上影响备考。因此，准备参加继续深造考试的大学生在初步阶段需要通过各种渠道尽可能全面地获取考试信息，如相关政策、分数线、招生计划等，再综合资源初步制订备考计划，方能有条不紊、按部就班地备考。

（2）巩固基础阶段：打好学习基础，保持稳定心态。在巩固基础阶段，大学生应尽快确定好自己的目标专业和目标院校，利用琐碎的时间进行碎片化学习，按照之前制订的计划学习，将学习的重点放在掌握基础知识上。"基础不牢，地动山摇。"夯实基础是备考过程中至关重要的一步。

（3）冲刺阶段：提高学习效率，进行全力冲刺。大部分继续深造考试前的四五个月是重要的冲刺阶段，在这一阶段，大学生需要摒除干扰和杂念，全身心投入备考，要结合考试大纲和往年真题对重点、难点进行突破，提高学习效率，在最后的日子里全力冲刺，不给自己的青春留下遗憾。

---

① 数据来源：全国教育事业发展统计公报。

案例 7-2　职业院校男生一路突破，考研被北京协和医学院拟录取[①]

中考失利，进入中专

张焕腾出生在河南的一个小山村里。2014年，从小成绩优异的他意外中考失利。"那就读中专，早点学了一技之长还能赚钱。"这是母亲和亲戚商量后的结果。中专三年，张焕腾心里始终相信这句话："不论在哪里，只要好好学习就能走出去。"张焕腾爱读书，考过年级第一名，英语成绩特别突出，也多次获得助学金、奖学金。老师把张焕腾的努力看在眼里，建议他参加普通高考。

从高职院校到本科

看到儿子的努力，父母支持张焕腾在家乡一所高中借读。凭着以前的扎实基础，张焕腾用了不到半年的时间考上了重庆医药高等专科学校，进入医学技术学院医学检验技术专业。走进学校的那一天，辅导员曾小飞老师告诉他："进入医高专或许就是你改变自身命运的时候，一定要充分利用好这三年时间，把握住机会。"张焕腾每天10点睡觉，早上6点起床，从未迟到、旷课，也没有请过一次假。为了更好地听讲，他上课永远坐在第一排……每个寒暑假，张焕腾都在外打工。他拉过电缆线，进过电子厂，当过餐厅服务员。曾小飞曾经默默观察过，张焕腾在食堂吃饭只点5块钱的一荤一素。白天上课，他从不带手机，大部分时间都泡在图书馆里。"你仔细观察，和他聊天你就能发现，这个孩子的眼睛里有光！"曾小飞感慨张焕腾懂得什么叫作坚持，且心里有目标，不受环境影响，能坚定地朝着目标前进。在医高专的三年里，张焕腾获得过国家励志奖学金、国家助学金、学费全免等资助。在老师的引导下，张焕腾决定先升本再考研。目标明确后，他把每一门课进行细致分类，有针对性地强化专业知识，把每天的时间都填满。2020年，张焕腾考入重庆医科大学。

"我要考研，继续深造"

在重庆医科大学就读期间，张焕腾很坚定："我当时给自己定的目标很明确我要考研，继续深造。"很快，张焕腾确定了自己的目标院校——北京协和医学院。张焕腾说，在选择报考院校的过程中自己也纠结过，但想要去更高学府深造的想法却挥之不去。"梦想还是要有的，万一实现了呢？"2022年4月，他终于如愿以偿地凭着优异的成绩被北京协和医学院生物化学与分子生物学专业录取。"考研成功只是我人生新的开始，这些年我能安心学习是因为有着国家给的助学金和奖学金。我能够坚定目标，是因为关爱我的老师们不断鼓励和支持着我……"对于考研之后的规划，张焕腾表示："我希望能申请到硕博连读，读博士、读博士后，毕业后我要当一名大学老师，那样我就也有能力去帮助和我一样的人。"

[①] 人民网. 中专男生一路突破, 考研被北京协和医学院拟录取! [EB/OL].(2022-04-17) [2022-09-16]. https://mp.weixin.qq.com/s/zoYKzTEx4SUlVx8UqZW_0g.

第二节 就业

就业是大学生正式进入职场的切入点。通过就业谋取一份职业，一方面能获取一定的经济报酬，另一方面能为自己的成长和成才开辟新的舞台。随着我国社会经济发展水平和开放性程度的提高，大学生有了更多的就业选择，所选工作的性质和工作方式也越来越多样化。大学生的就业面越来越广，大学生毕业后既可以选择进入一家单位工作，也可以选择做自由职业者；既可以选择进入大企业，也可以选择进入小企业；既可以选择朝九晚五的工作，也可以选择在家办公的工作。

一、多样的就业选择

（一）就业渠道多元化

传统观念里，多数人还是希望能找到"铁饭碗"工作，向往一个稳定安逸的环境，因此考公务员或进国有企业也许是不错的选择。当然，也有人追求收入与挑战，倾向于选择外资企业和民营企业。

当前，国家西部大开发形成新格局，推动东北全面振兴取得新突破，促进中部地区加快崛起，鼓励东部地区加快推进现代化。国家支持革命老区、民族地区加快发展，加强边疆地区建设，京津冀协同发展，长江经济带发展，长三角一体化发展，推动共建"一带一路"高质量发展。国家加快建设西部陆海新通道，加快建设海南自由贸易港，实施自由贸易试验区提升战略。

我们可以看到，从南到北、从东到西，每一个地域都有其独特属性和历史任务，而积极主动地去承担责任和使命是青年人人生中的重要一环。广阔天地，青年学子大有可为。

1. 考公务员

公务员工作稳定，劳动关系比较规范，养老、医疗、住房及职业福利都有相应的保障；公务员有比较高的社会地位及相应权限；公务员的职业轨迹确定，工作没有太大的浮动性。公务员这个职业，对心境淡泊、想要一个稳定工作的人而言，不失为不错的选择，它能够保证安定的生活和充足的个人时间；如果想要升职，则要有长期奋斗的决心和高明的人际头脑，否则不容易取得突出成绩。

公务员考试主要包括笔试和面试两项。笔试通过是面试的前提，因此，面试相关的准备可以等到笔试通过并有资格参与面试再开始。笔试分为A、B两类试卷，其中A类主要包括《行政职业能力测试》和《申论》；B类只有前者。《行政职业能力测试》考查内容主要包括言语理解与表达、判断推理、数量关系、资料分析、常识判断五大模块，前四大模块用考前两三个月时间进行专项练习效果最佳。常识判断属于知识积累范畴，所以平时应该多积累。实践证明，平时注重知识的积累，在常识判断中就容易得高分。

2. 进入国有企业

国有企业普遍有规范的劳动关系，"五险一金"齐全。一般来说，国有企业工资体系比较完善，个人与其薪资谈判的可能性非常小。国有企业在招聘人才时，比较看重学历背景、资格证书。另外，家庭关系也有重要影响。

竞争型国有企业员工的工资收入普遍不高（垄断型国有企业除外），不但与外资企业的工资有差距，而且与很多民营企业的工资也有差距，但国有企业工作一般比较稳定。

3. 进入外资企业

外资企业的特点：工资收入高，奖金也比较丰厚；多劳多得的分配制度贯彻得比较好；推崇以人为本的管理理念，人际关系相对比较简单；培训体系也比较完善，能够比较快地锻炼人才。缺点是工作压力大，容易遭遇"职业天花板"。

4. 进入民营企业

我国的民营企业除了中国平安、海尔、比亚迪、美的等上市企业之外，其他大多是中小型企业。进入民营企业的好处是企业跟市场联系非常密切，管理架构比较简单，做工作只要取得老板支持就比较容易出成绩。但是，民营企业普遍存在以下不足：工作强度大，待遇比不上外企；制度不完善，但灵活；"五险一金"或多或少有缺陷；人治现象严重，家族式管理明显，会出现任人唯亲的现象。

5. 参加"西部计划"和"三支一扶"

为解决大学生就业，吸引优秀人才到基层成长、成才，我国相继出台了"大学生志愿服务西部计划"（简称"西部计划"）和"三支一扶"的实施方案。

"西部计划"是由共青团中央、教育部、财政部、人事部（现为人力资源和社会保障部）于2003年根据国务院有关要求共同组织实施的。计划从2003年开始，按照公开招募、自愿报名、组织选拔、集中派遣的方式，每年招募一定数量的普通高等院校应届毕业生或在读研究生，以志愿服务的方式到西部贫困县的乡镇从事为期1~3年的教育、卫生、农技、扶贫以及青年中心建设和管理等方面的志愿服务工作，如农村共青团工作、全国农村党员干部现代远程教育试点工作、基层检察院、基层人民法院、基层司法援助、西部农村平安建设等。志愿者服务期满后，鼓励其扎根基层就业创业，或者自主择业和流动就业，并在其升学、就业方面给予一定政策支持。

"三支一扶"是指选派大学生在毕业后到基层从事支教、支农、支医和帮扶乡村振兴工作，于每年5月份面向社会发布，公开招募、自愿报名、组织选拔、统一派遣的方式，从2006年起连续5年，每年招募2万名左右高校毕业生，主要安排到乡镇从事支教、支农、支医和帮扶乡村振兴工作。工作时间一般为2年，工作期间给予一定的生活补贴。工作期满后，自主择业，择业期间享受一定的政策优惠。服务期满后3年内报考硕士研究生初试总分加10分，同等条件下优先录取。

（二）就业形态多样化

1. 全职工作

说到工作，人们通常认为是全职工作，即进入一个组织连续为同一雇主工作，平均每周工作时间不超过44小时。由于全职工作有稳定的职业发展和收入待遇，周末和节假日可休息，因此很多大学生在就业时会选择全职工作。以前，进入一个组织便意味着终身雇佣，但是这种情况正在发生改变，个人的职业生涯发展也随之呈现无边界性特点。

2. 兼职工作

兼职工作是近些年发展很快的工作模式之一。兼职工作虽然不能像全职工作那样为工作者提供相对稳定的职业发展和收入，但是可以为那些暂时无法顺利就业或追求工作时间自由的人提供经济来源。不过，兼职工作者在中国社会中仍然面临很大的家庭压力，被认为没有"正式工作"。因此，对于绝大部分从事兼职工作的人来说，兼职只是暂时的。

3. 多重工作

多重工作是指在从事一份全职工作的同时，还承担一份甚至多份兼职工作。比如，如今有些大学教师在承担好校内教学、科研的基础上，还经营着自己的公司。有些人从事多重工作是希望获得额外的经济支持，而有些人则是拓展自己的事业。

4. 自由职业者

自由职业者是指独立工作，不隶属于任何组织的人，如律师、自由撰稿人、独立演员、歌手、自由代理人、小本生意人等。自由职业者的好处是不用看老板脸色，不用朝九晚五，避免了同事纠纷，摆脱了办公着装的束缚。自由职业虽然为从业者提供了相对自由的工作环境，但是风险比较大，需要从业者具备良好的心理安全感、自我管理能力和自信心。

（三）工作方式多样化

朝九晚五的工作方式仍然居于社会的主导地位，但是随着经济形式的多样化，科学技术的快速发展，现代社会出现了很多新型工作方式。

1. 弹性工作制

弹性工作制是指在完成规定工作时间长度的前提下，员工可以灵活、自主地选择工作的具体时间，代替统一、固定的上下班时间的制度。比如，每周工作4天，每天10小时；或者每天从6：30工作到15：30。在弹性工作制下，工作时间分为核心工作时间和灵活工作时间。在核心工作时间段内，每个员工必须在公司上班。弹性工作制可以让员工较好地处理工作与家庭之间的冲突。在欧美，超过40%的大公司采用了"弹性工作制"，其中包括施乐、惠普等著名的大公司。我国近年来也涌现出越来越多试行该制度的工厂和企业。在广州，宝洁公司自2007年起实施的"每周可以由员工自由选择其中一天不到公司报到，而是直接在家上班"的规定，是弹性工作制的先行者。

2. 居家办公

居家办公又称 SOHO（small office and home office），在自由职业者群体当中比较常见。SOHO 代表一种自由、弹性而新型的生活和工作方式，代表一种新经济、新概念。SOHO 族跟传统上班族最大的不同是不拘地点，时间自由，收入高低由自己来决定。如今，SOHO 族这种自由而"潮"的工作方式吸引了越来越多的中青年加入这个行列。

3. 轮班工作制

讲到轮班工作制，人们首先想到的肯定是医院的医护人员和流水线上的生产工人。但是随着越来越多的企业和行业需要 24 小时有人工作，轮班工作制的范围得到了极大扩展。比如，在金融行业，经常需要安排 24 小时有人值班，以了解全球其他市场的情况。

4. 流动工作制

流动工作制是指工作地点不固定的工作，通常在建筑行业、水利工程等行业存在。如今，家庭服务、电器售后服务等职业也越来越多地采取这种工作方式。流动工作制可以让人们感受不同的社会文化，认识不同的人，但是不利于稳定生活。

二、就业前的准备

案例 7-3　就业能力要从入学开始积淀

李睿为某职业技术大学一名应届毕业生，所学专业是云计算技术。在短短两个月的求职时间里，他参加了华为、百度、中国移动等多家知名企业的招聘，并顺利通过了几家公司的招聘。李睿生动地描述了他几次参加招聘考试的经历，让人真切感受到了应聘知名企业竞争的激烈，也真切感受到了企业所期待的大学生应该具备的素质。李睿求职成功不是因为幸运，而是源于他从入学开始就不断积淀的结果。以下是他对自己大学几年的总结。

大学几年，说长也长，说短也短。时间一晃而过，大学生应该充分利用有限的时间锻炼自己各方面的能力，培养多种兴趣，多做些自己喜欢的事，让生活变得充实和丰富多彩。

（1）学习：学习不能放松，如果想做本行，专业知识更重要，在面试时肯定会涉及。大学是发挥自学能力的最好时机，努力学更多的知识，多去图书馆开阔视野，从书中吸取养分是很重要的。

（2）社团活动：要积极参与社团活动，全方位锻炼自己的组织能力、协调能力、人际交往能力、领导能力。如团委、学生会的经历还是很有用的，可极大地锻炼组织能力和领导能力。社团是学生的自发性组织，没有老师和学校的支持，完全靠学生自己组织和发展，独立性很强，能够在社团里担任一定职务是非常不错的尝试，不仅能从中学到很多东西，同时也能认识不少优秀的朋友。

（3）文体活动：大学期间可以自由活动的时间非常多，应当充分利用这些时间培养自己的兴趣爱好，锻炼身体。

（4）社会实践：多接触社会，多做兼职（是否做家教，大家要分情况仔细考虑），大二、大三一定要找机会实习。

（5）人际关系：多交朋友。俗话说，多个朋友多条路。不能局限于自己身边的小圈子，朋友多了不是坏事，尤其是优秀朋友。学会和不同的人交往，不仅可以锻炼自己的应变能力，而且在与别人的交流过程中还可以学到很多东西。

求职简历不是写出来的，而是干出来的。求职简历是大学生四年学习、生活情况的写照。如果想在自己的求职简历上有足够多的内容可写，就必须立足大学，踏踏实实为将来的求职就业做好准备。如何准备呢？一般而言，用人单位在招聘大学生时，重点关注以下四个方面：个人背景、外语水平、专业技能和综合素质。用人单位会根据应聘者四个方面的实际情况做出综合考虑。为提高招聘效率，用人单位在招聘时主要通过课程成绩、社会实践、获奖情况等看得见摸得着的指标来了解应聘者在上述四个方面的情况，如表7-2所示。

表7-2 用人单位关注点及对应的考察指标

用人单位关注点	考察指标
个人背景	性别、学校
外语水平	英语四、六级成绩
专业技能	所学专业、专业成绩、资格证书、社会实践
综合素质	社团活动、获奖情况

（一）英语四、六级成绩

2005年2月，教育部公布了英语四、六级考试改革方案，将原来的百分制改为710分的积分体制，不设置及格线，不颁发合格证书。随后，不少高校纷纷宣布将学生的学位证书和英语四级证书脱钩。当时，很多大学生看到改革方案都欢呼雀跃，以为从此就不用再被英语四级"压迫"了，但是毕业时才发现，通过英语四、六级考试仍是求职的必要条件。如今，稍具规模的企业基本上要求CET-4在425分以上，部分招聘单位直接要求CET-6在425分以上。就连国家不少部委在公务员考试中都明确规定了英语水平的限制条件，很多部门均把大学英语四级合格或成绩425分以上作为招考的一项硬性指标。虽然英语四级、六级和学位证书脱了钩，但和就业仍然不脱钩。

（二）专业成绩

专业成绩主要反映了应聘者的专业知识和专业技能水平，同时，也从侧面反映了大学生的学习能力以及对待学习、工作和生活的态度。用人单位在筛选简历阶段主要参考专业成绩来了解应聘者的专业知识和技能水平是否符合岗位的需要。较高的专业课程成绩或综合排名能帮助你在众多的求职者中脱颖而出。

(三)资格证书

资格证书分为两种：专业技术资格证书（Qualification Certificate of Specialty and Technology）和职业资格证书（Occupational Qualification Certificate）。二者虽然容易混淆，但其实存在细微差别。专业技术资格证书代表你在某个专业领域内所达到的水平，而职业资格证书则表明你具有从事某一职业的资格。虽然，资格证书对于大学生求职不如社会人员那么重要，但是，拥有良好的专业成绩加上相对权威（资格证书认定既有官方的也有民间的）、与求职岗位相关的资格证书会增加求职成功的机会。大学生所考取的证书有些是专业技术资格证书（如翻译专业资格证书等），有些则是职业资格证书（如秘书、导游、教师资格证等）。不管是考哪类证书，一定要在明确自己职业目标的基础上，有选择性地考取相关资格证书。不要因为就业压力而盲目跟风，以求得心理的安慰，浪费大量的时间、精力和金钱。

(四)社会实践

有大学生就业调研显示，用人单位在招聘大学生时，最看重的是其实践经历。而根据第三方调查机构对2019届大学毕业生进行的调查分析进一步显示，有实习经历的大学生的就业率、半年后平均月薪都高于没参加过实习的学生。因此，如何有效开展社会实践，获取与应聘岗位相关的实践经验，已经成为摆在大学生面前一个非常重要的现实问题。

(五)社团活动

大学校园内的学生组织主要有两类：一是学生的官方组织——学生会，二是学生的民间组织——社团。不管哪一类，大学生都应该选择1~2个积极参与其中。社团活动是一个大舞台，可以很好地锻炼我们人际沟通、团队协作、组织管理、领导力、情商等多方面的素质，而这些素质都是用人单位非常看重的。

(六)获奖证书

虽然现在有些用人单位的人事表示对获奖证书不"感冒"（担心是假的），但是一份真实的、权威的获奖证书一方面代表你的成就，另一方面也代表你在同学们当中所处的位置，反映了一个人的优秀程度。奖学金、三好学生、优秀毕业生、有分量的竞赛奖等对求职择业会起到很好的促成作用。

第三节 自主创业

近年来，国家着力营造有利于科技型中小微企业成长的良好环境，推动创新链产业链资金链人才链深度融合，鼓励和倡导大学生创业已经成为国家的一项重要措施。大学生创业对于国家来说，可以促进国家经济发展，解决社会就业；对于个人来说，可以使自己有一番事业做，为实现人生理想提供舞台。创业成功的结果很美好，但是过程比较艰辛。如果选择创业，我们在大学期间需要好好地准备一番。

一、什么样的人适合创业

能力、知识对一个人创业成功会起到非常重要的作用，但是一个人的心理素质对其选择创业、成功创业的影响也许更大。很多学者对成功创业者的素质模型进行了研究，发现很多素质都涉及心理素质。比如，英国的科林·巴罗在《小型企业》一书中所提到的六种素质（全身心投入与努力工作、接受不确定性、身体健康、自我约束、独创性和敢冒风险性、计划与组织能力）中就有四点涉及心理素质。美国的唐·多曼在《事业革命：失业·创业一线间》一书中所提出的创业者的五种特征（愿意冒风险、能分辨出好的商业点子、决心和信心、壮士断腕的勇气、愿意为成功延长工作时间），也有四点涉及创业者的心理素质。我国的《科学投资》杂志通过对上千案例的研究，发现了成功创业者最为明显，同时认为是最为重要的十种素质，专家将其称为"中国创业者十大素质"：欲望、忍耐、眼界、明势、敏感、人脉、谋略、胆量、与他人分享的愿望、自我反省的能力。这十种素质当中，有五项涉及创业者的心理素质。概括起来，其核心心理素质应该包括创业激情、冒险精神、创新精神、创业理性和心理承受能力。

（一）创业激情

激情是一种激奋之情，它表露了人们对某种前景充满希望与渴求的美好祈盼。创业激情是成功创业者的首要核心心理素质。如果没有创业激情，就没有创业欲望，人们根本不可能主动选择创业。即使选择了创业，在创业过程中也会遇到一点挫折就选择放弃。拥有了创业激情，即使暂时遇到困难和挫折，也会坚持下去，只要不放弃，就会有成功的希望。

（二）冒险精神

创业本身就是一项冒险活动。有冒险精神的人敢下注，赢得起也输得起，所以非常适合创业。美国福特公司总裁基德韦尔曾说过："冒风险是人类发展臻于成功境界的首要推动力，假如前人缺乏冒险精神，今天就不会有电源、激光光束、飞机、人造卫星，也没有青霉素和汽车，成千上万的成果将不存在。"同样，对于个人，尤其是从事创业活动的人来说，假如没有第一个吃螃蟹的冒险精神，那什么也干不成。成功的创业家愿意承担风险，会做任何事以增加成功的机会。

（三）创新精神

创新是创业的灵魂，是公司兴旺发达的不竭动力。当创业者们没有创新与拓展的能力来面对未来的时候，他们的未来又在哪里呢？创业是一项创新活动，很多未知或不可预料的不确定性因素会掺杂其中。虽然有些成功经验可供我们借鉴，但是迈克尔·戴尔告诉我们："创业没有准则。"欧·肯迪也讲道："一般的通论都是不对的，所以创业就是要开创一项事业，没有一种可以复制的模式让我们一劳永逸。"没有创新能力的创业者想要取得创业成功实在是一件难以想象的事。

（四）创业理性

创业需要冒险精神，但冒险不等于冒进，更不等于蛮干，创业也需要理性，需要冷静地观察和分析市场以及清醒、全面地认识形势。所谓创业理性，最基本的要求是准确地了解自我、定位自我，形成合理预期。一个期待创业的大学生必须还原自己，而不是拔高或贬损自己，必须清醒地知道自己是否有强烈的挑战精神，是否有足够的应变能力、动手能力、耐受能力，是否意志坚定、做事果断，以及是否具备必要的亲和力和领导能力。此外，还要准确选择创业点子、创业途径、创业方式以及科学预测创业前景。

（五）心理承受能力

创业者在创业初期通常没有收入，对工作没有清楚的定义，过着没有组织与秩序的生活，甚至朝不保夕。而且在创业过程中，改变经常发生，挫折与意外也经常发生，时间也总是显得不够用。因此，心理承受能力不强是无法走向创业成功的。

二、如何找到一个好的创业想法

（一）爱好和兴趣

爱好是业余时间最喜欢的活动，很多人在追求爱好和兴趣的过程中产生了创业想法。例如，如果你喜欢玩电脑、烹饪、音乐、旅行、运动或表演，就可以把它们发展成创业想法。举例说明，如果你喜欢旅行、表演，就可以进入观光和旅游行业——世界上最大的产业之一。

（二）个人技能和经验

一半以上成功的创业想法都来源于工作经验。例如，一个拥有在大车间工作经验的机械技工，就可能创办汽车修配厂。那些潜在的创业者的背景在创业过程中扮演了至关重要的角色。你的技能和经验是你最重要的资源，不仅体现在产生想法方面，还体现在如何利用这些想法方面。

（三）特许经营

特许经营是指特许者将自己所拥有的商标、商号、产品、专利和专有技术、经营模式等以特许经营合同的形式授予被特许者使用。特许经营有很多类型，最流行的一类是提供名称、标识、操作程序和经营模式。在20世纪80年代至20世纪90年代期间，特许经营迅速增长，成为在美国和欧洲被广泛使用的一种从事商业活动的方法（通过特许经营建立了数百万家企业）。仅在美国就有超过2000种类型的特许经营，年销售额超过3000亿美元，大约占零售总额的三分之一。当然，除了购买特许经营权外，也可以开发和销售特许经营概念。如今，很多目录、手册以及协会包括国际特许经营协会都可以提供相关材料和信息。

（四）大众传媒

大众传媒（报纸、杂志、电视和互联网等）是大量信息、想法和机会的来源。留心报纸和杂志，你经常可以找到关于转让企业的商业广告，这是产生创业想法的很好的信息来源。另外，新闻出版物或互联网上的文章、电视纪录片上经常有关于流行趋势或消费者需求变化的报道，如人们对健康和减肥食品的兴趣日益增加，而这些信息会帮助你找到很好的创业想法。

（五）展览会

另外一个产生创业想法的途径就是参加展览会。通过参观，你不仅可以看到新的产品和服务，还可以见到营业代表、厂商、批发商、发行商和经销商，他们当中很多人希望能寻找到像你这样想创业的人。

（六）市场调查

调查了解消费者的需求是提供产品或服务的基础。市场调查的方式有很多种，既可以通过正式或非正式的访谈来调查，也可以使用问卷调查表来进行调查。当然，通过观察也可以获得消费者的需求信息。比如，若决定是否在某条街上选址开店，你可以观察和计算在特定的天数里通过街道的人数，并且和其他地点进行比较；或者，通过观察可以知道一个地区的某条旅游线路上有没有正式一点的饭店提供相应的服务。

（七）抱怨

一部分消费者的抱怨会导致许多新的产品或服务出现。当你听到消费者抱怨一个产品或服务，或者当你听到有人说"我多么希望能……"或"只要有一个产品或服务就能……"时，你就会有一个潜在的创业想法。这个想法可以帮助你创办一个可以提供更好的产品或服务、具有竞争力的企业，或者可以将你的新产品或服务卖给那些产品和服务存在问题的企业。

（八）头脑风暴

头脑风暴是一个创造性解决问题和产生想法的技术，目的在于尽可能多地产生想法。它经常从一个问题或一个难题的陈述开始，而且每一个想法又产生一个或者更多的想法，最后，产生大量的想法。当你使用这个方法时，你需要遵守四个原则：不要批评和评价他人的想法；鼓励随心所欲地想看似疯狂的想法；对于所有想法，无论从表面上看有多么不合逻辑和疯狂，都要记录下来；在他人想法的基础之上改善和提高。

三、创业前的准备

有创业激情、有好的创业想法是远远不够的,创业是一项复杂的工程,在这个过程中,创业者除了要做好心理准备之外,还需要做好能力、知识、经验、资金和资源的准备。踏踏实实做事,认认真真工作才更有可能取得成功,如果仅凭一时激情,好高骛远,不切实际,那么最终的结果往往是失败。

(一)能力准备

1. 市场洞察力

创业者应具有良好的市场洞察力,能够抓住转瞬即逝的商机。对当前和未来市场的敏锐觉察,对自身所处的产业、顾客与竞争者的洞察,能使创业者能把握机会,制造机会。

> **案例 7-4 蒋嫂的创业之路**
>
> 蒋瑞颖是一位很普通的南京市民,在很长一段时间里,她创业无门、苦苦寻觅,没想到一碗汤让她声名远扬,当上了创业明星,大家都亲切地叫她"蒋嫂"。凭借熬汤创业并不新奇,但蒋嫂的思路特别明确而且有针对性,她专门给自己家对面的南京妇幼保健医院的产妇熬营养汤。产妇是一个极大的消费群体,她们最集中的消费就是营养类产品。绝大多数产妇的家属为了产妇的身体和未来的宝宝,也为了产妇生产时能够更顺利,产后恢复更快,通常不计金钱,只认好的、有营养的食品。
>
> 蒋嫂这一新招数恰好抓住产妇家属的这一心理,开门红自然手到擒来,精心熬制的营养汤大受欢迎,后来经中央电视台《半边天》栏目报道后,其创业模式受到了极大关注,现在很多地市以加盟形式生产、销售"蒋嫂汤",这也给蒋嫂带来了名气和收益。

2. 资源整合能力

创业是一项复杂的工程,任何人仅凭一己之力是无法成功的,创业者需要具备良好的资源整合能力。资源不仅包括物质资源,更重要的是人力资源。充分整合和发挥创业团队内部资源和外部人脉资源对创业发展是至关重要的。

> **案例 7-5 整合资源能力,让牛根生成就了今日蒙牛**[①]
>
> 牛根生在离开伊利之后,并没有一蹶不振,他用了 8 年时间使蒙牛成为全球液态奶冠军、中国乳业总冠军,蒙牛集团也被全世界视作中国企业顽强崛起的标杆。蒙牛的产业链上游是千万股民、数亿消费者,下游是百万奶农、产品运输等被称为"中国最大的造饭碗企业"。蒙牛初创时,没有市场、没有工厂、没有奶源,什么都没有,但牛根生依旧成功了,他是怎么做到的?创建蒙牛的时候,牛根生把他当初在伊利学到的管理制度及竞争意

---

① 胡华成. 白手起家开公司 [M]. 北京:电子工业出版社,2019:213.

识都复制到蒙牛身上。面对伊利的强势竞争，牛根生一开始就提出"向伊利学习"的口号，表示要向伊利学习，从而获得发展空间，快速建立自己的产业链。牛根生将工厂、政府农村扶贫工程、农村信用社资金等资源整合在一起；企业没有运输车，他就整合个体户买车；员工没有宿舍，他就将政府、银行、员工这三个资源整合在一起建宿舍。农民用贷款买牛，蒙牛用自己的品牌为农民产出的牛奶做包销保证。

3. 营销能力

在激烈的市场竞争环境下，营销能力不管是对成熟型企业还是对创业型企业都是至关重要的。很多创业型公司的产品都不错，最后公司却关门了，根本原因之一是不懂如何营销自己的产品。营销分为两种：一是营销产品，二是营销公司。营销产品目的在于卖出公司的产品，营销公司的目的在于创立公司品牌。现在，越来越多的商业事实说明，创立公司品牌是非常重要的。比如，中国自己造的手提包只能卖一千元，而同样材质的手提包印上 LV 的标志之后就能卖到十万元，背后就是品牌价值在起作用。因此，营销不仅要营销产品，而且要营销公司，创立公司品牌。

（二）知识准备

1. 经济学知识

创业者了解一定的经济学知识后就能更好地把握国家的经济政策与运行趋势，做出正确的企业发展战略。宏观经济学是以国民经济总过程的活动为研究对象，主要考察就业总水平、国民总收入等经济总量，研究整个经济社会如何运作，并找出办法让经济社会运行得更加稳定、发展得更快。微观经济学研究的是某个组织、部门或个人在经济社会中如何做出决策，以及这些决策对经济社会有什么影响。

2. 管理学知识

管理学知识是创业者必须具备的。要想管理好一个企业，我们必须通过专业学习、自学或进修的方式全面掌握涉及企业管理的相关知识，如企业战略管理、财务管理、人力资源管理、营销管理、物流管理、生产管理等。

3. 财务知识

创业者要时刻关注企业的财务状况，了解企业的运营情况，要懂得一些重要财务数据的分析。比如，企业偿还能力分析、企业财务周转能力分析、获利能力分析、成长能力分析，这些指标从不同角度、以不同方式反映和评价企业的财务状况和经营成果，充分理解这些指标的内涵和作用，并考虑各指标之间的关联性，才能对企业的生产经营状况做出正确合理的判断。

企业的会计报表主要有资产负债表、损益表、现金流量表。其中资产负债表反映的是时点数，损益表和现金流量表反映的是时期数。创业者要学会了解各报表的内容、结构，做到正确解读。

4. 法律知识

在创办企业前，必须要先了解与商业活动相关的法律条文的规定，了解各地对大学生创业的优惠政策，以及政府对一些特殊行业的具体规定。大学生创业需要了解的法律主要有：①基本法律《中华人民共和国宪法》《中华人民共和国民法典》《中华人民共和国保险法》《中华人民共和国票据法》；②公司企业法律《中华人民共和国公司法》《中华人民共和国合伙企业法》《中华人民共和国个人独资企业法》《中华人民共和国中小企业促进法》《中华人民共和国市场主体登记管理条例》；③劳动法律法规《中华人民共和国劳动法》；④知识产权法律《中华人民共和国著作权法》《中华人民共和国商标法》《中华人民共和国专利法》；⑤公司企业税法《中华人民共和国企业所得税法》《中华人民共和国增值税暂行条例》《中华人民共和国税收征收管理法》。

（三）经验准备

大学生长期生活在校园里，对社会缺乏了解，特别是在市场开拓、企业运营上，很容易陷入眼高手低、纸上谈兵的误区。缺乏经验是目前大学生创业中普遍存在的问题，不少大学生创业者不习惯对其产品或服务做市场调查，而是进行理想化的推断。例如："如果有1亿人需要我们的产品，每件利润5元，我们就可获得5亿元的纯利润。"这种理论推断是站不住脚的，而且常常起误导作用。大学生在创业前如何做好经验准备呢？一是去企业打工或实习积累管理、营销、市场等方面的经验；二是积极参加创业培训，积累创业知识，接受专门指导，提高创业成功率；三是毕业后先到相关企业工作1~3年，有意识地向各领域的人学习，等有一定的工作经验后再创业，这样更有利于创业成功。创业不能太急躁，积累经验，吸取教训才是最重要的，经验来自各种生活、工作经历，它形成于我们的成长历程中。

（四）资金准备

创业之初，处处都需要资金。企业的创办者不仅要预估所需的创办资金，还要预计企业在发展时所需要的经营资金。我们不仅要知道企业有哪些开支，有哪些资金来源，还要了解何时借款、何时购物、存货多少、何时还款等。从大的方面来说，一般需要考虑以下几个方面的资金使用。

①注册资本/出资额。市场主体应当依照《中华人民共和国市场主体登记管理条例》办理登记，不同的市场主体在进行登记时，在注册资本或出资额方面有不同的要求。在这一方面，《中华人民共和国市场主体登记管理条例实施细则》规定：公司应登记注册资本，非公司企业法人、个人独资企业、合伙企业、农民专业合作社（联合社）应登记出资额；申请人申请登记的市场主体注册资本（出资额）应当符合章程或者协议约定。若虚报注册资本、提交虚假材料或者采取其他欺诈手段隐瞒重要事实取得公司登记，则会受到严厉处罚。

②固定资金。以货币形式表现出来的固定资产价值，包括用于场地、厂房的租金，生

产及运输设备的投入等主要生产设备的资金。

③流动资金。流动资金是指那些用于支付劳动工资、生产原材料以及其他生产经营费用的资金。

"现金为王"是企业管理的金科玉律，许多企业就是因为资金链断裂而走向破产或倒闭的。资金准备对于大学生创业尤为重要。大学生社会阅历浅，财富积累几乎很少，创业的第一桶金大部分靠筹措得来。有的大学生依靠家人、亲朋好友的资助，有的大学生通过申请政府或者企业的创业基金支持，也有的大学生从小本经营入手逐渐积累财富。无论如何，没有资金的准备和支持，大学生创业将陷入"巧妇难为无米之炊"的尴尬境地。

(五) 资源准备

除了心理、能力、知识、经验和资金准备以外，大学生创业还需要良好的社会资源来支撑，这种资源与很多人认为的"关系"是有区别的。大学生不是在真空的社会中创业的，他们在创业初期往往要接触到社会的方方面面，只有得到各方面的帮助，企业才能健康、有序地发展，大学生创业者需要在社会环境中调动一切有利因素。对于大学生创业者来说，建立广泛有效的社会关系，寻求和争取多元化的社会支持和个人帮扶，是摆脱在与社会创业者竞争中处于不利地位的重要因素。

本章小结

1. 国家鼓励职业院校大学生继续深造，大学生深造的方式主要包括参加普通高等学校专升本考试、成人高等教育考试、研究生考试等。

2. 就业选择多样化主要体现在就业渠道多元化、就业形态多样化以及工作方式多样化三个方面。在大学阶段，需要在英语四、六级成绩，专业成绩，资格证书，社会实践，社团活动和获奖情况，等等方面做好相应准备。

3. 有创业激情、冒险精神、创新精神、创业理性，心理承受能力强的人更容易创业成功。

4. 找到创业想法的主要途径：爱好和兴趣、个人技能和经验、特许经营、大众传媒、展览会、市场调查、抱怨和头脑风暴。

5. 创业成功除了要具备良好的心理素质，还需要在能力、知识、经验、资金和资源等方面做好充足的准备。

相关资源

1. 马浩然，陈平. 如何经营你的大学时光：10位大学生讲述他们的大学之路 [M]. 武汉：湖北教育出版社，2005.

2. 全国大学生创业服务网（https://cy.ncss.cn/）.

> **延伸阅读**

适合大学生创业的六大领域

什么样的行业适合大学生创业呢？这里有一条重要原则，就是学有所用。学自然科学专业的学生，如果在学校学习期间曾取得比较重大的科技创新成果，甚至学过风险投资的话，就可在这个领域大展拳脚；学习管理或人文科学的学生，如果在学习期间进行过理念创新，则可利用其作为创业初期的资本；学习艺术、设计、广告等专业的学生，宜以自由职业者的身份进行创业；专业较为普通的大学生，建议找一些投入少而产出相对较高的行业起步，如针对高校学生的中介服务、小规模的消费品经营、利用网络资源进行的信息服务等。下面重点分析较为适合大学生创业的六大领域。

1. IT领域

综合网站、电子商务、网络游戏等都蕴藏着丰富的机会。IT领域的创业项目前期投入少，收益相对较高，而且较能获得风险投资商的青睐。该领域适合拥有自主知识产权的大学生。

2. 高科技领域

身处高新科技前沿阵地的大学生，在这一领域创业有着近水楼台先得月的优势，"易得方舟""视美乐"等大学生创业企业的成功，就得益于创业者的技术优势。但并非所有的大学生都适合在高科技领域创业，一般来说，技术功底深厚、学科成绩优秀的大学生才有成功的把握。有意在这一领域创业的大学生，可积极参加各类创业大赛，获得脱颖而出的机会，同时吸引风险投资。推荐商机：软件开发、网页制作、网络服务、手机游戏开发等。

3. 设计领域（智力投资）

目前，最具发展潜力的热点领域包括室内设计、IC设计、纺织品设计、平面设计、工业造型设计等。与设计相关的创业项目属于智力密集型模式，有技术、有项目即可，对资金的要求相对较低，创业风险也较低。该领域适合学习艺术、设计、广告等专业的大学生。

4. 培训领域

考研培训、IT培训、外语培训是最引人注目的"淘金地"。该领域的创业项目有着"短平快"的特点，只要有一定的教师资源，而且培训产品适销对路，就能拉起"大旗"。来自高校的大学生无疑有着这方面的资源优势。

5. 连锁加盟领域

统计数据显示，在相同的经营领域，个人创业的成功率低于20%，而加盟创业的成功率高达80%。对创业资源十分有限的大学生来说，借助连锁加盟的品牌、技术、营销、设备优势，可以用较少的投资、较低的门槛实现自主创业。但连锁加盟并非"零风险"，在市场鱼龙混杂的现状下，大学生涉世不深，在选择加盟项目时更应注意规避风险。一般来说，大学生创业者资金实力较弱，适合选择启动资金不多、人手配备要求不高的加盟项目，从小本经营开始为宜；此外，最好选择运营时间在5年以上、拥有10家以上加盟店的成熟品牌。推荐商机：快餐业、家政服务、校园小型超市、数码速印站等。

6. 开店

大学生开店，一方面可充分利用高校的学生顾客资源；另一方面，由于熟悉同龄人的消费习惯，因此入门较为容易。由于开拓的是"学生路线"，因此更要靠物美价廉来吸引顾客。此外，由于大学生资金有限，不可能选择热闹地段的店面，因此推广工作尤为重要，需要经常在校园里张贴广告或和社团联办活动。推荐商机：高校内部或周边地区的餐厅、咖啡屋、美发屋、文具店、书店等。

大学课外活动规划

> 纸上得来终觉浅,绝知此事要躬行。
>
> ——陆游

 本章学习要点

1. 掌握人际交往的原则和艺术,学会有效拓展人脉。
2. 学会根据自身职业发展需求选择社团、参与社会实践。

 本章案例

案例8-1　李玲的课外活动规划

　　李玲是某职业技术大学大数据与财务管理专业的一名大一学生。进入大学后,她和许多同学一样,听说大学生除了要学习外,还要多参与社团活动、社会实践活动等来锻炼自身能力,获取相关工作经验。但是,与很多同学不一样的是,她在选择社团、参与社会实践时多了一份理性,知道如何根据自身职业发展需要来选择社团和社会实践。她在听取父亲、多位老师、学长们意见的基础上,最后根据自身情况为自己制订了一个初步实践计划。

　　大二上学期:参与创建大数据分析与数模协会,从别人身上吸取经验教训,形成良好的交际圈;深入了解、实践自己的大数据分析和财务知识,把相关经历记录下来,学会用专业眼光分析案例,为日后的专业实习做准备。

　　大二下学期:继续参与大数据分析与数模协会的活动;准备暑假社会实践;搜集社会热点话题,选择暑假社会实践课题,完成计划书。

　　大三:争取大数据分析与数模协会的领导职位;联系企业,到企业财务部门实习,积累专业实战经验;到校财务处做学生助理,了解会计的工作过程和方式。

　　大四:继续做一些与社会接轨的实习、实践活动,增长经验;积极参加学院和学校的活动,珍惜最后一年与大学同学在一起的时光。

大学课外活动规划 8

课外活动是大学生活的重要组成部分。职业心理学的研究表明,课外活动对大学生的职业发展来说具有重要意义。课外活动一方面可以促进我们的生涯探索,了解自己、认知职场,提高我们的职业决策能力;另外一方面,可以提高我们的人际交往能力和社会化程度,帮助我们将理论知识转变为做事的本领,提升我们的就业能力。当然,大学的课外活动并不是漫无目的、毫无章法的,要像李玲那样,学会选择,事先做好规划。只有这样,才能真正有所收获。

第一节 积极拓展人脉

"一个篱笆三个桩,一个好汉三个帮""一人成木,二人成林,三人成森林",丰富的人脉资源是事业发展和成功的一个重要因素。在今天这样一个竞争激烈的社会中,虽然人际关系并不能决定一切,但是它在一个人成功过程中所起到的作用与人力资本的作用一样重要。大学就是一个小社会,大学生应该培养积极的人脉意识,主动拓展人脉,培养自己的社会资本。社会资本是指通过朋友、同事等途径建立的关系资源,简单地说就是"你认识谁"。一个人职业生涯的成功不仅取决于个体的人力资本,即个人身上所蕴含的知识和技能,还取决于社会资本。社会资本对我们职业发展起作用主要通过以下几个方式:①信息获取,比如,提供工作职位空缺、组织政策等方面的信息;②资源获取,即对组织资源有更多正式或非正式的权力、影响和控制权;③职场庇护,比如,提供有利和及时的曝光机会、承担挑战性工作的机会以及提供职业建立和辅导。能够成为我们社会资本的关系有亲友关系、同学关系、师生关系、战友关系、同事关系、熟人关系等。说到"搞关系",很多人将它错误地理解为"走后门""搞歪门邪道"。虽然很多人喜欢搞关系,但是不善于管理关系,他们常常将"搞关系"搞成短线、工具性质的关系。他们希望通过这种临时有用才找来的关系"走后门"、使用特权。搞"短线关系"也许能建立关系,促成合作,但是这种工具性质的关系无法为双方建立信任,无法维持长期而稳定的关系。而我们所说的"社会资本"是指通过正常的社交活动,与他人建立健康、长期、稳定的人际关系,它不是工具性质的关系,但是最终会为我们带来回报。

一、学会与人交往

(一)人际交往的原则

没有规矩,不成方圆,人际交往也不例外。人际交往的规矩既是人际交往中的心理原则,也是做人应具备的基本品质,如诚实、宽容等。具有这些品质,我们才能被认可,才能与他人保持和谐融洽的关系。

1. 相互尊重

心理学研究表明,在人际交往中,人们都有明显的维护自尊的倾向。一个人的自我价值来自交往中别人对自己的反馈，别人的肯定使我们感到有价值、有尊严；别人的否定则使我们感到没有价值，觉得自尊受到伤害。根据这个原理，交往时肯定、接受他人，意味着肯定和支持他人的自我价值，维护了他人的尊严，使他人感到被尊重，因而产生亲近的情绪。尊重别人可以引出他们的信任、坦诚、亲近等情绪，缩短交往距离。大学生的自尊心都比较强，在交往中应注意在态度上、人格上尊重同学、礼貌待人、语言文明、不损伤他人名誉、承认和肯定他人的能力和成绩、尊重他人的选择、尊重他人的隐私、维护他人的尊严。

2. 平等互敬

交往中的平等是指交往双方态度上的平等。每个人都有自己独立的人格和做人的尊严。交往中，若一方居高临下、颐指气使，很快就会被对方排斥。大学生年轻气盛又喜欢争论，有时会在一个小小的争论中，因为瞧不起对方甚至蔑视对方而演化成人身攻击，从而给人际关系带来极大的伤害。我们不能因为自己的某些优势而趾高气扬，对他人不屑一顾；也不能因为自己的某些劣势而低人一等，对他人曲意逢迎。有时候，主动示好、低位待人更容易得到他人的重视。特别是当有了误解和人际冲突时，采取低位姿态更容易化解冲突。

3. 诚实可信

无论人际交往如何讲究技巧和方法，只有诚信才是最持久的处世之道。诚，即真心诚意、言行一致、不虚假。诚实是做人之本，是美好品德的体现。人与人以诚相待，才能使双方建立信任。信，即信任、守信、诚实无欺。信任能从积极的角度理解他人的动机和言行，而不是胡乱猜疑、相互设防。在现代社会中，诚信不仅是一种品德，更是一种准则；不仅是一种道德，更是一种责任。只有以诚信为人际交往的信条，才会有双赢的选择与合作。

4. 互助互利

人际关系以能否满足交往双方的需要为基础，如果交往双方的心理需要都能获得满足，关系就会继续发展。著名社会心理学家霍曼斯指出，人际交往在本质上是一个社会交换的过程，只有当一种关系对人们来说是值得的，人们的交往行为才会出现。这与中国古代墨家思想提出的人际交往中"交相利"的理论不谋而合，都要求人与人在交往时应当相爱相利、对等互报，即"投我以桃，报之以李"。

5. 求同存异

在人际交往中，相似性因素是人际关系互相吸引，建立良好人际关系的重要因素。彼此的一些相似之处会让双方产生一些共鸣，从而更容易相处。求同固然重要，也要学会存异。因为，每个人都是一个独立的人。大学生在人际交往中应该学会求同存异，把共同之处摆在主要位置，把彼此的差异和距离放在次要位置。

6. 宽以待人

宽容是一种美德，人与人相处需要宽容。宽容表现为对非原则性问题不斤斤计较，能够以德报怨、宽容大度。大学生都年轻气盛，个性较强，产生误解和矛盾在所难免。这就要求我们在交往中不要斤斤计较，而要谦让大度、克制忍让，不计较对方的态度，不计较对方的言辞，勇于承担自己的行为责任。"宰相肚里能撑船"，他吵，你不吵；他凶，你不凶；他骂，你不骂。只要我们胸怀宽广，容纳他人，发火的一方也会渐渐自觉无趣而冷静下来。宽容克制并不是软弱、怯懦的表现，相反，它是有度量的表现，是建立良好人际关系的润滑剂，能帮助我们化干戈为玉帛，赢得更多的朋友。

（二）人际交往的艺术

人际交往艺术是对人际交往原则的灵活掌握和具体运用。与他人建立良好的人际关系，不仅需要遵循上述基本的人际交往原则，还要能根据实际情况，灵活地运用这些原则，即掌握人际交往的艺术。

1. 认知的艺术——知己知彼

人际交往能否顺利与交往者在交往中的态度、行为直接相关，而交往者的态度和行为是具有选择性的，正确的态度和行为的选择必定是建立在对自己的正确认识和对当时的交往对象、交往情境的正确认识基础之上的。片面的了解会让人际交往产生偏差甚至误解。

（1）知己。知己就是要认识自己，可以从社会比较、他人评价和社会成就等方面来了解自己。一个人对自己的价值认识是通过与他人的能力和条件进行比较而实现的。大学生自我认知就是通过社会比较而不断完善的。大学生喜欢与自己的同辈进行比较，在比较中看到自己的价值，也看到自己的不足，从而建立客观的自我评价。同时，他人的评价也是自我认知的一面镜子，大学生可以通过他人评价不断修正认知上的偏差，力争达到自我评价与他人评价的统一，从而使自我意识不断完善。此外，凭借自身的社会成就来了解自己，可以更加客观地认识自我。总之，大学生在校园中通过人际交往学会正确、客观地评价自我，是走向成熟的重要标志。在交往过程中，正确的自我认知也是人们选择正确的态度和行为去回应外界环境需要的前提条件之一。

（2）知彼。对他人的认知就是在交往过程中对他人的认识和了解。通过一定时间的交往，大家往往会对交往的对象形成一定的看法，并选择和确定与其交往的态度和行为。当然，了解他人并不是易事，不是一朝一夕可以完成的，而是需要相当长时间的交往，"路遥知马力，日久见人心"就是最好的注解。对他人认知的意义就在于对他人的认知将决定我们与他人相处的态度和行为方式是否适合与得体。

2. 交谈的艺术——会说也会听

交谈是人际交往过程中最主要的沟通方式之一，把握好交谈的艺术可以让我们在人际交往中更加游刃有余。

（1）会说。"良言一句三冬暖，恶语伤人六月寒"，交谈的效果不仅取决于交谈的内容，也取决于交谈的方式和方法。

①说话得体，恰如其分。交谈时注意语言分寸，合乎尺度。话说到什么地步，要求提到什么程度，应视交往对象而定，不超过双方的心理承受范围，不引起对方的反感。任何夸大其词、言过其实或词不达意都会影响交往顺利进行。

②利用幽默营造轻松氛围。幽默来自拉丁文的音译，原意为植物中起润滑作用的汁液。在交谈出现阻碍时，幽默可以减少尴尬，多点欢笑。一位艺术家说过："幽默能让人们在快乐的境界中交流思想与观点，就像音乐那样，它能使陌生人走到一起并成为朋友。"幽默的人一般都善解人意而且随和，给人以亲近感，反之，就难免让人感觉枯燥乏味。

③赞美他人，拉近距离。"赠人玫瑰，手有余香。"每个人都希望得到他人的注意和肯定，而赞美和欣赏正是满足这种需求的一种最直接的方式。在交往过程中，我们应抱着欣赏的态度对待每个人，时时留心身边的人或事，多去发现别人的优点和长处。一句真诚的赞美往往可以给他人带去好心情。在大学里，有些学生由于家境、容貌、见识等而有一种自卑感，他们需要得到认同与鼓励。这时，一句由衷的赞美很可能会让他们重拾自信，给他们的生活带去阳光，甚至改变他们的命运。

（2）会听。"凡是见过他的人几乎都不会忘记他。他身上焕发着一种吸引人的力量。他长得英俊固然是一个原因，但是给人留下第一印象的是他的眼睛。你会感到他在全神贯注地看着你，他会记住你和他说过的话。他是一个让人一见就倍感亲切的人，他有人际交往的天赋。"这是一位美国资深外交官对周恩来总理的中肯评价。学会倾听，是尊重他人的重要表现。一位心理学家说过："聆听，而不是单纯地复述，可能是最诚挚的奉承。"每当你听别人讲话不专心时，就会传达出这样一个信息——你不看重他；反之，当你洗耳恭听时，会让他感受到你的真诚和尊重。对于大学生而言，学会倾听，就是要学会在与人交谈的过程中克服浮躁之气和轻慢之举，做到认真而仔细地听取他人的讲话。在神情专注的同时，还应有点头之类的回应，以表示非常重视对方的谈话。这不仅会给他人留下良好而深刻的印象，还会因为提高了他人的自信心而有利于建立良好的人际关系。

3. 应变的艺术——进退自如

环境在变，时势在变，事态在变，生活也在变。若想要适应环境和时势的更迭，应付事态和生活的变化，就要学会应变。现代社会飞速发展，生活日新月异，人们更需要学会应变、善于应变。现代经济及其相关领域的竞争日益激烈，给人们的应变能力提出了更多的要求。

（1）学会善待他人。在人际交往的过程中，要想有个好人缘，学会善待他人是至关重要的，善待他人就是善待自己。你在帮助别人的同时，无形之中就已经投资感情，别人会把你的帮助永远记在心中，只要一有机会，他们会主动报答你。善待他人就是在他人有难时能主动给予帮助，在他人落难时能给予鼓励和支持，在他人知错能改时能给予宽恕。

案例 8-2 价值一杯牛奶的医药费

一个贫穷的小男孩为了攒够学费挨家挨户地推销商品。劳累了一整天的他十分饥饿，摸遍全身却只有一角钱。怎么办？他决定去一户人家讨口饭吃。当一位美丽的女孩打开房门时，这个小男孩却有点不知所措，他没有要饭，只乞求女孩给他一口水喝。这个女孩看到他饥饿的样子，就拿了一大杯牛奶给他。男孩喝完牛奶问道："我应该付多少钱？"女孩回答："不要一分钱。妈妈教导我们，施以爱心，不图回报。"男孩说："那么，就请接受我由衷的感谢吧！"说完，男孩离开了。此时，他不仅感到浑身是劲儿，而且仿佛看到妈妈正朝他点头微笑。其实，男孩本打算退学的，但是现在他放弃了这个念头。

数年之后，那位美丽的女孩得了一种罕见的怪病，当地医生对此束手无策。最后，她被转到大城市，由专家会诊治疗。当年那个小男孩如今是大名鼎鼎的霍华德·凯利医生了，他就在专家之列。当他看到病历上病人的资料时，一个奇怪的念头霎时闪过他的脑海，他马上起身直奔病房。来到病房，凯利医生一眼就认出床上躺着的病人正是那位曾经帮助他的恩人。他回到办公室，决心一定要竭尽所能治好这个病人。经过艰辛努力，手术成功了。凯利医生要求把医药费的账单寄到他那里，他在账单上签了字。

当账单返回病人手里时，她不敢看，因为她确信治疗的费用可以让她倾家荡产。最终，当她鼓起勇气去看那个账单时，账单上旁边的一排手写的小字引起她的注意，她不禁念出声："医药费，一杯牛奶。霍华德·凯利医生。"

（2）学会微笑。微笑是最自然、最真诚的情感表达，没有人会拒绝真心的微笑。"相逢一笑泯恩仇"就体现了微笑的力量。微笑不仅是自信的象征，还是礼貌的表现。在现实生活中，如果人人脸上都带着微笑，就会使置身其中的人感到融洽、平和。微笑就是一种磁力，能够使人的心灵相通、相近、相亲。

（3）学会拒绝。拒绝就是取消、否决，是一种个人选择，如同接受一样是一种权利。古语"有所不为才能有所为"中的"不为"就是拒绝。不会拒绝是现代大学生正常生活和人际交往的一大弊病。同学要你帮忙走后门，老乡向你推销产品，明明想说"不"的你，却因碍于面子而不拒绝，过后又悔不当初，陷入不安与沮丧中，最终只会伤害自己。

（4）学会保持界限。界限是指在人际关系中，清楚地知道自己和他人的责任和权力范围，既保护自己的个人空间不受侵犯，也不侵犯他人的个人空间。在一个多元社会里，我们需要承认彼此的不同，尊重彼此的不同，在保持各自独特性的情况下和谐共处。人与人之间的"边界"不像皮肤那样看得见、摸得着，但是这个"边界"在我们每个人的心里。我们每个人在与他人交往时，都能感知自己和他人的边界。但是，这种感知能力的个体差异很大，有的人能明确地知道自己的边界在哪里、他人的边界是什么，但还有很多人不是很清楚，尤其是在比较亲近的关系（好朋友、男女朋友等）里更是如此。处理不好人际交往的界限，往往会给自己和别人带来很多麻烦。

二、如何拓展人脉

人脉是当代社会每一个人都关注的重要资源，它就像无边无际的海洋，取之不尽、用之不竭。人脉的宽窄几乎可以决定一个人将来事业的广度，人脉越多，事业范围越广泛，做起事来越顺利。人脉需要不断经营，人脉链条也需要不断拓展。

(一)学会主动交往

人际交往重在交往,没有交往就不可能与他人建立良好的人际关系。因此,一定要积极主动参与社交往来,不要消极等待。在生活中,很多人常常有这种想法:"让他带头吧""让他打电话给我吧""让他先找我吧"。如果在社交中只是被动地等待别人的接纳,那么我们只能做人际交往的响应者而不是激发者、促进者,所交往的朋友也就非常有限。

(二)遵循"二八法则"

企业经营管理中有一个著名的"二八法则",通常的意义是说,企业中20%的产品在创造企业80%的利润,20%的顾客为企业带来80%的收入。这个法则告诉我们,要抓住那些决定事物命运和本质的关键的少数。经营人脉资源也是如此。也许,对你一生的前途、命运起重大影响和决定作用的也就是那么几个重要人物,甚至只是一个人。所以,我们不能在每个人身上平均使用我们的时间、精力和资源,必须区别对待,必须对影响或可能影响我们前途、命运的20%的贵人花费80%的时间、精力和资源。

(三)随处结缘

所谓结缘,就是和他人建立融洽的关系和良好的沟通。人生最可贵的一件事就是结缘,为了我们自己生活愉悦,也为了这个世界更加美好,广结善缘非常重要。如何才能广结善缘呢?过去,有人在路上点一盏路灯和行人结缘,有人建一个茶亭施茶与人结缘,有人造一座桥衔接两岸与人结缘,有人挖一口水井供养大众以结缘,这些都是很可贵的善缘,只要有善心,善缘处处在。

(四)长线投资

友谊之花需要经年累月的培养,做人做事不可急功近利,善于放长线的人才能钓大鱼。四通八达的人脉网络需要爱心的浇灌,需要精心梳理,需要细心呵护,需要耐心期待。所以,最好将人脉资源经营管理纳入你长期和短期的职业、事业规划之中,逐步养成经营人脉的习惯。

> **案例 8-3** *董事长的价值投资*

某中小企业的董事长长期承包某大型电器公司的工程,这位董事长的人际交往方式与一般企业家的不同之处是不仅热情对待公司的重要人物,也殷勤款待年轻的职员。谁都知道,这位董事长并非无的放矢。他总是想方设法对电器公司中各员工的学历、人际关系、工作能力和业绩进行全面的调查和了解,当他认为某员工大有可为,以后会成为该公司的重要人物时,不管这个员工有多年轻,他都尽心款待。这位董事长这样做的目的是为日后获得更多的利益做准备。

这位董事长明白,十个欠他人情债的人当中,有九个会给他带来意想不到的收益。他现在做的"亏本"生意,日后会利滚利地收回。所以,当自己所看中的某位年轻员工晋升时，他会立即跑去庆祝，赠送礼物，同时还邀请他到高级餐馆用餐。这位晋升者很少去过这类场所，因此对他的这种盛情款待自然倍加感动，心想：我从前从未给过这位董事长任何好处，并且现在也没有掌握重大交易决策权，这位董事长真是位大好人！无形之中，这位晋升者自然产生了感恩图报的意识。正在受宠若惊之际，这位董事长却说："我们公司能有今日，完全是靠贵公司的抬举，因此，我向你这位优秀的员工表示谢意，也是应该的。"这样说的用意是不想让这位员工有太大的心理负担。这样，当有朝一日这些员工晋升至经理等要职时，还记着这位董事长的恩惠。因此，在生意竞争十分激烈的时期，许多承包商倒闭的倒闭、破产的破产，而这位董事长的公司仍旧生意兴隆，这就是他平常关系投资多的结果。

与其亡羊补牢，不如未雨绸缪。提前做好友情投资，将来的职业发展才会更加顺利。

第二节 有效参与社团活动

高校学生社团是高校学生依据兴趣爱好自愿组成，按照章程自主开展活动的学生组织。中华全国学生联合会早期就是学生社团组织。我国第一个严格意义上的高等学校学生社团是1904年成立的京师大学堂抗俄铁血会，当时的青年学生通过集会、演讲、办报、发传单等方式抗议日本、俄国在我国东北地区发动战争。1918年，毛泽东在湖南第一师范发起组织了新民学会，"改造中国与世界"成为学会的指导方针。1919年5月4日前后，五四运动等爱国运动催生出了一大批现代意义的学生社团。1919年9月16日，觉悟社在天津成立。觉悟社是一个组织严密的团体，主要从事一些科学和新思潮的研究，周恩来和邓颖超都是该社团的第一批社员。社员们常在一起议论和研究一些新思潮，打破封建习俗，在广泛交流中探求真理。如今，高校社团较之以前发生了天翻地覆的变化，但是其本质并没有改变：学生社团是大学生进行"自我教育、自我管理、自我服务"的一种实践形式。社团活动不仅可以加强学生之间的交流与合作，还能锻炼学生做事的本领。优秀的社团和丰富的社团活动对大学生的成长和成才起着非常重要的积极作用。

一、学生社团的类型

现在，大学里的学生社团种类繁多，可谓琳琅满目。大学生社团大致可以分为以下七种基本类型。

（一）理论学习型

此类社团是一种以理论学习为主要内容，以思想宣传为主要目标的学生组织，如马列主义研究会、"三个代表"重要思想研究会、大学生科学发展观研究会等。

(二)人生发展型

此类社团主要通过开展有关心理健康、职业生涯规划、创业、模拟招聘等与学生自身发展密切相关的活动来促进学生的身心发展。如心理协会、职业生涯规划协会、创业协会、情商协会等均属于此类社团。此类社团与大学生的自身发展密切相关，因而对很多学生有比较大的吸引力。

(三)知识普及型

此类社团主要是通过开展各种活动来普及某一领域知识，如图片社、英语协会、读书会、集邮协会等。这些社团开展的活动不仅可以让学生获得某一领域的知识，还兼具娱乐的性质，因此深受广大学生的喜爱。

(四)专业实践型

此类社团旨在通过专业实践活动加深学生对课堂所学理论知识的理解和应用，提升学生的专业技能。如建模协会、人力资源管理协会、法律协会、市场营销协会、农村发展研究会、陶行知教育思想研究会等均属于此类社团。

(五)文体娱乐型

此类社团创立的主要目的在于丰富大学生的业余生活，娱乐身心，陶冶情操，学会某种文体活动技能，提高文化艺术修养和身体素质。如书法协会、笛子协会、轮滑协会、吉他协会、足球协会等属于此类社团。文体娱乐型的社团活动集中了一大批有各种兴趣爱好和特长的学生，涉及范围较广，大学生的参与兴趣较强。

(六)社会公益型

此类社团是以服务社会，传递爱心为宗旨的团体，如红十字会、爱心社、绿色协会、大学生服务社、青年志愿者协会等。社会公益型社团对大学生了解社会、服务社会、培养服务他人的意识具有十分重要的意义。

(七)游览旅游型

此类社团主要是指那些在业余时间里，尤其是在寒暑假，以游览参观的形式使大学生增加见闻阅历、丰富知识面的学生社团，如自行车协会、登山协会等。此类社团在增加大学生见闻阅历的同时，还可以让大学生直接接触大自然，更深刻地感受自然界的美好。

二、如何选择社团组织

社团活动虽然可以带来众多好处，但是我们的时间和精力毕竟是有限的。只有合理选择、真情投入相应的社团活动，才能充分锻炼自己，提高自身的综合素质，否则会事与愿违，不仅得不到锻炼，还可能会影响正常的学习。那么，应该如何选择社团呢？

（一）明确目标

在选择社团前，一定要问自己这样一个问题：自己身上最欠缺的是什么？参加社团是为了满足我们的兴趣和爱好，但仅仅满足于此是不够的，一定要学会把社团当作一个锻炼自己、提高自己的地方。不同社团的建立目标是不一样的。有些是为了普及某一科学文化知识，有些是为了帮助学生了解职场、明确职业发展目标……，因此，在参加社团前，一定要明确自身的需求，千万不要随波逐流，更不要被他人"忽悠"。

（二）不能只看名称

有些社团为了吸引学生加入，往往会取一些好听的名字，其实名不副实。有的社团在创办之初，活动开展得有声有色，但是后来出现"虎头蛇尾"，甚至出现"有始无终"的现象。针对这种情况，我们一定要擦亮眼睛，不要仅凭名称或招新同学的一面之词就草率地加入。损失一点会费还是其次，最重要的是浪费时间和精力。为选择到能满足自己需要的社团，我们可以从三个方面着手去了解某个社团：一是要看社团的活动安排；二是向学长了解，初到大学的学生对多数校园社团知之甚少，这就需要向有经验的学长请教，然后再慎重选择；三是对于有固定场所的社团，我们要亲自前往观察与交流，以求深入了解其内部情况。

（三）不要贪多

案例8-4　贪多，得不偿失

马雯在一所语言类职业技术大学学习法语，学了两年，算不上特别精通，法语的烦琐发音让她很烦。高中的时候，马雯的英语很好，特别是口语，让很多人被折服。但是，进入大学两年后，她的英语基本荒废了。现在她的英语和法语都是半吊子，她很着急。她想如果当初她能选择英语，现在应该可以称得上"精通英语"了。

马雯个性开朗，也很积极。大一的时候她曾参加了15个社团，整天忙得不亦乐乎。她现在回想起来，觉得这对她的学习可能也产生了一些影响。后来，马雯选择了继续留在3个社团里，但是由于不能把精力完全集中在某一个社团上面，她在社团里都不是领头式的人物，很没有成就感。

她想，假如现在让她回到大一，她会从一开始就搞清楚她到底要什么，确定目标。她觉得如果一开始有个人能稍微给她指一下路就好了，她就不会走这么多弯路还不知道路在何方，一事无成了。

面对琳琅满目的社团，有的学生充满热情，见一个报一个，在各种社团之间来回奔波，忙得不亦乐乎。可到头来精疲力竭，不但没能好好体会一下社团，还耽误了课程的学习。在大学里，学习永远是第一的。社团活动虽然丰富多彩，但要尽量避免与正常学习发生冲突。学有余力的学生可以参加 2~3 个社团。一般而言，选择 1 个最能满足自身发展需求的社团就足够了，否则会顾此失彼，甚至严重影响学业，得不偿失。

（四）不要为了加分

为了鼓励学生到社团去锻炼和成长，各个高校会在综合测评、学生评优评先等方面给参加社团的学生一定的加分。高校制定这类措施的初衷是好的，但有些学生显得过于功利，参加社团为了加分胜过为了锻炼自己。抱着这种功利主义思想加入社团，不仅不能提高自己，还会让社团丧失"自我教育、自我管理、自我服务"的本质。因此，加入社团的态度一定要端正，不能有功利主义思想，更不能抱着打发无聊时间的态度加入。

三、如何成为社团里的活跃分子

一旦选择了能满足自己发展需求的社团，就要努力让自己成为社团里的活跃分子。无论是社团的核心成员，还是普通成员，都要扮演好自己的角色，没有付出就不会有收获。

（一）积极融入社团

学生社团虽然在组织上比较松散，结构上也不是那么严密，每个人都可以自由加入和放弃，但是，既然是自己经过精心选择而加入的，就一定要试着积极融入这个新的集体。有的学生老是站在城墙外边，以一个局外人的心态看待社团，当然会觉得社团活动没什么意思，最终没有收获也是再自然不过的。那么，如何积极融入社团呢？第一，从内心深处要认同这个新集体，接纳这个新集体。第二，从行动上要积极融入新集体。比如，在社团开展活动时，一定要积极配合和参与。第三，不管是作为社员还是负责人，都要经常以主人翁的身份思考社团建设的问题。社团的建设不能仅靠负责人，而要依靠所有成员的齐心协力才能取得成效。

（二）争做社团负责人

参与学生社团当然不是为了谋取一官半职，但是从客观上讲，社团负责人和普通社员从社团里获得的收获是不一样的。负责人要经常负责开展各类社团活动，而为了开展活动又经常需要与校内外各种人打交道。一方面，落实场地、联系老师、拉赞助、组织学生等能起到锻炼人的作用；另一方面，社员遇到困难可以选择放弃，但是负责人不可以轻言放弃，身在其位，必须谋其政，职位会迫使负责人去解决困难，在解决困难的过程当中就会有所成长。

第三节 自主开展社会实践

社会实践是大学生自我锻炼、自我提升的一个重要途径。提及社会实践，人们往往将社会实践等同学校安排的各类暑期社会实践活动。社会实践包含的范围非常广，既包括各种兼职，还包括职场见习、专业实习等。与社团活动一样，社会实践是每个当代大学生在大学阶段都应该参与的一项活动。

一、社会实践的作用

案例8-5　尝试新事物，发现不一样的自己[①]

为了更好地规划职业生涯，也为了提前感受一下德企的环境，大四的下学期我申请了奥迪中国物流部的实习工作。奥迪的工作环境是开放而且平等的，实习生和正式员工坐在一起，有独立的工作内容，同时可以在公司享受一定的福利和参加员工活动。每个实习生都会被分配一位同事作为导师，在其指导下完成工作。这些都鼓励我在完成基本工作的基础上，去尝试思考和优化团队的工作流程。为了构建一个"学习型组织"，我们的实习生团队也将日常工作中遇到的疑难问题和探索到的解决方案编写成册，希望把所积累到的经验转化为财富。6个月的实习让我感触良多，除专业知识外，在日常工作中我还积累了很多办公软件的使用技巧，在与他人交流的过程中我了解了许多基本的礼仪和沟通方法，在跟进项目的过程中我学会了怎样更好地规划时间。另外，我也在不断尝试着学以致用，和老板、同事交流，并且向他们说出我的想法和对部门的建议。通过这些实践，我更深入地挖掘了自己，锻炼了自己。

（一）亲身感受职场

现在上网非常便利，网络上也充斥着各类资讯。很多学生由于缺乏胆量或出于其他原因，而选择通过网络查询的方式去认识职场，但是网络只是探索工作世界的方式之一，仅仅依靠网络是不够的。通过网络获得的信息是一种间接信息，形成的认识是理性认识。由于缺乏实际工作经验，理性层面的认识很难引起我们内心的触动，而通过亲身实践获得的职场信息会让我们对职场有一个真切的感受，这种感受会让我们逐步明确自己的职业发展方向，规划好大学生涯。

[①] 苏文平，丁丁. 本科生职业生涯规划与就业指导案例集[M]. 北京：北京航空航天大学出版社，2019：189.

(二）认识自己

亲身实践是一种认识自己的最好方式。大学生需要学习很多的东西，如与人相处的能力、沟通能力、社会适应能力等。通过社会实践，我们可以看到自己身上欠缺的方面，从而明确我们学习和努力的方向。比如，有个学生利用业余时间到北京一家服装专卖店打工，通过这次经历他更清楚地认识了自己。以下是这个学生对老师的讲述："老师，今年7月25日到8月初，我在北京的一家服装专卖店打工。这次经历让我更清楚地了解了我自己。我以前一直认为自己很行、很厉害，但事实上不是那么回事。我没技能、没经验、没胆识、没文化、没口才……，我好像什么都没有。在家里，我是老大，我说了算，那是因为在家里有父母宠着、兄弟姐妹罩着。踏进社会，我就什么都不是了，在别人眼里我就是个初出茅庐的推销员。遭白眼，被赶出来，被拒绝……，所有的所有都是我没有经历过的。我不再有父母替我挡着了，一切都要自己面对。我怕过、逃过，几度想放弃，但是信念仍在。我要坚持、要努力、要奋斗。经过这一切，我知道自己是谁，知道自己还缺少什么，我会带着更明确的目标继续我的大学生活。"这个案例告诉我们，参与社会实践不仅有助于我们认识职场，还可以让我们对自己有一个更加客观的认识。

（三）学会做事

目前，不少用人单位在招聘大学生时，提出了所谓"工作经验"的要求。很多学生对此产生了误解，认为不合理。其实，用人单位看重的并不是实际工作经验，而是职业能力，即做事的本领。实践出真知，做事的本领来自不断的实践。参与社会实践，一方面能让我们有机会将理论知识转化为实际能力，另一方面能让我们掌握做事的方式和方法，提高自身各方面的能力和素质。曾经有人通过调查发现，参加过社团的，尤其是参加社会实践类活动较多的学生在环境适应能力、对挫折的心理承受能力、创新能力、个人才能、人际交往能力、合作意识、竞争意识等七个方面明显要优于其他学生。

（四）提高社会化程度

社会化是一个人内化社会价值标准、学习角色技能、适应社会生活的过程。社会化是个人取得特定社会成员资格的唯一途径，社会化的成功与否直接关系到个人跨入社会后的成败。由于大学生从小到大一直生活在学校里，较少接触社会，因此很多思想和行为会显得过于"学生气"。如何快速地把自己培养成一个独立、成熟的社会人，提高自己的社会化程度，唯一的途径就是走进社会，融入职场。

二、如何开展社会实践

为了帮助学生了解社会,将理论知识转变为实践技能,各个高校都会根据自身情况安排各类社会实践活动,如暑期社会调查、专业实习等。但是,作为一个生活在人才竞争如此激烈背景下的大学生,学校所安排的社会实践不管是在数量上还是在个性化程度上都是不够的。而且,我们还要认识到,大学期间的社会实践是一个不断进行的过程,不能停滞于一两次实践之中。不同年级应该开展侧重点不一样的社会实践(表8-1),形成一个梯度,使社会实践的"含金量"逐步提高。

表8-1 大学阶段社会实践的梯度

年级	类型	主要目的	方式
大一	认知型	认识社会 提高综合素质 在实践中寻找机会	各类兼职
大二	见习型	提高综合素质 了解本行业的情况 了解企业对本专业人才的素质要求	兼职、企业参观、见习
大三	实习型	进入企业,提高专业技能	各类专业实习
大四	就业型	与用人单位接触,获得就业机会	兼职、志愿者

(一)大一:认知型社会实践

大学一年级的学生还没有接触太多专业知识,因而社会实践的重心应该放在进入门槛比较低的各类社会兼职上,如做家教、促销、做服务员、做校园代理等。通过这些社会实践:一是接触社会,认识社会;二是锻炼自己,为自己将来做"含金量"更高的社会实践做心理、能力等方面的准备;三是从这些社会实践中发现"含金量"更高的社会实践。

(二)大二:见习型社会实践

大学二年级的学生开始进行比较集中的专业基础课程学习,具备了一定的专业知识、解决问题的能力。但是,目前绝大部分企业在招聘实习生的时候,往往喜欢要大学三年级的学生。因此,大学二年级的学生在从事社会实践时应该注意两个问题:一是可以继续从事一些社会兼职,但是要注意提高工作难度,从而更大程度地提升自己;二是可以尝试与用人单位联系,到企业去做见习。职场见习,一方面可以帮助我们对本行业、本专业形成一个更加深刻的认识,另一方面可以对我们在校期间的学习形成一个反馈,从而帮助我们调整今后的学习内容和方式。

(三)大三:实习型社会实践

大学三年级的学生已经接触到了比较多的专业知识,形成一个比较系统的专业知识体系。因此，大学三年级的学生应该主动联系企业，做专业实习，提高自己的业务能力。虽然现在的高校几乎都会在大三安排学生去实习，但是业务能力的提升需要不断实践，因此当代大学生除了认认真真完成学校安排的专业实习，还要积极主动地联系企业去做专业实习。目前，很多知名企业为了招聘到更多潜在的优秀人才，缩短大学毕业生的职场适应期，向大学生特别是向大学三年级的学生提供了各类实习岗位。从工作时间来说，有全职的，也有兼职的；有寒暑期的，也有平时的。同学们应该有意识、主动地联系企业，争取实习生的岗位。需要在这一年参加继续深造考试的大三学生也应尽快做出决定，安排好时间，平衡专业实习与针对考试的学习。

（四）大四：就业型社会实践

进入大学四年级后，决定继续深造的学生应该从社会实践活动中果断抽身，全力以赴备战考试。而对于准备就业的学生来说，一方面要准备求职材料，获取就业信息；另一方面，仍然可以从事一些社会实践活动，但是此时的社会实践活动应该是那些有更多机会与用人单位接触的社会实践活动。比如，进入人才招聘服务机构做兼职或志愿者。研究发现，利用直接与用人单位接触的方式求职成功的概率远远高于利用传统方式求职成功的概率。

本章小结

1. 人际交往的原则：相互尊重、平等互敬、诚实可信、互助互利、求同存异和宽以待人。人际交往的艺术：认知的艺术、交谈的艺术和应变的艺术。

2. 拓展人脉的方法：学会主动交往、遵循"二八法则"、随处结缘、长线投资。

3. 学生社团的类型：理论学习型、人生发展型、知识普及型、专业实践型、文体娱乐型、社会公益型、游览旅游型。参与社团时，要慎重选择、真情投入。

4. 大一要进行认知型社会实践，大二要进行见习型社会实践，大三要进行实习型社会实践，大四要进行就业型社会实践。

相关资源

1. 实习吧（http://www.shixi8.com）。
2. 应届生求职网（http://www.yingjiesheng.com）。

延伸阅读

实习信息从哪里来

1. 网络：专业招聘网站、校园BBS及相关论坛、公司网站等

（1）国内知名的及专门针对大学生的招聘网站和目标公司网站。一般公司的实习

生招聘消息会通过自己公司的网站以及一些人力资源网站和电视媒体等形式来发布。另外，还有一种形式值得关注，即有些公司招聘实习生的特殊渠道，如西门子公司的学生圈 SISC（Siemens Intern & Student Circle），利用已经形成的成熟的学生力量来招聘实习生。当然，这种找实习的途径成功概率比较低，有实力并且有信心和耐心的学生不妨一试。

相关链接：

http://www.shixi8.com（实习吧）

http://www.yingjiesheng.com（应届生求职网）

https://www.tedahr.com（泰达人才网）

http://campus.chinahr.com（中华英才网）

https://www.51job.com（前程无忧）

https://www.zhaopin.com（智联招聘）

（2）院校就业网站。近年来，各高校都相继建立了自己的就业网站，这些网站专门发布就业信息、实习信息。许多大型企业包括跨国公司与高校都保持着密切的关系，他们一旦有招募大学生实习的计划，就会和培养相关专业人才的学校或院系的相关部门联系，请其代为发布招募信息。另外，学校就业网站上发布的信息具有针对性，并通过学生就业指导中心把关，更加安全而且针对性强。特点：权威、对口、有保障。

（3）校园 BBS 和其他相关论坛。有过实习经历的学长们经常光顾这些地方，所以更新速度快、时间性强，但可能会出现一些假消息，需要仔细辨别。

（4）公司网站。一些大型公司都有自己相当成熟的一套招聘体系，而公司网站正是这一体系中的重要一环。网站会适时地发布用人需求信息，其中包括招聘实习生岗位的信息，而大学生可以登录这些公司网站直接投递简历。特点：权威、含金量高、竞争激烈。

2. 校园宣讲会

企业每年都会前往各大院校召开校园宣讲会，对实习生招聘计划进行宣传，内容涉猎非常广泛，包括实习生招聘的岗位、实习期间一系列的培训计划、实习期间的薪酬福利、企业文化等。典型的有宝洁、通用电气公司等。宣讲会的信息通常发布在学校的就业网站上，还会发布在企业的官方网站上。特点：信息全面、互动性强。

3. 企业举办的项目竞赛、暑期活动或模拟招聘会

企业举办的项目竞赛一般以大型竞赛为主，如 SIFE 商业策划竞赛、各种软件设计竞赛等。这类竞赛的奖励一般都包括著名企业的实习机会。如果要参加这种比赛，要做充足的准备才能有望获胜。

有些公司提供一些暑期活动，如夏令营，先是接受公司大概一个月的培训，再进入公司实习，并且这种活动一般是免费的，所以如果有机会一定要抓住。

有些公司还会通过提供实习机会作为最终的奖励来对校园模拟招聘会提供赞助。这时参与模拟招聘会的最终胜出者就可以获得去某些大公司实习的机会。但是，用这种方式来取得实习机会需要做好充分的竞赛准备，花费的精力会很多。

4. 他人推荐

这是一个很重要的途径，向老师、家长、亲朋好友等传达你要寻找实习的信息，他们可能会向你推荐一些实习的机会。对于毕业生流向很集中的专业来说，如金融专业、建筑专业，尤其要重视与师兄、师姐的联系，这样可以及时知道招聘、实习的信息。特点：可靠、对口。

5. 自荐

这是一种大胆的方式，大多数人不敢尝试，但其实成功的概率也很高，不妨一试。

6. 中介公司或其他中介组织

中介公司也是一个很重要的实习信息收集渠道，但是要收费。另外，这里也存在鱼龙混杂的情况，需要仔细辨别。

再有，一些学生组织也会提供实习机会，当然，前提是你是它们的会员。比如AIESEC——国际经济学商学学生联合会，它的核心工作是国际实习生交换项目，即每年为全世界的大学生提供超过10000个跨国实习机会，其目的是通过为世界范围内的青年学生提供在其他国家和地区实习的机会，使他们拥有全球化的视野，加深对不同文化的理解。再如中港实习生协会（Hong Kong China Internship Association，HCIA），每年提供2000余个香港和内地的实习机会，主要合作伙伴有科尔尼管理咨询公司、渣打银行、东亚银行、汇丰银行、讯汇金融集团有限公司、康宏理财、富通银行、安盛国际金融等。

第九章

自我管理

> 如果不能掌控自己的生活，就会被他人控制。
>
> ——约翰·威廉·阿特金森[①]

 **本章学习要点**

1. 认识到时间管理的重要性，学会高效管理时间。
2. 了解人类情绪，学会有效识别自身情绪、他人情绪以及管理自身情绪。
3. 对逆境形成一个正确、积极的认知，学会有效驾驭逆境，提高逆商。

 **本章案例**

案例9-1 富兰克林的自我管理

富兰克林出身贫寒，只念了一年书就不得不在印刷厂做学徒。但他刻苦好学，自学数学和4门外语，成为美国著名的政治家、外交家、科学家、发明家。富兰克林是个普通人，他是怎样走向成功之路的呢？在人们好奇地打探他的成功秘诀时，富兰克林给出的答案就是良好的自我管理。

富兰克林把每天的作息时间列成表格，规定自己在何时工作，在何时休息，在何时做文艺活动，并且严格按照表中的内容执行。下面是他的时间表，可以作为参照。

时间	任务
5:00—7:00	·起床、洗漱、祷告、吃早餐 ·规划白天的任务和下决心 ·晨读和进修 ·思考：这一天将做些什么有意义的事
7:00—11:00	·切实执行一天的计划
11:00—13:00	·读书或查账 ·吃午饭

---

① 世界著名心理学家，美国心理学会杰出心理学贡献奖获得者。

续表

时间	任务
13：00—18：00	·迅速完成未做的工作 ·仔细检查已经做好的工作 ·有错的地方立即改正
18：00—22：00	·整理杂物 ·把用过的东西物归原处 ·晚餐、听音乐、娱乐、聊天 ·做每天的反省，并思考：我今天做了什么有益的事情
22：00—次日5：00	·好好休息

与此同时，富兰克林还十分注重品德习惯方面的自我培训，他列举了需要自己培养的13种美德，包括节制、有序、决心、镇静、谦虚等。为了培养这些品质，他做了一个小本子，用红笔在每页纸上画上表格，分别写上每周的7天，然后用竖线画出13个格子，每天用黑点记载当天某一美德方面的不足。这样不断反复练习，直至巩固。他每天检查自己的过失，目的在于养成这些美德。

人生的成功取决于一个人的天资和运气，更取决于对自我的把握和掌控。有效的自我管理可以帮助我们在有限的时间里开拓出人生的无限可能，极大地拓展我们的生命宽度，提高我们的生命质量。因此，学会自我管理的各种方法，并且在实际生活中加以应用是迈向成功的必由之路。

第一节 时间管理

时间是一种特殊的资源，对不同的人来说有不同的价值。对于活着的人来说，时间就是生命；对于赚钱的人来说，时间就是金钱；对于无聊的人来说，时间就是煎熬；而对于学生尤其是大学生来说，时间就是财富，是资本，是积累，是千金难买的无价之宝。学会高效地管理时间，做有价值的活动，去充实有限的时间而不是任由时间流逝，是现代人应该具备的一项基本技能。

一、时间都浪费在哪儿了

"一寸光阴一寸金，寸金难买寸光阴。"时间对于我们每个人来说都是非常宝贵的。然而，时间管理意识不足，或不会把握时间是大多数学生的共同现状。且听听几位"过来人"的话吧："上大学之初感觉好极了！认识好多人，参加各种社团，没有考试，没有作业……。可是，接下来我发现所有的事情都堆在一起，难以完成！""我宿舍的一个哥们儿整天闭门不出，他几乎把所有的时间都花在QQ聊天和网络游戏上。""上大学之后我似乎变成一只懒虫。平生头一回没有人告诉我该做什么，该什么时候做，于是我真的什么也没做——包括学习。"目前，很多学生存在严重的浪费时间的倾向，主要表现在显性和隐性两个方面。

（一）显性浪费时间

漫无边际地上网、逛街、聊天、发呆等，这种时间利用几乎不创造任何价值。这种情况产生的原因有大学生缺乏时间观念，缺乏计划性，缺少主动意识。缺乏时间观念主要是因为一些大学生的价值观和人生观不积极，他们读大学主要是为了混文凭。有些学生知道他们凭父母的权力和地位，就算不学习，毕业后也能找到一份很好的工作，所以他们在学校里就不学习，靠上网、聊天等来打发时间。缺乏计划性主要是因为一些学生没有时间管理意识，每天只知道按照事情发生的先后顺序来做事，没有明确的职业发展目标，过一天算一天，没有长远的打算。缺少主动意识主要是指一些学生不会合理分配时间，问题来了就解决问题，完全是一种被动的状态，而不是主动、积极地面对生活。

（二）隐性浪费时间

如上课神游、看书、听音乐、上课做其他课程的作业等给我们制造一个假象：我似乎正在专心从事手头的事情，实际上并非如此，这种情况有时甚至比什么都不干还要糟糕。因为，人的认知资源是有限的。首先，在重要的事情上一心二用是一种敷衍行为，它很可能会让重要的知识点在不经意间悄悄溜走，而我们自己并不知道；其次，心理学研究发现，在智能活动上做到一心二用是非常困难的。

二、管理你的时间

（一）时间管理的前提

时间管理只是一种方法和手段，这种方法和手段能不能被运用起来主要取决于行为当事人对时间的态度以及心理建设水平。

1. 珍惜时间

时间就如空气一样，每个人都可以免费得到。没有花费成本的东西，人们往往不知道珍惜。成本分为会计成本和机会成本。会计成本可以用货币计量，是可以在会计的账目上反映出来的。机会成本是指一种资源（如资金、劳力等）用于本项目而放弃用于其他项目时可能损失的利益。时间也是一种资源，如果任其白白浪费，也就损失了用于干其他事情而得到的收益。因此，我们要将时间看成一种资源，改变对时间的态度。

你的时间价值是多少，你计算过吗？请在表 9-1 "年收入（万元）"一栏中找到刚参加工作时你可能达到的年收入水平，再看看你的时间价值是多少。

表 9-1 你的时间价值是多少

年收入（万元）	年工作时间（天）	日工作时间（小时）	每天的价值（元）	每小时的价值（元）	每分钟的价值（元）
2	250	8	80	10	0.17
3	250	8	120	15	0.25
5	250	8	200	25	0.42
10	250	8	400	50	0.83
15	250	8	600	75	1.25
20	250	8	800	100	1.67

你的时间价值：每天_____元；每小时_____元；每分钟_____元。

2. 做好心理建设

意识决定行为，做好心理建设是时间管理的第二个前提。心理建设包括：要有时间管理的愿望，愿望是进行时间管理的关键；明确价值，确定长期、中期、短期目标，价值和目标是时间管理的核心；要有行动力，切实执行时间管理；要有自控能力，时间管理的过程其实就是自我管理的过程。

（二）时间管理的法则

1. 取舍法则

每个人的时间和精力是有限的，不可能做到面面俱到。因此，取舍法则是高效的时间管理的第一个法则。要在明确价值观和人生目标的基础上，知道哪些事情是不能舍弃的，哪些事情是必须舍弃的。俗话说："舍得，舍得，有舍才有得。"

2. 帕累托法则

如何取舍？这就需要我们遵循第二法则——帕累托法则，即我们通常所说的"二八法则"。其核心思想是生活中80%的结果几乎源于20%的活动。比如，20%的客户给你带来了80%的业绩，可能创造了80%的利润，世界上80%的财富是被20%的人掌握着。因此，我们要把注意力放在20%的关键事情上。

> **案例 9-2** 帕累托法则在销售中的运用

美国有一名叫威廉·努尔的企业家，最初他在公司销售油漆的时候，第一个月只赚了160美元。他仔细分析了自己销售量少的原因，做了一个销售图表。他发现80%的收益来自20%的客户，但是他对所有的客户花了同样的时间。于是，他把最不活跃的36个客户重新分配给其他销售员，而自己把精力重点放在那20%的客户身上。不久，他一个月就赚到1000美元。威廉·努尔从未放弃这个原则，后来他成了这家公司的董事局主席。他知道"二八法则"：20%的客户带来了80%的业绩。

3. 主次法则

矛盾有主要矛盾和次要矛盾之分，即使是处于20%以内的事情，也有主次之分。聪明人不会"眉毛胡子一把抓"，而是将焦点集中在主要矛盾上，等解决了主要矛盾之后，再逐步解决相对次要的矛盾。

案例9-3　生命中的鹅卵石

在一堂时间管理课上，教授在桌上放了一个装水的罐子，然后又从桌子下面拿出一个拳头大小、正好可以从罐口放进罐子的鹅卵石，当教授用石块把罐子填满后，他问班上的学生道："你们说，这罐子是不是满的？""是！"所有的学生异口同声地回答。"真的吗？"教授笑着问，然后从桌下拿出一袋碎石子，把碎石子从罐口倒进去，摇一摇，再加一些，然后再问他班上的学生："你们说，这罐子现在是不是满的？"这回他的学生不敢答得太快。最后，班上有位学生怯生生地细声答道："也许没有满。""很好！"教授说完，又从桌下拿出一袋沙子，然后把沙子慢慢倒进罐子，倒完后再问他班上的学生："现在你们告诉我，这个罐子是满，还是没满？""没有满。"全班同学这下学乖了，大家都很有信心地回答。"好极了！"教授再一次称赞这些"孺子可教"的学生们。称赞完后，教授从桌下拿出一大瓶水，把水倒进看起来已经被鹅卵石、碎石子、沙子填满的罐子。当这些事都做完后，教授正色地问他班上的同学："我们从上面这些事情学到了什么重要的道理？"班上一阵沉默，然后一位自以为聪明的学生回答："无论我们的工作多忙，行程排得多满，如果再努力一下的话，还是可以多做些事的。"这位学生回答完后心中很得意地想："这门课到底讲的是时间管理啊！"教授听到这样的回答后，点一点头，微笑道："答案不错，但这并不是我要告诉你们的重要的道理。"说到这里，这位教授故意顿住，扫视了全班同学一遍后说："我想告诉各位最重要的道理是，如果你不先将大的鹅卵石放进罐子里去，你也许以后永远没有机会把它们放进去了。"

（三）时间管理的方法

1. 做计划

做事情必须有计划，与其紧张地做事、依靠事情推动，不如自己推动事情、轻松前进。只要在时间上做好安排，就能做到这一点。花一点时间做计划，可以在做事过程中节省更多的时间。

尽管许多人都能意识到做计划的重要性，但仍有些人不愿意做计划。原因包括：①认为"船到桥头自然直"，没有必要在行动之前做过多的计划，在多变的环境中，很多时候是船到桥头不一定会"直"；②认为计划不如变化快，既然计划赶不上变化，还不如顺其自然，但正是因为世界变化太快，才需要未雨绸缪；③计划与结果总是有差距，故而对计划丧失信心；④不知道如何做计划。

2. 区分轻重缓急

著名管理学家史蒂芬·柯维提出了时间管理四象限法，即按照重要性和紧急程度将事情分为四类：重要紧急、重要不紧急、不重要紧急、不重要不紧急。根据帕累托法则，我们应该对四类事情采取不同的优先处理顺序：①重要且紧急（如救火、抢险等）——必须立刻做；②紧急但不重要（如有人打球缺队员而紧急约你，有人突然打电话请你吃饭）——只有在优先考虑了重要的事情后，再来考虑这类事情；③重要但不紧急（如学习、做计划、与人谈心、体检等）——只要是没有前一类事情的压力，应该当成紧急的事情去做，而不是拖延；④既不紧急也不重要（如娱乐、消遣等）——有闲工夫再说。

但是，现实中很多人出于各种原因在处理这四类事情时，出现了不合理的时间配置，如图9-1所示。

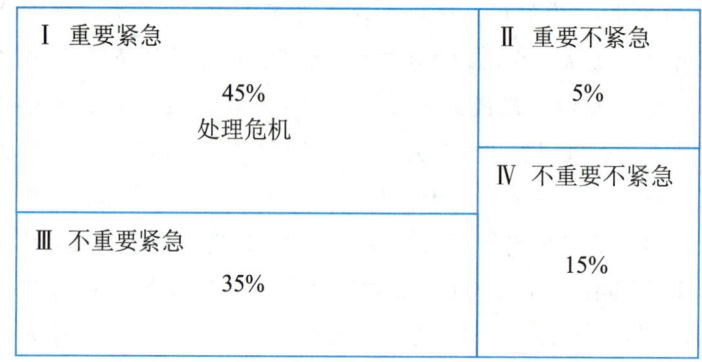

图9-1 不合理的时间配置

第一象限的事情是重要紧急的事情，因此需要马上处理。但是如果每天都在处理这类事情，那么这个人就成了消防员，会整天忙得一塌糊涂。因此，这种时间配置是错误的。合理的时间配置应该如图9-2所示。

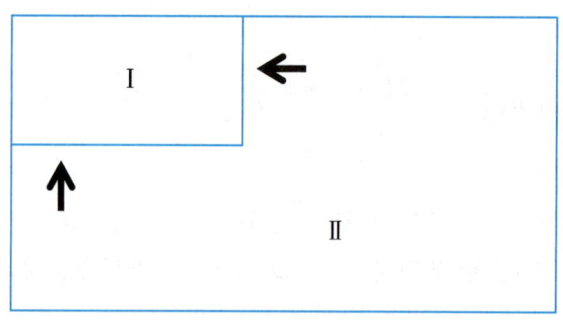

图9-2 合理的时间配置

我们应该将大量的时间和精力用在处理第二象限的事情上，通过计划提高效率，从而避免将重要不紧急的事情转变为重要紧急的事情；通过授权而将处于第三象限的事情交给他人去做，让自己从中抽身；通过说"不"而将处于第四象限的事情拒之门外，避免将时间浪费在毫无意义的事情上。

3. 善用零碎时间

案例 9-4　外卖小哥击败北大硕士

2018年，外卖小哥雷海为在《中国诗词大会》上击败北大硕士，成为第三季冠军。人们一定会认为，他背后付出的辛酸是常人无法想象的。但当记者问雷海为："你每天的作息时间是怎样的？哪有时间看诗词呢？"雷海为说："不管工作和生活多么忙碌，时间挤一挤还是有的。送外卖其实有很多碎片化的时间，这些时间用来背诗词是比较合适的。比如，在商家等餐的时候、在路上等红灯的时候，这些时间都可以用来背诗，下午两点半到四点半这段时间，我回到住处换电瓶、吃午饭，会有一个多小时的空闲时间。这个时间相对充足，就可以坐下来好好读几首诗词。"你看，等取餐、等红灯、回到住处换电瓶休息的时候，记一个把小时的诗词，辛苦吗？好像也没有到挑灯夜战的地步。辛酸吗？和你等红灯、坐地铁的时候其实是一样的。正是这日积月累的一个小时阅读，让一个外卖小哥击败了一名北大硕士。

雷海为的故事说明了零碎时间的力量，用经济学术语来说是复利思维。为清楚地理解复利的力量，我们来看一个问题："假设一张厚度为0.1毫米的普通纸张足够大，将其对折，再对折，如此重复64次，大概会有多高？"很多人想，一张纸才多厚呀？薄薄的一层，几乎可以忽略不计，对折64次，撑死了也就几层楼那么高，10米？20米？这已经算是极限了。而事实是，如果你算一下的话，一张薄薄的纸，对折64次，其高度约为184467441万千米，这个长度是什么概念？地球到月球的距离才38.4万千米。生活中有许多零碎的时间好像不太重要，干不了什么事情。虽然这些时间很短，却可以充分利用起来做一些事情。比如，等车的时间可以用来思考下一步的工作，翻翻报纸乃至记几个单词；运动时，可想一下遇到困难的事或者亟待解决的事；等等。善用零碎时间，把那些小块时间充分利用起来，用很少的时间来做一些小事，坚持下来，就能起到集腋成裘的效果。著名数学家陈景润十分珍惜时间，他曾给自己拟订了一份工作时间表，把一天24小时的分分秒秒都充分利用起来，即使在路上走路时也在读读背背。因此，在进行数学研究的同时，他还掌握了英语、俄语、法语、德语四门外语。

4. 学会说"不"

学会说"不"是避免干扰、保持焦点的一个重要方法。对那些不重要不紧急的事情说"不"，可以将注意力集中在关键的事情上。但是，说"不"对很多人来说可能是一件不好意思的事情。原因可能有以下几点：①害怕冒犯、得罪他人；②想做广受他人喜欢的好人；③不知道如何拒绝他人的请托。在人际交往中，只要是以一颗真诚之心，加上合理的表达，他人是可以接受"不"的。

5. 学会搁置

搁置不等于放弃。受到心理定式或者条件不成熟等因素的影响，有些重要事情暂时无法解决。此时，千万不要固执于解决不了的问题，可以先把问题记下来，等条件成熟了再去解决它们。这就有点像踢足球，左路打不开，就试试右路。总之，不要钻牛角尖，否则不仅解决不了问题，还会影响心情。

（四）时间管理工具

目前，人们发明了很多时间管理的工具，既有简单的，也有非常复杂的；既有纸质的，也有一些计算机软件。考虑到实际情况，以下主要介绍五种既简单又非常有效的时间管理工具。

1. 时间花费稽核表

根据你过去一周的活动情况，如实地填写图 9-3，并回答以下四个问题。

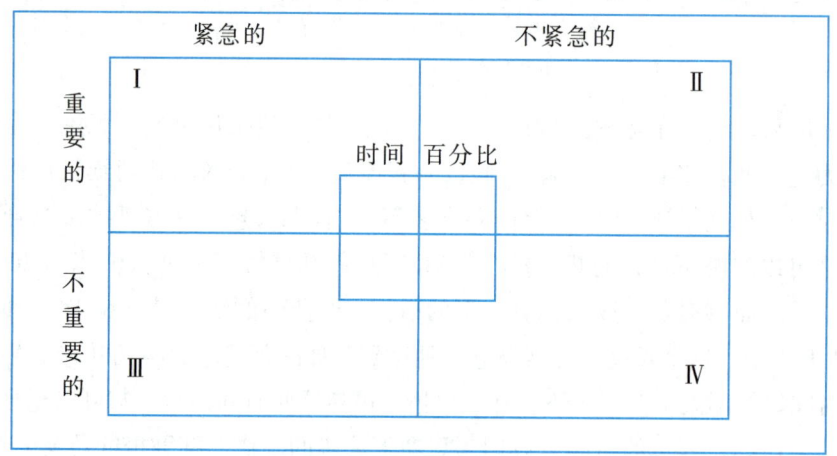

图 9-3　时间花费稽核表

（1）各象限时间的百分比大致是多少？
（2）你在哪一象限的事务中投入了最多的时间和精力？
（3）当花费大量时间和精力在第一象限的事务时，你的身体、心理发生了什么变化？
（4）当你不处理第一象限的事务时，你把时间花在哪一个象限了？

2. 时间日志分析

时间日志分析是一种通过简单记录某一时间段时间的应用情况，来分析时间利用情况的方法（表 9-2）。通过分析时间日志，可以发现行为当事人之前完全没有意识到的问题和行为。

表9-2 时间日志样本——一天中的部分时间[①]

日期：1月15日 星期二				
开始时间	结束时间	活动	效果	评价
8：30	9：00	阅读邮件	中	计划一天的时间
9：00	9：15	回复邮件	中	
9：15	9：35	安排下属工作	好	减少被打扰的次数
9：35	9：45	完成计划报告	好	安排主要任务
9：45	10：00	接听老板电话	差	询问昨天的工作情况
10：00	10：05	给地方办事处打电话	差	解决领导的问题
10：05	10：10	完成更多报告	好	完成第三步
10：10	10：30	喝咖啡，去卫生间	中	

3. 任务清单

把在相关时间（周、天等）内的所有任务列在一张活动清单上，然后根据任务的重要性和价值的相对大小依次排序（A代表必须做；B代表应该做；C代表可以做）（表9-3），最后对三类任务进行规划、处理。

表9-3 任务清单

任务	优先度			开始时间	结束时间	效果
	A	B	C			

4. 干扰情况分析表

根据表9-4如实填写你在某个时间段内所受到的干扰，并分析：①哪些干扰令你付出了最大代价；②谁是最经常、最明显的干扰者；③哪些干扰是可以避免的。

表9-4 干扰情况分析表

开始时间	干扰方式	事件	结束时间	干扰者	干扰原因

---

① 琼斯，洛夫特斯. A⁺时间管理法[M]. 赵晓晶，译. 北京：金城出版社，2010：84-85.

5. 时间利用改进计划表

要做一个高效的时间利用者，除了要经常反省自己的时间利用情况外，还要经常思考如何有效改进时间利用情况，以便使单位时间的效率和效能最大化，举例如表9-5所示。

表9-5　某同学的时间利用改进计划表

时间记录	有效时间	消耗过程	效率得分	改进意见
7：20 — 7：50	30分钟	起床，吃早餐	4	维持现状
7：50 — 8：00	10分钟	背单词	5	维持现状
8：00 — 11：40	3小时40分钟	上课	3.5	提高效率
11：40 — 13：00	1小时20分钟	吃午餐，洗衣服	4	维持现状
13：00 — 13：45	45分钟	午睡	4	维持现状
14：00 — 15：40	1小时40分钟	学习数学、英语	3	增加计划性，提高效率
15：40 — 17：00	1小时20分钟	参加班干部工作会议	2.5	权力下放，用人所长
17：00 — 17：30	30分钟	吃晚餐	4	维持现状
17：30 — 18：30	1小时	运动	5	维持现状
18：30 — 21：30	3小时	复习	3	提高效率
21：30 — 22：30	1小时	看课外书籍	3	增加计划性

三、高效管理你的时间

自我评估9-1：测测你的时间管理能力

请根据自己的实际情况，对照下面的每个问题，如实地给自己评分。计分方式：选择"从不"计0分，选择"有时"计1分，选择"经常"计2分，选择"总是"计3分。				
1. 我在每个学习或工作日之前，都能为计划中的学习或工作做些准备	从不	有时	经常	总是
2. 凡是可交给别人去做的，我都交出去	从不	有时	经常	总是
3. 我利用学习或工作进度表对学习或工作的任务与目标进行书面规定	从不	有时	经常	总是
4. 我尽量一次性处理完每项作业	从不	有时	经常	总是
5. 我每天列出一个应办事项清单，按重要顺序来排列，依次办理这些事情	从不	有时	经常	总是
6. 我尽量回避干扰电话、不速之客的来访，以及突然的约会	从不	有时	经常	总是
7. 我试着按照生理节奏的变化规律曲线来安排学习或工作	从不	有时	经常	总是
8. 我的日程表留有回旋余地，以便应对突发事件	从不	有时	经常	总是

| 9. 当其他人想占用我的时间，而我又必须处理更重要的事情时，我会说"不" | 从不 | 有时 | 经常 | 总是 |

说明：① 0~12 分：你自己没有时间规划，总是让别人牵着鼻子走；② 13~17 分：你试图掌握自己的时间，却不得要领，或者不能持之以恒；③ 18~22 分：你的时间管理状况良好；④ 23~27 分：你是值得学习的时间管理典范。

与中学相比，大学给了我们更多的自由时间。但这也意味着，我们应该以更强的责任感，用更有价值的活动去充实这些时间，而不是任由这些时间流逝。时间管理与每个人的成长、成才存在密切关系，管理学大师彼得·德鲁克说过："不能管理时间，便什么都不能管理。"因此，时间管理成为所有学生不可回避的问题。

第二节 情绪管理

情绪管理能力是我们人生必备的基础能力。能够管理自己情绪的人，多半是自己人生的主人。一个人的情绪管理能力不仅影响自己的心情，还会影响自己与他人的沟通以及事情的发展和结果。良好的情绪管理能力能够成为我们个人发展的内驱力，而经常情绪失控则容易破坏人际交往和损害身心健康。提升自我情绪管理能力在日常人际交往、工作生活中显得至关重要。

一、认识人类情绪

在具体讲述如何提高我们的情绪管理能力之前，让我们先学习一下有关情绪的知识。什么是情绪呢？情绪是人对客观事物主观、有意识的体验和感受，是人的需要是否获得满足的反映。情绪既可以是对情境的反应，如恐惧是对危险情境的反应；也可以引发行为，如愤怒可以引发我们做出攻击行为；情绪还可以成为行为的目标，如我们会以特定方式行事，给自己带来快乐和爱。

（一）基本情绪

情绪和情感是复杂多样的，古今中外对如何划分情绪和情感的种类提出了很多观点。比如，我国古代思想家荀子将情绪和情感分为好、恶、喜、怒、哀、乐六大类，倡导"六情说"。我国中医把情绪分为喜、怒、忧、思、悲、恐、惊，即"七情"。心理学创始人冯特将情绪分为愉快与不愉快、激动与平静、紧张与松弛。随着研究的深入，人们获得了有关人类情绪的更多知识。美国著名情绪心理学家普拉特切克认为人类的原始情绪有八种：悲痛、憎恨、狂怒、警惕、狂喜、钦佩、恐惧和惊奇。他的研究发现，无论任何年代、任何地域、任何人都拥有这八种基本情绪，普拉特切克根据强度、相似性和两极性来划分情绪，并用一个倒锥体模型（图 9-4）来形象说明其情绪理论。

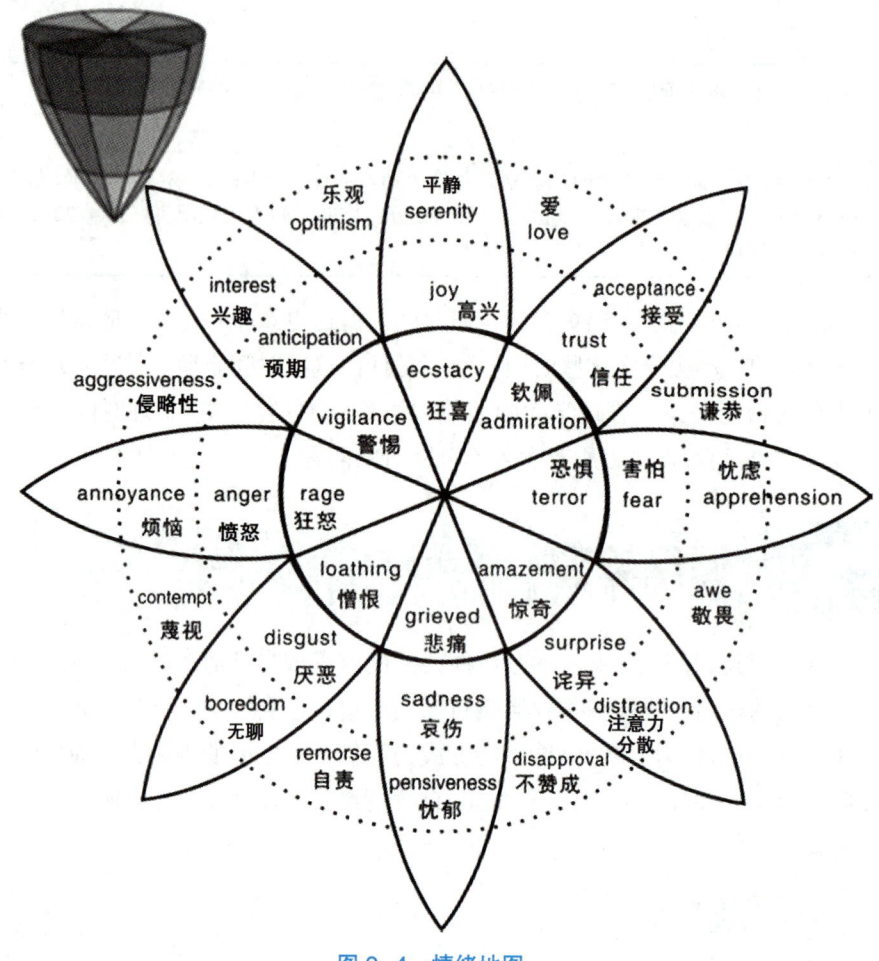

图 9-4 情绪地图

（1）锥体的截面被划分为八种原始情绪，其中相邻的情绪是相似的，对角位置的情绪是对立的，锥体自下而上表明情绪由弱到强的变化。由于这个锥面展开后形如一朵花，因此我们也把它称为"情绪地图"。情绪地图呈现的是人类最为基本的八种情绪，图中的八朵花瓣代表人类最基本的八种情绪。

（2）情绪并非难以捉摸、无法预测。这张情绪地图把情绪分为三层，越靠近边缘的情绪强度越弱，越靠近中心的情绪强度越强。比如，比愤怒平淡一些的同类情绪是烦恼，而比愤怒强烈一些的同类情绪则是狂怒。

（3）情绪又是复杂多样的。通常我们在同一时间也会存在多种不同情绪，而且两个相邻花瓣的情绪相加就可以产生第三种情绪。比如，高兴加上信任就是爱，愤怒加上厌恶就是蔑视。

（4）相对的情绪，相反的行动。两个相对的花瓣所代表的情绪是相反的。比如，与高兴相反的就是哀伤。而相反的情绪所带来的行为也是截然相反的。比如，害怕让我们逃跑，而愤怒则可能让我们主动出击。

（二）表情动作

表情动作是情绪的外部表现形式，是人们认识自己和他人情绪的一个主要途径。表情动作主要有三类：面部表情、身段表情、言语表情。

1. 面部表情

面部表情（facial expression）是指通过眼部肌肉、颜面肌肉和口部肌肉的变化来表现各种情绪状态。例如，眼睛不但可以传情，还可以交流思想。面部表情是一种十分重要的非语言交往手段，艺术家们往往会通过对人物面部表情的刻画来表现人物的情绪和情感，栩栩如生地展现人物的精神风貌。

2. 身段表情

身段表情（body expression）是除面部之外，身体其他部位的表情动作。人在不同的情绪状态下，身体姿态会发生不同的变化，如高兴时"捧腹大笑"，恐惧时"紧缩双肩"，紧张时"坐立不安"，等等。举手投足、两手叉腰、双腿起胯等身体姿势都可表达个人的某种情绪。

3. 言语表情

言语表情（language expression）是指情绪在言语的音调、节奏、速度等方面的表现。例如，人在喜悦时，语调高昂、语速较快、言语节奏感明显；悲伤时，语调低沉、语速缓慢、言语间断，语音高低差别很小、无节奏感；愤怒时，声音高尖且有颤抖，有时言语沙哑。

二、提升你的情绪管理能力

自我评估 9-2：你的情绪管理能力多高？[1]

请根据自己的实际感受和体会，用下面16项描述对自身情况进行评价和判断，并在最符合的数字上画"○"。1=非常不同意，2=不同意，3=有点不同意，4=不太确定，5=有点同意，6=同意，7=非常同意。得分越高，说明情绪管理能力越强。

1. 通常我能知道自己会有某些感受的原因	1	2	3	4	5	6	7
2. 我很了解自己的情绪	1	2	3	4	5	6	7
3. 我真的能明白自己的感受	1	2	3	4	5	6	7
4. 我常常知道自己为什么觉得开心或不高兴	1	2	3	4	5	6	7
5. 遇到困难时，我能控制自己的脾气	1	2	3	4	5	6	7
6. 我很能控制自己的情绪	1	2	3	4	5	6	7
7. 当我愤怒时，我通常能在很短的时间内冷静下来	1	2	3	4	5	6	7
8. 我对自己的情绪有很强的控制能力	1	2	3	4	5	6	7
9. 我通常能为自己制定目标并尽量完成这些目标	1	2	3	4	5	6	7

---

[1] LAW K S, WONG C S, SONG L J. The construct and criterion validity of emotional intelligence and its potential utility for management studies[J]. Journal of Applied Psychology, 2004, 89（03）: 483-496.

续表

10. 我经常告诉自己：我是一个有能力的人	1	2	3	4	5	6	7
11. 我是一个能鼓励自己的人	1	2	3	4	5	6	7
12. 我经常鼓励自己要做到最好	1	2	3	4	5	6	7
13. 我通常能从朋友的行为中猜到他们的情绪	1	2	3	4	5	6	7
14. 我观察别人情绪的能力很强	1	2	3	4	5	6	7
15. 我能很敏锐地洞悉别人的感受和情绪	1	2	3	4	5	6	7
16. 我很了解身边的人的情绪	1	2	3	4	5	6	7

（一）觉察自己真正的情绪

1. 体会内在的感觉

在这样一个竞争日趋激烈的社会，我们往往容易将注意的焦点放在外部世界，而很少用心去体会自己的内心世界。而要提高情绪管理能力、保持敏锐的觉察力，首先需要训练自己随时审查内心感受的倾向，能够随时把注意力由外在转移到自己的情绪和感受上，问一问自己此时此刻的感受是什么。例如，当你因为朋友约会迟到而对他冷言冷语时，问问自己："我为什么这么做？我现在有什么感觉？"如果你察觉你已对朋友三番两次的迟到感到生气时，你就可以对自己的生气做更好的处理。体会内在的感觉是情绪管理的第一步。

2. 写心情日记

增强情绪觉察力的另一个方法是写心情日记，将自己每天的情绪状态记录下来。

> **案例 9-5　某同学的心情日记**
>
> ××××年××月××日　天气　寒冷
>
> 今天阿花不知道哪根筋不对，讲话那么冲，我不过是叫她动作稍微快一点，她为什么要发那么大的脾气？简直就是莫名其妙！而且我已经那么客气地催她，又不是命令她，她凭什么对我那么凶，真是气死人！不过，我自己也很没用，每次遇到这种状况就只会自己气得要命，对方也没怎样。上次和大朱（小欣的男友）也是这样，他讲话大声一点，我自己就退回去了，连道理也讲不出，还连声道歉来安抚他，现在想想，还真有点委屈的感觉。我怎么会这样呢？

3. 写情绪记录表

除了情绪日记，写情绪记录表也是一个提高情绪觉察力的好方法。具体操作方法如下：清晨一觉醒来，就在情绪记录表上记录自己的情绪事件；睡前再记录一次，并将当天较为明显的情绪事件记录下来。这种方法不仅能帮助我们提高情绪觉察力，而且能帮助我们洞悉情绪与事件、想法之间的因果关系。每日情绪记录表如表 9-6 所示。

表 9-6 每日情绪记录表

12月	天气	清晨		睡前		重要事件	
		情绪	原因	情绪	原因	事件纪要	情绪
1（日）	晴	痛苦	必须从温暖的被窝中爬出来	愉悦	看了一本好书	老师说要交一篇读书心得	压力很大
2（一）	阴	忧郁	又变天了，又阴又冷	紧张	明天要考试	参加合唱比赛得奖	乐不可支
3（二）	阴雨	烦恼、担心	上学不便，怕考不好	生气	跟妈妈发生冲突	考试考得不理想	懊恼、挫折
4（三）							
5（四）							
6（五）							
7（六）							

4. 了解身体的"情绪地图"

案例 9-6　来自身体的情绪信息

对于自责情绪带来的疾病，49岁的李莉有深刻的体会。她是一家企业的董事，被严重的关节炎困扰了十几年，每逢天气变化都痛得在床上打滚，"寻死的心都有了"。家里的新别墅只有三层楼，她还要特别装部电梯，就是因为关节炎发作时连下楼的动作都让她痛不欲生。不过，连医生都宣布治不好的关节炎，现在已经离李莉远去了，因为在过去的一年里，她终于直面带来这个病的情绪，一天，她抚摸着腿痛的地方时脑海中突然冒出了两个字：自责。李莉恍然大悟，原来她的严苛批评不只对外人，还不放过自己。李莉不断地用欢乐的情绪来面对自责，痛一次比一次减弱。她忐忑不安地等待台风的检验，台风到来时她兴奋地发现，关节炎竟然没影了。

45岁的陈太太有着严重的皮肤湿疹，七年间，她在晚上睡觉时常全身发肿，无法入睡，皮肤科医生对此也束手无策。湿疹的根源在于内疚的情绪。陈太太的内疚在于，她把孩子送去英国读书，而孩子在国内时的成绩就很一般，这股内疚每晚都来撕扯她。当心理治疗师帮助陈太太正视她的内疚，并让她将母爱表达给孩子后，湿疹也消失了。

人的每一种情绪都会连带着某种生理反应（表9-7），眼睛看不见并不等于不存在，我们的身体当中也会有一张"情绪地图"。

表 9-7 生理反应及可能的情绪

生理反应	可能的情绪
身体僵硬	紧张
脱发、溃疡	焦虑、压力大
关节炎	批评、内疚
背部疼痛	恐惧、焦虑
哮喘	压抑
口臭	愤怒、批评
脓肿	愤怒
眼部疾病	厌恶
偏头痛、腹泻	紧张、焦虑
失眠	抑郁、焦虑
冠心病	敌意
癌症	压抑、痛苦

生理反应是在给人们提出警告,它是好意、善意的。通过它的提醒,人们要去重视它,开始调整情绪。

（二）觉察他人真正的情绪

1. 同理心

同理心（empathy）是指在人际交往过程中,能够体会他人的情绪和想法、正确理解他人的立场和感受,其最早由人本主义心理学创始人卡尔·罗杰斯提出。同理心不同于同情心。同情心是自己对其他人或事有悲天悯人的情感,甚至愿意竭尽所能去帮助自己所同情之人或事;而同理心主要是针对人,由自己的内心出发去了解他人的心理,然后做出回应。在同情心的心理活动中,交往双方的地位有高低、尊卑之别;而在同理心的心理活动中,双方的地位是平等的,无高低之分。具备良好的同理心是正确了解他人情绪、建立人际互信的基础。缺乏同理心的人是无法表达相互关怀、理解的,也无法建立融洽的人际关系。同理心不是天生的,可以后天培养。方法主要如下。

（1）放下思维定式。思维定式是指人们在认知活动中用"老眼光"——已有的知识和经验来看待当前问题的一种心理反应倾向。在人际交往过程中,定式效应表现在人们用一种固定化的人物形象去认知他人。例如,在与老年人交往的过程中,我们会认为他们思想僵化、墨守成规、跟不上时代;他们则会认为我们年纪轻轻、缺乏经验,"嘴巴无毛、办事不牢"。与同学相处时,我们会认为诚实的人始终不会说谎;而一旦我们认为某个人老奸巨猾,即使他对我们表示好感,我们也会认为这是"黄鼠狼给鸡拜年——没安好心"。思维定式效应常常会导致偏见和成见,阻碍我们正确地认知他人。

续表

（2）换位思考，真正"设身处地"地使自己变成"对方"，用他（她）的眼睛和头脑去知觉、思维和体验。而要做到这点，我们就必须尽可能地摈弃我们固有的经验和偏见，学习"竹子精神"，用一颗"空杯"之心去关切、体察对方的内心世界。

（3）投入地倾听对方，不要仅仅注意对方的面部表情和言语表情，更要注意对方的身段表情。

2. 敏感性训练

敏感性训练（sensitivity training）又称 T 团体训练，由美国行为科学家利兰·布雷德福等人提出。敏感性训练的目的是让受训者在共同的学习环境中相互影响，提高受训者对自己的情感和情绪、自己在组织中所扮演的角色、自己同别人的相互影响关系的敏感性，进而改变个人和团体的行为，达到提高工作效率和满足个人需求的目标。敏感性训练不仅是一种组织发展技术，还是一种提高我们情绪觉察能力的技术。

（三）做自己情绪的主人

情绪虽无好坏之分，但由情绪引发的行为有好坏之分，行为的后果也有好坏之分。

案例 9-7　脾气暴躁的小男孩

一个小男孩脾气很暴躁，每天总是大发脾气，不是和班里的同学吵架，就是和邻居家的孩子们打得不可开交，而且他还几次和老师、自己的母亲、外祖父母顶嘴、大声争辩。父亲为了改变他的这种情况，一天，拿来一大堆铁钉和一把小锤子对他说："杰克，你以后想要发怒的时候就跑到门口的那根粗木桩那里，用这把锤子狠命地砸进去一颗钉子。"小男孩很高兴地接过了钉子和锤子，于是每当他想发怒的时候就跑到家门口的木桩那里，狠命地砸进去一颗钉子，最多的一天他甚至向木桩里钉进去 100 颗钉子。每当他没有了钉子就找父亲要，父亲很爽快地就给他了。慢慢地，小男孩对钉钉子感到非常厌烦了。

有一天，父亲对他说道："杰克，每当你感到心情不错时就从木桩上取出一颗钉子吧！"听完父亲的话，小男孩就走到木桩那儿取出了一颗钉子，他发现，取出钉子要比钉钉子难多了。可从那一天开始，小男孩每天向大木桩上钉的钉子越来越少，而取出的钉子越来越多。终于有一天，他不再向木桩上钉钉子了。那天，父亲亲切地表扬了他，小男孩心里喜滋滋的。

直到有一天，小男孩把所有的钉子都取出来了。父亲带他来到那根大木桩跟前，对他说道："你知道为什么取下钉子要比钉钉子困难吗？这是因为责备辱骂一个人是一件很简单的事，可想要重新获得友谊却很难。你再看看这根木桩，虽然你把所有的钉子都取出来了，可是，你钉钉子留下的伤痕永远去不掉了，不要轻易伤害你的亲人和朋友，因为这种伤害即使再怎么弥补，无论再过多少年，它的伤痕永远也去不掉。"

情绪管理不是要消除情绪,而是在觉察情绪之后,调整情绪的表达方式。如同亚里士多德所言:"任何人都会生气,这没什么难的,但要能适时、适所,以适当方式对适当的对象恰如其分地生气,可就不易了。"简而言之,情绪管理就是适时、适所、对恰当对象恰如其分地表达情绪,以减少情绪引发的不良行为和后果。

1. 缓和情绪的策略

过度的情绪反应不仅会冲昏我们的头脑,使我们做出失去理智的行为,而且对我们的身心健康也会造成不利影响。我国中医理论指出,倘若一个人的情志活动剧烈、过度,超过人体能够承受的极限,并持久得不到平静,就必然影响脏腑的气血功能,导致全身气血紊乱。"怒伤肝,喜伤心,思伤脾,忧伤肺,恐伤肾"就是这个道理。缓和自身情绪的具体方法主要有以下三种。

(1)身心放松法。这是一种利用生理和心理彼此交互影响,使生理和心理两方面同时达到松弛的方法。通过身心放松,我们的心理可处于一个平静、舒适的境界。进行身心放松的方法既有非常专业的"松弛训练疗法""生物反馈"等,也有简便易行的"深呼吸法""数数法""听音乐法"等。

(2)言语暗示法。心理学研究表明,当一个人静坐时,默默地说"我很愤怒""我气急了""气死我了"等语句时,心跳会加速,呼吸也会加快,仿佛真的发起怒来。相反,如果默念"我很高兴""太好玩了""把人乐坏了"之类的语句,那么他的心里面也会产生一种乐滋滋的体验。由此可见,言语既能唤起人们愉快的体验,也能唤起人们不愉快的体验;既能引起某种情绪反应,也能抑制某种情绪反应。因此,当在生活中遇到情绪问题时,我们应当充分利用语言的作用,用内部语言或书面语言对自身进行暗示,缓解不良情绪,保持心理平衡。比如,默念或用笔在纸上写出下列词语:"冷静""三思而后行""制怒""镇定"等。实践证明,这种暗示对人的不良情绪和行为有非常好的调控作用,既可以松弛过分紧张的情绪,又可用来激励自己。

(3)适度宣泄法。过分压抑只会使情绪困扰加重,适度宣泄则可以把不良情绪释放出来,从而使紧张情绪得以缓解、放松。因此,有不良情绪时,最简单的办法就是"宣泄"。宣泄可以是:或在背地里,用言辞激烈的语言抨击、抱怨,甚至谩骂恼怒的对象;或尽情地向至亲好友倾诉自己认为的不平和委屈;或通过体育运动、劳动等方式来尽情发泄;或到空旷的山林原野,拟定一个假目标大声叫骂,发泄胸中的怨气。但值得注意的是,在采取宣泄法来缓和自己的不良情绪时,必须要有自制力,不要随便发泄不满,要采取正确方式,选择适当的场合和对象,以免引起意想不到的不良后果。

2. 转换情绪的策略

常言道:"我改变不了别人,但我可以改变自己""我改变不了天气,但我可以改变心情"。改变想法、注意力转移法和情绪升华法可帮助我们从消极情绪抽离出来,转换成积极情绪。

(1)改变想法。理性情绪疗法的创始人埃利斯告诉我们,情绪不是由刺激所引起的,而是基于个体本身的信念、解释与想法而产生的。因此，转换情绪的关键是改变自己的想法。

> **案例 9-8**　他们的情绪反应为什么不一样？
>
> 从前有一家制鞋公司，老板想将业务拓展到太平洋上的一个小岛，他便派了两个业务员小陶和小朱到小岛进行市场调查，以了解业务拓展的可行性。后来，小陶回国后，沮丧地告诉老板："我看那里我们的生意还是不要做了，因为岛上的居民根本不穿鞋。"而另一个业务员小朱像发现新大陆一般，他兴奋地告诉老板："哇！大笔生意来了！那里前景一片大好！岛上的人都没有穿鞋。"

面对相同的事件，小陶和小朱的情绪反应完全不同，一个是沮丧、失望，另一个是高兴、充满希望。之所以如此，是因为两人对于事件的看法不同。所以，对相同的一件事情，不同人会有许多不同的想法，因而会产生不同的情绪反应。埃利斯用 A 代表事件，B 代表想法，C 代表反应。A、B、C 三者之间的关系如图 9-5 所示。

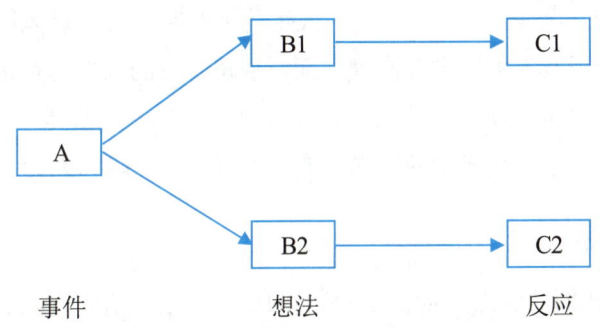

图 9-5　A、B、C 三者之间的关系

如今，人们往往存在很多非理性的想法，比如，"我对别人好，别人一定会对我好""犯错是一件可怕的事，所以我不可以犯错""别人不喜欢我，那我一定是个差劲的人""我必须赢过他"。诸如此类的想法往往会给我们带来无尽的烦恼。要让自己变得快乐、积极起来，就必须改变此类非理性的想法。理性与非理性想法的特点对照表如表 9-8 所示。

表 9-8　理性与非理性想法的特点对照表

理性想法	非理性想法
有弹性的	苛刻的/绝对的
合乎逻辑推理的	不合逻辑的
与事实一致的	与事实不一致的
有助于目标达成的	阻碍目标达成的

（2）注意力转移法。注意力转移法非常有助于转换情绪。当情绪不佳时，把注意力转移到其他事情上去，如外出走一走、做家务、看电视、读书、打球、下盘棋、找朋友聊天、换换环境等，可以避免情绪继续恶化。注意力转移法，一方面中止了不良刺激源的作用，防止不良情绪的泛化、蔓延；另一方面，个体通过参与新的活动特别是自己感兴趣的活动，可达到增进积极情绪体验的效果。

（3）情绪升华法。升华是指改变不为社会所接受的动机和欲望，使之符合社会规范的过程。情绪升华是对消极情绪的一种高水平转移，是将消极情绪转换到对人、对己、对社会都有利的方向。比如，某同学因失恋而痛苦万分，但他并没有攻击他人，也没有继续消沉，而是立志要做生活的强者，用成绩来证明自己的能力，这一过程就是痛苦情绪的升华过程。

第三节 逆境管理

俗语说："人生之不如意，十有八九。"人生前进的路没有一帆风顺的，而一个人在逆境中的表现往往决定了其人生走向和高度。面对逆境，有的人努力奋进、百折不挠；有的人一番努力争取后，偃旗息鼓；有的人一旦陷入困境，就心怀恐惧、回避问题。不同的态度导致不同的结局，或是到达成功的彼岸，或是畏首畏尾、碌碌无为。

一、认知逆境

"思想有多远，我们就能走多远。"埃利斯的理性情绪疗法告诉我们，有什么样的想法，就会有什么样的行为。面对逆境，如果以消极的心态去认知，我们必然会被逆境压倒；反之，以积极的心态去认知，我们最终就能突破逆境。那么，我们应该用什么样的心态去认知逆境呢？

（一）逆境——成功者的代价

"天将降人任于是人也，必先苦其心志，劳其筋骨，饿其体肤，空乏其身，行拂乱其所为，所以动心忍性，曾益其所不能。"相信这是大家再熟悉不过的一句话了。现实生活中，无数人成长、成功的经历都在深刻、生动地诠释着这句话。

（二）逆境——人生常态

不论是工作还是生活，我们都希望一帆风顺，拥有一个称心如意的环境。然而，这是不可能也不现实的事。逆境经常会像影子一样跟随着我们，并不时给我们带来困扰。"人生逆境是常态，顺境才是暂时的。"如果将花绽放比作顺境、成功，将为了花绽放那一刻而默默忍受风霜雨雪的漫长日子比作逆境的话，自然规律告诉我们，花儿绽放的日子远远少于等待的日子。同样，人生不可能永远都处在顺境当中。只有认识到这一点，我们才能为自己成功驾驭逆境做好心理准备。

（三）逆境——成长机会

顺境固然有利于人的成长和成才，但是物极必反，这是自然界的客观规律。如果一个人长期处在顺境当中，就会成为温室里的一朵花，经不起任何风吹雨打。而且，若一个人长期处在顺境当中，往往会迷失自我，丧失对外界环境变化的敏感性和危机意识。康奈尔大学科学家所做的著名的"青蛙实验"告诉我们：一点点加热的温水会让青蛙很舒适，等到它发现无法忍受高温时，已经心有余而力不足了。而如果把一直在冷水里的青蛙放到温水里，青蛙的应激反应会让它奋力一跃，从温水里逃生。在人生发展的道路上，逆境也常常会给我们当头棒喝，让我们在前进的道路上保持清醒的头脑，同时，逆境也是一种磨炼。在逆境当中，寻找自己的不足，改进自己的缺点，通过积累经验和磨砺心智，不断突破逆境，我们的人生就能达到一个新的高度。

二、驾驭逆境

自我评估 9-3：你的逆境商（AQ）有多高

1. 你遭受到经济压力，在多大程度上你会觉得要改善这种情况？	一点也不	1	2	3	4	5	完全
2. 你未能晋升，在多大程度上你觉得要负责改善这种状况？	不负责	1	2	3	4	5	完全负责
3. 你刚完成的一个大项目受到了批评，这一情形的结果会_____。	影响我生活的各方面	1	2	3	4	5	影响有限
4. 你偶然删除了一份重要的电子邮件，这一情形的结果会_____。	持续很长时间	1	2	3	4	5	很快忽略
5. 你正精心策划、具有优先权的项目被取消了，这一情形的结果会_____。	影响我生活的各方面	1	2	3	4	5	影响有限
6. 你尊重的某人忽视你对一个重要问题的论述，在多大程度上你觉得要负责改善这种状况？	不负责	1	2	3	4	5	完全负责
7. 人们对你最近的想法反映不好，在多大程度上你会觉得要改善这种情况？	一点也不	1	2	3	4	5	完全
8. 你不能休一个很必要的假，这一情形的结果会_____。	持续很长时间	1	2	3	4	5	很快忽略
9. 在赶赴一个重要约会的路上，每一个路口都遇到了红灯，这一情形的结果会_____。	影响我生活的各方面	1	2	3	4	5	影响有限

续表

10. 在经过广泛的查找之后，你还是没能找到那份非常重要的文件，这一情形的结果会_____。	持续很长时间	1	2	3	4	5	很快忽略
11. 你的办公室人手不足，在多大程度上你觉得要负责改善这种状况？	不负责	1	2	3	4	5	完全负责
12. 你错过了一个重要的约会，这一情形的结果会_____。	影响我生活的各方面	1	2	3	4	5	影响有限
13. 你的个人生活和工作职责失去了平衡，在多大程度上你觉得要改善这种状况？	一点也不	1	2	3	4	5	完全
14. 你从来没有过足够的钱，这一情形的结果会_____。	持续很长时间	1	2	3	4	5	很快忽略
15. 在知道会变成什么样子后，也从来不进行有规律的练习，在多大程度上你觉得要改善这种状况？	一点也不	1	2	3	4	5	完全
16. 你的团队不能达到预期目标，在多大程度上你觉得要负责改善这种状况？	不负责	1	2	3	4	5	完全负责
17. 你的电脑系统一周内崩溃三次，在多大程度上你觉得要改善这种状况？	一点也不	1	2	3	4	5	完全
18. 你在开一个完全浪费时间的会，在多大程度上你觉得要负责改善这种状况？	不负责	1	2	3	4	5	完全负责
19. 你丢失了一件对你来说很重要的东西，这一情形的结果会_____。	持续很长时间	1	2	3	4	5	很快忽略
20. 你的领导坚持不同意你认为正确的决定，这一情形的结果会_____。	影响我生活的各方面	1	2	3	4	5	影响有限

说明：①计分时请直接把每道题的得分相加，就可以得到逆商总分。②60分以下，AQ偏低；61~70分，AQ中等偏下；71~80分，AQ中等；81~90分，AQ中等偏上；91~100分，AQ很高。

面对逆境，我们可以采取两种方法：情绪应对（emotion-focused coping）和问题应对（problem-focused coping）。情绪应对试图使处于逆境中的人们在主观上感觉更好，问题应对则使处于逆境中的人们直接解决困难和挫折，突破逆境。情绪应对主要有光明思维、自我安慰、抱定"坚持就是胜利"的信念。问题应对主要有提高心理韧性、解决实际问题。

（一）情绪应对

当逆境来临的时候，不管是心理承受力强的人还是弱的人，都会出现这样或那样的情绪，如有的人痛哭，有的人失望，有的人焦躁不安……。如果这些消极情绪得不到很好的处理，不仅会影响我们思考问题的能力，还会对我们的身心健康造成消极影响。

1. 光明思维

光明思维是指用积极的心态去思考问题、看待事物。富有光明思维的人永远会保持乐观。因为，他们在看待问题时，不仅能看到其不好、消极的一面，还会看到其积极、美好的一面，看到希望和成功。从前有这样一位老太太，她有两个儿子，大儿子是染布的，二儿子是卖伞的。她整天为两个儿子发愁，天下雨了，她就为大儿子发愁，因为不能卖布了；天放晴，她就为二儿子发愁，因为不下雨二儿子的伞就卖不出去。老太太总是愁眉紧锁，没一天开心的日子。后来有一位智者告诉她，为什么不换个角度思考问题呢？天下雨，你为二儿子高兴，因为他可以多卖伞了；天放晴，你就为大儿子高兴，因为他可以晒布了。在智者的开导下，老太太每天都有高兴的事，身体自然也就健康起来。当面对逆境时，用光明思维去分析逆境，会大大减轻逆境所带来的挫折感。

2. 自我安慰

当遇有不幸或挫折时，为了避免精神上的痛苦或不安，可以找出一个合乎内心需要的理由来说明或辩解。比如，为失败找一个"冠冕堂皇"的理由来安慰自己；或寻找一个理由强调自己所有的东西都是好的，以此冲淡内心的不安与失望。自我安慰法对于人们在挫折面前接受现实，保护自己非常有帮助。因此，当遇到不顺心的事时，用"胜败乃兵家常事""塞翁失马，焉知非福""坏事变好事"等词句来进行自我安慰，可以有效摆脱烦恼，缓解内心冲突，消除焦虑、抑郁和失望，从而达到自我激励，总结经验，吸取教训，保持情绪稳定的目的。

3. 抱定"坚持就是胜利"的信念

成功者的不同之处就在于他们始终不轻易放弃，就算在逆境中，也会穿越重重乌云，看见太阳，看到希望，依靠自身的努力走向成功。做人做事，贵在坚持。事业的成功离不开在逆境中的坚持。"坚持就是胜利"的信念会让我们在逆境中看到希望，从而减轻逆境给我们带来的情绪困扰。

（二）问题应对

情绪应对虽然在平复我们的情绪方面可以起到非常好的效果，但是问题并没有得到解决。因此在稳定情绪、冷静下来之后，我们还需要积极行动起来，想办法去解决问题，突破逆境。

1. 提高心理韧性

突破逆境就是一个在困难面前毫不动摇、坚持不懈地去实现既定目标的过程。在这个过程当中，没有较强的心理韧性是不行的。心理坚韧也叫作心理弹性、恢复力，是指个体从消极经历中恢复过来，并且灵活地适应外界多变环境的能力。每个人天生就具有一定的心理韧性潜能，可以通过多种途径去挖掘和培养心理韧性。心理学研究表明，促进心理韧性潜能实现的关键是培养积极的韧性特质，与家庭和外部环境建立良好的支持系统。积极的韧性特质包括合作、沟通能力、自我意识、自我觉察、自尊自信、自我掌控感、自我效能感、问题解决能力、目标与志向等。良好的家庭和外部环境支持系统可以帮助我们培养积极的韧性品质。

2. 解决实际问题

面对逆境，抱怨或是长期处于情绪困扰中是没有用的，突破逆境的唯一方法是积极行动起来，想办法解决实际问题。

案例 9-9　掉进枯井的驴子

有一天，有个农夫的驴子不小心掉进了一口枯井里，农夫绞尽脑汁想救出这头驴子，但几个小时过去了，驴子还在井里痛苦地哀号着。最后，这位农夫决定放弃，他想，这头驴子年龄大了，不值得大费周折去把它救出来。于是，农夫便请来左邻右舍帮忙一起将井中的驴子埋了，以免除它的痛苦。农夫的邻居们人手一把铲子，开始将泥土铲进枯井里。当这头驴子了解到自己的处境时，刚开始哭得很凄惨。但出人意料的是，一会儿这头驴子就安静下来了。农夫好奇地探身向井底一看，眼前的景象令他大吃一惊：当铲进井里的泥土落在驴子的背部时，驴子的反应令人称奇——它将泥土抖落在一旁，然后站在铲进的泥土堆上面！就这样，驴子不断地将身上的泥土全数抖落在井底，然后再站上去。很快，这只驴子便得意地上升到井口，然后在众人的惊讶中快步地跑开了！

这则寓言故事生动地告诉我们：在人生发展的道路上，困难是前进道路上的绊脚石还是踏脚石，完全取决于我们放脚的位置。面对逆境，抱怨和自怨自艾只会让我们消磨自己的意志，妨碍问题的解决，要始终相信"办法总比困难多"。

本章小结

1. 珍惜时间、做好心理建设是时间管理的两个前提。

2. 时间管理的法则有取舍法则、帕累托法则和主次法则。具体方法有做计划、区分轻重缓急、善用零碎时间、学会说"不"和学会搁置等。

3. 情绪会通过面部表情、身段表情和言语表情表现出来。

4. 觉察自己情绪的方法：体会内在的感觉、写心情日记、写情绪记录表、了解身体的"情绪地图"。觉察他人情绪的方法：同理心、敏感性训练。

5. 缓和情绪的策略有身心放松法、言语暗示法、适度宣泄法；转换情绪的策略有改变想法、注意力转移法和情绪升华法。

6. 逆境是成功者的代价，是人生的常态，给了我们成长的机会。

7. 驾驭逆境的方法有情绪应对和问题应对。情绪应对：光明思维、自我安慰、抱定"坚持就是胜利"的信念；问题应对：提高心理韧性、解决实际问题。

相关资源

1. 陈安之. 绝不裸奔：陈安之成功秘诀 [M]. 昆明：云南民族出版社，2004.
2. 艾伦. 尽管去做 [M]. 张静，译. 北京：中信出版社，2003.

相关技术

放松训练

放松训练是利用心理暗示的方法，调节呼吸，充分放松肌肉，缓解压力，加强自控的有效方法。

1. 呼吸训练

进行放松，首先要学会控制自己的呼吸，你可以按照下面的步骤进行控制呼吸练习：①舒服地坐在椅子上或躺在床上，将注意力集中在吸气和呼气上，要注意节奏；②慢慢将空气吸进肺里（尽可能地使吸进肺里的空气更多），让空气在肺里停留几秒，然后缓缓呼出；③有节奏地吸入、呼出，一边呼吸一边在心里数数。例如，吸气（一、二、三、四），停留（一、二），呼气（一、二、三、四）；④如果你已经找到合适的节奏感，可以不再数数，而将注意力放在吸气与呼气上，以同一节奏默念："吸—呼，吸—呼，吸—呼。"

2. 肌肉松弛练习

在能够熟练控制呼吸的基础上进行肌肉松弛练习。肌肉松弛练习要配合呼吸进行。要领是将注意力集中在身体的某一个部位，吸气的时候，慢慢紧张该部位，随着呼气慢慢地释放该紧张部位，逐渐放松。以放松上肢为例，具体步骤如下。

（1）首先紧握右拳，同时开始吸气，继续紧握右拳，并感受右手、右臂的紧张。然后呼气，释放紧张的部位，体验放松后的感觉。重复一遍。

（2）现在，将注意力集中在左手，重复上述动作。吸气时紧握左拳，并感受左手、左臂的紧张。然后呼气，释放紧张的部位，体验放松后的感受。再重复一遍。

肌肉松弛练习的诀窍在于要注意体会紧张和放松的区别，想象身体变得温暖而沉重。使用同样的方法，每次将注意力放在身体的某一个部位，可以从腿部开始，到臀部、背部、腹部、胸部、脖子、双肩、手部、头部。完成全身的放松后，将注意力集中在整个身体上，随着呼吸感觉自己的身体变得越来越重，越来越放松。

放松训练不可能只做一两次就可以达到减少焦虑的目的，就像我们为了保持充沛的体力要不断地进行体能训练一样，我们也要经常进行松弛训练。甚至可以每天进行三四次，一次在早上，一次在中午，一次在傍晚，还有一次在睡前。每次按顺序进行，使全身的肌肉完全松弛三到五分钟。虽说次数不少，但总共才花费二十来分钟就可以使紧张和焦虑显著下降，因此还是很值得的。

团队合作与领导力提升

> 一滴水只有放进大海里才永远不会干涸,一个人只有当他把自己和集体事业融合在一起的时候才最有力量。
>
> ——雷锋

本章学习要点

1. 领悟团队合作是时代对职业人的基本要求。
2. 了解团队合作的五种机能障碍及应对措施。
3. 理解权力的五种来源,掌握提升领导力的技术。

本章案例

案例10-1 偷油的三只老鼠

　　三只老鼠同去一个很深的油缸偷油喝,够不到油喝的它们想到一个办法,就是一只老鼠咬着另一只老鼠的尾巴,吊到缸底去喝油,大家轮流喝油,有福同享。

　　第一只老鼠最先吊下去喝油,它想:"油就只有这么多,大家轮流喝一点儿也不过瘾,今天算我运气好,干脆自己跳下去喝个饱。"夹在中间的老鼠想:"下面的油没多少,万一让第一只老鼠喝光了,那我怎么办?我看还是把它放了,自己跳下去喝个痛快!"第三只老鼠也暗自嘀咕:"油那么少,等它们两个吃饱喝足,哪里还有我的份儿?倒不如趁这个时候把它们放了,自己跳到缸底饱喝一顿。"

　　于是,第二只老鼠狠心地放开第一只老鼠的尾巴,第三只老鼠也迅速放开第二只老鼠的尾巴,它们争先恐后地跳到缸里。最后,三只老鼠都淹死在油缸里了。

　　这则故事生动地告诉我们这样一个道理:掣肘,易事难为;携手,难事可成。俗话说:"一个和尚挑水喝,两个和尚抬水喝,三个和尚没水喝""一只蚂蚁来搬米,搬来搬去搬不起;两只蚂蚁来搬米,身体晃来又晃去;三只蚂蚁来搬米,轻轻抬着进洞里"。无数鲜活的案例告诉我们:要想生存,走出困境,取得成功,就必须与人合作。知识经济时代的到来，使得个人无法学会所有知识，现代工作也不再是一个人就能完成的。社会需要我们合作，我们也必须学会与人合作。

第一节 团队合作

1994年，美国圣迭戈大学的管理学教授斯蒂芬·罗宾斯首次提出"团队"的概念。团队是指为了实现某一目标而由相互协作的个体所组成的正式群体。团队与团体的主要区别在于：在目标上，团队是集体绩效，而团体是分享信息；在责任上，团队是个人组成的共同体，而团体是结合在一起的两个或两个以上的个人；在技能上，团队是互补，而团体是随机；在效果上，团队是正面的，而团体是中性的（有时是负面的）。团队合作是指团队成员之间为了达成既定目标所显现出来的自愿合作和协同努力的精神。团队合作是保证团队能正常运转、产生"1+1>2"效果的根本。如今，随着社会分工日益精细，团队成员思维的碰撞在技术创新中发挥着日益重要的作用，团队合作的重要性没有下降，反而越来越突出了。

一、向自然界学习团队合作

自然界是一个神奇的地方，在漫长的进化过程中，生物发展出各种维持其种系生存的法则和方法。以前，人类认为自己是万物之灵，可以征服自然。然而，无数事实告诉我们，人类不仅需要与自然界和谐共处，还需要向自然界学习。其中，狼群、雁群和蚁群所体现出来的团队合作精神，对于我们今天这个竞争日益激烈的社会来说，尤其值得我们学习和效法。

（一）向狼群学习团队合作

在广阔的草原上，大雪过后，大地白茫茫一片，此时许多动物都已进入冬眠。由于狼群很少储存食物，所以它们必须出去寻找食物。然而，在这样的环境下寻找食物是非常困难的，往往奔波忙碌数天以后，仍然一无所获。而此时，狼群必须保存自己的体力，如果狼群不尽量保存自己的体力，那么连续的劳累再加上饥饿和严寒的折磨，它们很可能会丢掉性命。聪明的狼群在此时采取单列行进的办法，一头接着一头，这样它们就能保证只消耗最少的体力。跑在最前面的狼必须在厚厚的雪地上踩出第一行脚印，这样后面的狼就能节省许多体力。

再来看看狼群捕猎时的场景。狼群在围猎时有严格的战术和纪律。每头狼都有自己的任务，任何狼都不能擅离职守。有些狼做先锋，负责骚扰猎物；跑得快的狼负责围追或堵截猎物；强壮的狼去猎杀强壮的猎物；弱小的狼去猎杀弱小的猎物。一切任务都分配得井然有序。

同时，狼群不但懂得彼此合作，还会与其他动物合作，如与乌鸦合作。当乌鸦在高空中发现受伤或死亡的猎物时，就会把消息传递给狼群，并引导狼群到达猎物所在地。捕获猎物后，狼群用尖锐的爪子撕开猎物的躯体，然后与乌鸦分而食之。正是这种合作精神，让它们双方在适者生存、优胜劣汰的自然规律中生存下来。

羚羊是草原上跑得最快的动物之一，奔跑速度可达每小时 70~100 千米，狼的奔跑速度约为每小时 60 千米。然而，羚羊为什么常常成为狼群的盘中餐呢？除了羚羊本身比较弱小之外，最主要的原因是它们没有互相保护的团队精神。当遇到敌人袭击时，羚羊就会分散逃跑。分散开的羚羊即使跑得再快，也逃不过狼群的围追堵截。

（二）向雁群学习团队合作

每当秋季来临，天空中就会有成群结队的大雁向南方迁徙。南飞的雁群是一支完美的团队。首先，雁群由许多有共同奋斗目标的大雁组成。其次，在团队中，它们有明确的分工。当队伍中途飞累了停下休息时，它们中有负责觅食、照顾年幼或者老龄大雁的青壮大雁，有负责雁群安全的巡视放哨的大雁，有负责安静休息、调整体力的领头雁。在雁群进食的时候，巡视放哨的大雁一旦发现敌人靠近，就会长鸣一声给出警示信号，群雁便整齐地冲向蓝天，列队远去。而那只放哨的大雁，在别人都进食的时候自己不吃不喝，非常警惕，恪尽职守，具有牺牲精神。再次，在迁徙的过程中，大雁总是结队而行，队形一会儿呈"一"字形，一会儿呈"人"字形。为什么大雁会这样编队飞行呢？原来，这样编队飞行能产生一种空气动力学效应，通过共同振动翅膀来形成气流，为后面的队友提供"向上之风"。研究表明，一群排成"人"字形或"一"字形队形飞行的大雁，可比那些单独飞行的大雁提高 22% 的速度，比单独飞行的大雁多飞出 12% 的距离。而且"人"字形队形可以增加雁群 70% 的飞行范围。在飞行过程中，雁群还时常大声嘶叫，以相互激励。如果雁群中有任何一只大雁受伤或生病而不能继续飞行，雁群中会有两只大雁自发地留下来守护照看受伤或生病的大雁，直至其恢复或死亡，然后它们再加入新的雁阵，继续南飞直至目的地，完成它们的迁徙。

（三）向蚁群学习团队合作

单个蚂蚁虽然是弱小的，但是只要联合起来成为蚁群，就是世界上最厉害的团队。英国的一位动物学家曾经做了这样一个实验，把一盘点燃的蚊香放进一个蚁巢。开始，巢中的蚂蚁惊恐万状。约 20 秒后，许多蚂蚁知难而上，纷纷向火冲去，并喷射出蚁酸。可一只蚂蚁喷射的蚁酸量毕竟有限，因此，一些"勇士"葬身火海。但它们前仆后继，不到一分钟，就将火扑灭。存活者立即将"战友"的尸体移送到附近的一块"墓地"，盖上一层薄土，以示安葬。一个月后，这位动物学家又把一支点燃的蜡烛放到原来的那个蚁巢进行观察。尽管这次"火灾"更大，但蚂蚁有了经验，迅速调兵遣将，协同作战，有条不紊。不到一分钟的时间就扑灭了烛火，而蚂蚁无一遇难。这位动物学家认为蚂蚁创造了灭火的奇迹，蚂蚁面临灭顶之灾的非凡表现尤其令人震惊。

我们再来看看蚁群团队在面临生死困境时紧密合作的场景。在南美洲的草原上，酷热的天气，山坡上的草丛突然起火，无数蚂蚁被熊熊大火逼得节节后退，火的包围圈越来越小，渐渐地，蚂蚁似乎已无路可走。然而就在这时，出人意料的事发生了：蚂蚁们迅速聚拢，紧紧地抱成一团，然后像滚雪球一样飞速滚动，逃离火海。在那"噼里啪啦"的烧焦声中，一些居于火球外围的蚂蚁被烧死了，但更多的蚂蚁绝处逢生。在面对洪水暴虐的时候，蚂蚁也会迅速抱成团，随波漂流。有些蚁球外层的蚂蚁会被波浪打入水中，但只要蚁球能上岸，或能碰到一个大的漂流物，内层的蚂蚁就得救了。

二、团队合作与职业发展

（一）团队合作是人才素质的基本要求

如今，随着专业分工日益精细，能与团队其他人互相配合，善于相互配合就成了每一个员工必备的职业素质。团队合作精神已经成为职场对人才素质的一项基本要求。

案例10-2　团队合作最重要

张强大学毕业后留在了南京。一家广告公司招聘的时候，他通过笔试和面试后被留了下来。

试用期间，总经理对张强以及和他同时应聘的另外4个人说："试用期满，将在你们中间选一名业务主管。"听了总经理的话，张强更是雄心勃勃，发誓要当上业务主管。

然而，要想当上业务主管就必须战胜另外4个同事。他想，短短的3个月里要凸显自己的业绩仅靠埋头苦干是不行的，他必须凭借聪明才智苦干加巧干。此后，他开始利用网络的优势进入广告设计网站，博览别人的设计创意，并且频频与网络设计高手交流。他想，这样的学习，其他4个同事同样能做到，如果是在同一起跑线上公平竞争，他的优势不一定能凸显出来。

为了确保自己能超过他们，张强开始"不耻下问"地向4个同事学习，而他们向张强请教问题的时候，张强每次都把自己独特的见解藏起来，只说一些能在网上查询到的观点。

当然，张强所做的一切都很隐蔽，他不会傻到为了打败他们而把他们的材料藏起来，也不会在私下对他们发起人身攻击。张强常常自我安慰说，他并没有伤害他们，他只是努力提高自己而已。

试用期满，张强的业绩果然比他们4个人的突出。张强想，业务主管一职肯定非他莫属。然而，总经理的决定让张强大跌眼镜：他不仅没能当上业务主管，还被公司淘汰了！面对总经理的决定，张强质问总经理为什么。总经理平和地说："我们公司之所以能有今天，主要靠的是团队合作精神，因此，在我们公司，能跟同事共同提高的人才是最理想的人选。"

原来，总经理对张强的所作所为明察秋毫！张强离开公司的时候，总经理吩咐财务处多给张强算了一个月的工资，总经理还拍着张强的肩膀语重心长地说："记住，跟同事共同提高比只向同事学习更受欢迎。"

运行良好的机器需要各个齿轮之间的良好配合，不管是大齿轮还是小齿轮，哪个坏了都不行。组织也一样，只有每个员工相互配合，才能起到"人心齐，泰山移"的效果。如果每个员工只是从自己的角度去思考问题，不配合、不合作，甚至内耗，那么势必影响整个组织的效能，导致"1+1<2"的后果。

（二）团队合作是自身发展的需要

团队是为了实现某一目标由两个或两个以上的人所组成的群体。团队不同于团体，也不同于群体，更不同于团伙。团队的构成要素可总结为 5P（图 10-1），分别为目标（purpose）、定位（place）、职责职权（power）、计划（plan）、人（people）。

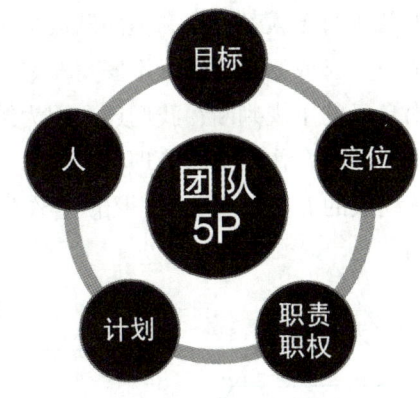

图 10-1　团队的 5P

（1）目标：团队有一个既定目标为团队成员导航，知道要往何处去。若没有目标，这个团队就没有存在的价值。

（2）定位：分为组织定位和个体定位。组织定位是指团队在组织中处于什么位置，由谁选择和决定团队成员，团队最终应对谁负责；个体定位是指成员在团队中扮演什么角色。

（3）职责职权：整个团队在组织中拥有什么样的决定权，如财务决定权、人事决定权等。

（4）计划：目标的最终实现需要一系列具体的行动方案。

（5）人：人是构成团队最核心的要素。两个或两个以上的人就可以组成团队，团队中的其他四个要素都需要"人"这个要素去承担、实施和实现。

既然团队需要人，那么个人与团队之间的关系又是什么样的呢？

1. 树木与森林之间的关系

团队是由一个个人组成的，没有人就没有团队，就像没有树就没有森林，而如果没有森林作为后盾，单棵树也难成活。个人没有了团队的支持，就更不可能成就一番大事业。

2. 水滴和大海之间的关系

就像使一滴水不干涸的办法是把它放到大海里去，一个人永远不能离开自己的团队，即便在团队里高高在上，也要明白这是团队带给你个人的光环。个人与团队就如同水滴与大海，不能分开。千万不要认为团队没了你不行，而你离开团队，就是无源之水、无本之木、无根的浮萍。

3. 合作共赢的关系

团队目标的实现需要各个团队成员通力合作，个人的发展也需要依赖团队。当今社会是一个强调合作的社会，不管是企业还是科研单位，都讲究团队合作。作为个体，不管身处高位还是普通职位，单凭一个人是无法完成一个项目的。组织命运和利益包含每一个员工的命运和利益，没有哪个员工可以使自己的利益与组织脱节。"大河有水小河满"，只有整个组织获得更多利益，个人才有可能获得更多利益。

三、突破团队合作中的障碍

团队合作的重要性和益处几乎每个人都明白，但团队成员之间要合作愉快不是件容易的事情。因为任何人都有感情——喜或怒、自信或不安、友好或嫉妒。我们会对公平或不公平、正确或错误的事情做出自己的主观判断；我们还会因为维护自身利益而消极合作甚至拒绝合作……，这些都会阻碍团队合作。美国管理学家兰西奥尼在其著作《团队协作的五大障碍》中提出了影响团队绩效的五种机能障碍。团队合作的五种障碍如图 10-2 所示。

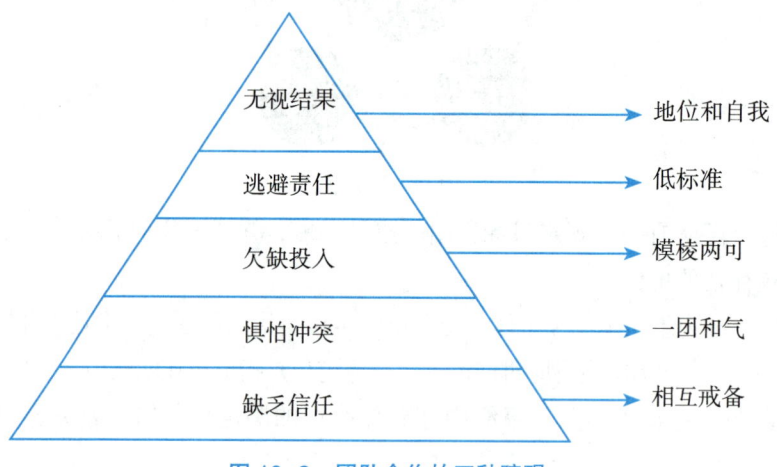

图 10-2　团队合作的五种障碍

（一）突破"缺乏信任"障碍

信任是建立一个完美、团结、强大团队的前提。俗语说的"用人不疑，疑人不用"，其实也是一个信任的问题。然而，现实工作中存在种种彼此不信任的现象：领导与下属之间，领导与领导之间，同事与同事之间。双方因为对彼此不信任，相互猜忌和相互戒备，所以无法有效地进行合作。缺乏信任的团队中的成员表现：相互隐藏自己的缺点和错误；不愿请求别人帮助，不愿给别人提出建设性的反馈意见；不愿为别人提供自己职责之外的帮助；轻易对别人的用意和观点下结论而不仔细思考；不愿承认和学习别人的技术和经验；对别人抱有不满和怨恨；寻找借口，尽量减少在一起的时间。

信任是团队合作的心理基础，是打造高绩效团队至关重要的条件。信任感的建立需要一个过程，为增强团队成员之间的信任感，可以采取一些积极措施：①在选择团队成员时，不同成员应具备互补的技能，而非多人同时拥有互相竞争的技能；②在组建团队的初期，可以通过介绍各自的背景、经历等加深彼此之间的了解，澄清可能潜在的误解；③大家应明白，团队成就不归功于个人，而归功于团队；④定期、开放的沟通和反馈可以有效建立和提高信任感；⑤通过一些集体外出活动来加深团队成员之间的联系和感情。

（二）突破"惧怕冲突"障碍

冲突的传统观点认为所有的冲突都是不良、消极的，冲突常常被看作破坏合作、非理性的同义词。从传统观点看来，冲突是有害的，是应该避免的。然而，越来越多的事实证明，如果为了维持表面一团和气，有了问题不说，就会导致一些显而易见的问题也没有人提出来。团队中的成员惧怕冲突的主要表现：避免讨论容易引起争论的问题，即使这些问题对于团队取得成功是非常必要的；不能正确地处理其他团队成员的意见和建议；把时间和精力用在形式主义上。由于惧怕冲突，大家减少了必要的争论与思想交锋，团队的变革将变得静止、冷漠和迟钝。因此，冲突的相互作用观点认为：不仅要接纳冲突，而且要鼓励冲突。一定水平的冲突可以使团队保持旺盛的生命力，善于自我批评和不断创新。

其实，富有成效的冲突对于团队来说是必要的，对个体来说是一种能力。冲突分为功能正常与功能失调的冲突。功能正常的冲突能提高群体的工作绩效，是带有建设性的，而功能失调的冲突会阻碍群体提高工作绩效，具有一定的破坏性。功能正常的冲突允许个体发表与众不同的看法和思想，鼓励持不同意见的人，这种冲突对事不对人。而功能失调的冲突往往对人不对事，对他人的批评甚至进行攻击。当然，即使是对事不对人的冲突，也要保持在一个合理的水平。冲突水平与团队绩效之间的关系如图10-3所示，A、B、C三种情境的特征如表10-1所示。

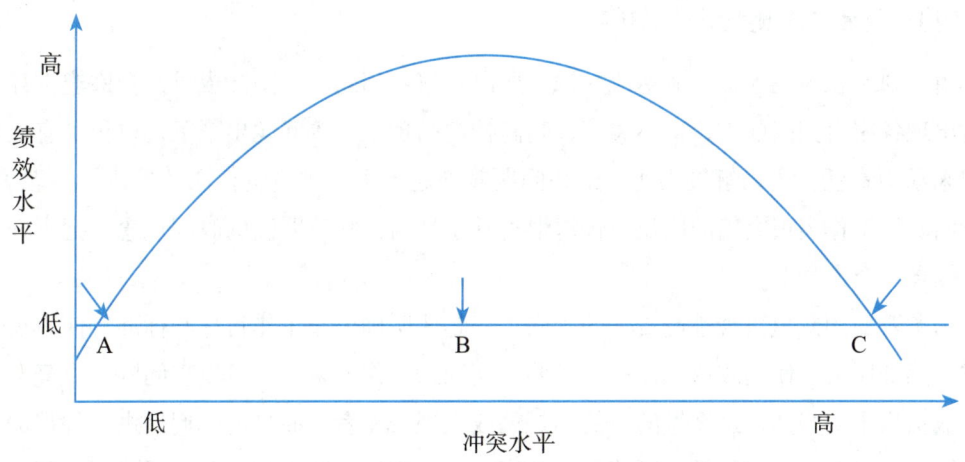

图10-3 冲突水平与团队绩效之间的关系

表 10-1　A、B、C 三种情境的特征

情境	冲突水平	冲突类型	团队内部特征	团队绩效
A	低或无	功能失调	冷漠、迟钝、对变化反应慢、缺乏创新	低
B	最佳	功能正常	生命力旺盛、自我批评、能不断创新	高
C	高	功能失调	分裂、混乱、无秩序、不合作	低

（三）突破"欠缺投入"障碍

少了必要的争论，有问题大家也不说，团队成员就会欠缺投入，所以只会看到众口一词、模棱两可。表面上意见是统一了，实际上呢？可想而知，大家还是各执己见，思想不统一，问题还是问题，既没有多大改善，也没有彻底解决。成员欠缺投入的团队往往具有如下特征：指令和工作任务日益模糊；经常反复讨论，无法做出决定；团队成员会对已经做出的决定反复质疑；由于不必要的拖延和过分的分析而错失良机；团队成员缺乏自信，惧怕失败。成员能够全力投入的团队则完全相反，能够制定出明确的工作方向和工作重点，公平听取全体成员的意见，善于从失误中学习，抢在竞争者前利用机会，毫不犹豫地前进，必要时果断地调整工作方向，不犹豫。

若想克服团队合作的第三大障碍——欠缺投入，就要将一切问题都呈现在团队面前，每件事都应有个人的承诺，工作的进展和成功完全由其兑现的团队承诺来衡量；确定最终期限，确保每个阶段工作目标的落实，而且要在团队中及时进行反馈；注意鼓动团队成员接受不确定性。其实，不确定性本身也蕴含了大量的学习机会。只要对意外和不利情况及时进行分析和处理，团队仍然可以从不确定性中获得最佳结果，增强团队成员承担风险的信心。

（四）突破"逃避责任"障碍

由于缺乏积极投入，不能达成共识，所以在遇到问题时，团队成员又会逃避责任，于是就出现各家自扫门前雪，事不关己，高高挂起的现象。等问题出来了，也很少有人主动站出来承担责任，主动解决问题，最终问题越拖越严重。逃避责任团队的成员一般表现：对于团队里工作表现突出的成员心怀怨恨；甘于平庸；缺乏明确的时间观念；把责任压在团队领导一个人身上。

为了避免团队里出现逃避责任的倾向：一是要明确公布工作目标和标准，使表现不佳的成员感到压力，使其改进工作；二是要定期回顾工作成果，一旦发现问题，要毫不顾虑地向成员指出。当然，这么做的目的不是惩戒表现较差者，而是为他们提供各种帮助，保证团队成员努力工作并且倾尽所能兑现承诺；三是进行团队嘉奖，关键成员会因其卓越的贡献得到其他成员的尊重和仰视，从而有助于团队树立模范典型。

（五）突破"无视结果"障碍

无法互相问责，为第五重机能障碍创造了生长条件。在团队成员将其个人需求（如自负心理、职业发展或者表彰奖赏），甚至其小团体的需求置于团队总体目标之上时，漠视结果就产生了。如果大家都无视团队结果，只顾埋头自己的进展，那么团队将无法形成合力，很容易解体。有这么一个故事：天鹅、狗鱼和虾想一起拉动一辆装东西的货车，三个家伙套上车索，拼命用力拉，可车子还是拉不动。原来，天鹅拼命向云里冲，虾努力向后倒拖，狗鱼则直接向水里拉。虽然天鹅、狗鱼和虾各自都很努力，但都是以自己的利益为先，无视整个团队的共同利益，团队自然无法取得进步，解体只是迟早的事情。

如何克服无视结果的障碍，确保成员把努力重点放在团队发展上呢？首先，要公布团队目标。向公众公布团队目标的团队，其成员往往更具有热情，也更希望取得成就。而那种仅仅声称"我们会尽力而为"的团队，其成员往往已经无意识地为自己的失败做好准备。其次，要有基于团队成就的奖励。奖励以团队成果为标准，与特定集体绩效相关联。同时，还要奖励为团队成就贡献力量的成员。

第二节 领导力提升

领导力（leadership）是指在负责的范围内，能充分利用人力和客观条件以最小的成本达成工作目标的能力。在一个以社会分工为基础的现代社会，团队不仅需要我们相互配合和协作，同时，我们还需要他人的积极配合和协作。因此，在团队中，无论我们身处领导职位还是普通职位，都应该或多或少地具备一些领导能力。

案例10-3 巫马期与宓子贱治县

鲁国的单父县缺少县长，国君请孔子推荐一个学生，孔子推荐了巫马期，他上任后十分努力与勤奋，披星戴月、废寝忘食、兢兢业业工作了一年。结果是单父县大治。不过，巫马期因为劳累过度病倒了。此时，国君又来请孔子再推荐一个人。于是，孔子推荐了另一个学生宓子贱。

宓子贱弹着琴、唱着小曲就到了单父县，他到任后就在自己的官署后院建了一个琴台，终日鸣琴，身不下堂，日子过得有滋有味、有情有调、很滋润。一年下来，单父县依然大治。后来，巫马期很想和宓子贱交流一下工作心得，于是他找到了宓子贱。

宓子贱是一个不到三十岁的小伙子，有着健康的身体和充沛的精力。在他的面前，巫马期感觉到了一定的压力。但作为师兄弟，大家还是开始了谈话。

两个人的谈话是从寒暄客套开始的，不过很快就进入正题。巫马期带着崇拜的眼神，羡慕地握着宓子贱的手说:"你比我强,你有个好身体啊,前途无量!看来我要被自己的病耽误了。"宓子贱听完巫马期的话,摇摇头说:"我们的差别不在身体,而在于工作方法。你工作靠的是自己的努力,可是事业那么大、事情那么多,个人力量毕竟有限,努力的结果只能是勉强支撑,最终伤害自己的身体;而我用的方法是调动能人给自己做工作,事业越大可调动的人就越多,调动的能人越多事业就越大,于是工作越做越轻松。"

一、权力的五种来源

领导力与权力是密不可分的,要达成一定的目标,就必须具备影响他人的权力。权力是促使他人高效行动、实现组织目标的手段。著名的组织行为学家弗伦奇和雷文指出,权力的源泉有以下五个方面:强制性权力、奖赏性权力、法定性权力、专家性权力和参照性权力。

(一) 强制性权力

强制性权力是最为普遍存在的权力基础,它是指甲要求乙做某事,乙因受到甲的威胁,虽然不愿做但不得不做。比如,如果 A 能解雇 B 或使其停职、降级,并且 B 很在乎他的工作,那么 A 对 B 就拥有了强制性权力。强制性权力是建立在惧怕基础上的,一个人如果不服从就可能产生消极的后果。出于对这种后果的惧怕,这个人就会对他人的指令做出反应。强制性权力实际上就是惩罚性权力。

(二) 奖赏性权力

与强制性权力相反的是奖赏性权力。如果你能剥夺他人有价值的东西或给他造成不良影响,那么你对他就拥有了强制性权力。如果你能带给他人某种积极的利益或帮助他免于消极影响,那么你对他就拥有了奖赏性权力;比如,用金钱、晋升、学习的机会等来吸引员工,让他们愿意服从你的指挥,安排员工去做他们更感兴趣的工作,或者给员工更好的工作环境,等等,这些都属于奖赏性权力的范围。奖赏性权力不一定是领导者才具有的,有时一名普通员工也可以具有奖赏性权力。

(三) 法定性权力

法定性权力代表一个人通过正式组织层级结构中的职位所获得的权力。一个人一旦有了组织的正式任命,就具有相应的法定性权力。一般而言,职位的权力还包括强制性和奖赏性权力。但是,法定性权力的涵盖面要比强制性权力和奖赏性权力更为宽泛。这种权力还包括组织成员对职位权威的接受和认可。"名不正,言不顺",如果组织没有赋予你正式的法定性权力,你的奖赏性权力和强制性权力就会大打折扣。

(四) 专家性权力

专家性权力是指来源于专长、技能和知识的一种权力。由于世界的发展日益取决于技术的发展，专门知识与技能也由此成为权力的主要来源之一。众所周知，医生在治病救人领域里很有权威。为什么呢？因为医生有很强的专家性权力，医生所说的话比较专业，所以大多数人都愿意遵从医嘱。还有一些职业，如计算机专家、会计师、心理咨询师等，他们都是因为具有某一领域的专业知识与技能，所以获得了专家性权力。专家性权力也可以解释为什么企业会邀请专家来做广告，媒体会大量邀请专家来宣传或澄清事实。

(五) 参照性权力

参照性权力是由于对他人的崇拜以及希望自己成为那样的人而产生的，其基础是对他人的认同。如果你景仰一个人到了要模仿其行为和态度的地步，那么这个人对你就拥有了参照性权力。大量的企业邀请明星做广告（即使这些明星对产品缺乏专业认识），就是因为他们对大量的"追星族"有很强的参照性权力。在组织中，如果你拥有了他人认可的个人特点，那么你也就具备了影响他人的能力。

强制性权力、奖赏性权力和法定性权力属于职位性权力，对他人的影响带有强迫性、不可抗拒性等特点。它们主要通过外推力的方式发挥作用，在这种方式的作用下，职位权力对人的心理和行为的影响和激励是有限的。一个领导者可以通过职位获得权力，也能够对下属产生一定的影响力，但这种影响力实际上可能是一种假象或暂时现象。专家性权力和参照性权力属于个人性权力，主要通过内推力的方式发挥作用，从而对他人产生持久的影响力。当然，一个有效的领导者既有职位性权力，同时也有比较好的个人性权力。

二、领导力提升技术

(一) 提高个人才能

知识、能力等才能因素是个人形成个人性权力的主要来源。不同类型领导者的具体才能会有所差异，不过以下四种才能不管是行政型领导、经营型领导还是技术型领导都要具备：概念技能、管理技能、人际技能和专业技能。

（1）概念技能，又称战略技能。简单而言，概念技能就是一个领导应该有思想、有想法。有思想的人视野宽阔、眼界高明、思维睿智，对他人往往具有很强的内在感染力，会受到同事和下属的敬佩。古今中外，有思想的伟人身后往往有成千上万的追随者。蒙牛乳业集团的创始人牛根生就是一个很有想法的人，他能够及时把握中国和世界乳制品业的发展趋势，提出对蒙牛乳业集团未来发展的各种大胆设想，做出"先建市场，后建工厂"的经营战略。其"大胜靠德，大智靠学，大牌靠创"的思想，对蒙牛乳业集团吸引优秀人才发挥了巨大作用。乔布斯能够成为苹果公司的灵魂人物，也是因为他有很多颇具创意的想法，而且这些想法让苹果公司引领了电子科技产品的发展潮流。

（2）管理技能。要成为一名合格的领导者，必须具备较强的管理技能，如组织能力、计划能力、协调能力、控制能力、决策能力、执行力等。

（3）人际技能。领导是一种通过影响他人来完成组织目标的活动。因此，与人交往就成了领导者的主要工作内容。领导者的人际技能包括沟通能力、公关能力、激励能力等。

（4）专业技能，是指对本专业领域知识和技能的了解和掌握。

然而，这四种技能对于处于不同层级的领导者来说，重要性是不一样的（表10-2）。

表10-2　四种技能对于不同层级的领导者的重要程度

层级	概念技能	管理技能	人际技能	专业技能
基层领导	不太重要	重要	重要	非常重要
中层领导	重要	很重要	很重要	重要
高层领导	非常重要	很重要	很重要	不重要

（二）提升个人魅力

魅力是一种使人潜移默化地接受对方影响的素质，其对欣赏它、希望拥有它的追随者拥有很强的感召力和影响力。个人魅力不仅表现在外形上，还表现在一个人的内心世界、个人修养、性格的综合素质上。越来越多的研究发现，具有领袖魅力的领导能对下属具有更强的感召力和影响力，他们能激励下属付出更多的努力，而且下属会更加喜爱自己的领导，对领导表现出更高的满意度。

案例10-4　林肯的魅力：魅力型领导打动下属的心

林肯被认为是美国历史上最伟大的总统、具有魅力的领袖之一。很多研究者认为林肯是值得当今领导者学习的典范。林肯在树立榜样、用愿景（满心渴望达到的目标）鼓舞人心和善于交流这三方面体现了魅力型领导的精髓。

1. 树立榜样

林肯在担任总统的4年期间，大部分时间是在军队里度过的。对于林肯来说，与下属随便接触和正式会议一样重要，有时甚至更为重要。1865年，在战争接近尾声时，林肯频繁到战场看望战士，而且哪里重要他就会在哪里出现。

2. 用愿景鼓舞人心

林肯在其整个任职期间都在宣讲他心目中的愿景。他的思想既简单又明确，反复强调平等和自由,并不断为他的愿景注入新鲜内容。内战期间,林肯追溯了过去,然后利用过去和现在连接未来。葛底斯堡演说是林肯所构建愿景的代表,其作用是显著而深远的。

3. 善于交流

领导动员下属最重要的办法就是交流。林肯的交流手段是讲故事,林肯讲故事主要是为了达到某一目的,而不是为了娱乐。领导学领域新近的研究成果表明,林肯的方法确实有效,故事是强有力的鼓动手段,可以促使人们忠心耿耿、全心全意,而且热情洋溢。美国管理大师奥斯汀认为:"人们主要是通过故事来思考,而不是通过成堆的资料去推理。故事容易记住,会教育人……。如果我们真的重视理想、价值、动力和献身精神,就应当发挥故事的作用。"一个合适的故事往往可以减轻拒绝和批评对人造成的强烈刺激,这样既能达到目的,又能避免伤害感情。林肯把讲故事的手法发挥到了极致,即使在与内阁成员进行最严肃的谈话时,仍然抽出时间讲一段逸事,以表明他究竟是怎样想的。而用来讨论政策和国家方针大计的会议,也往往以总统的一段故事来圆满结束。

大量研究者对魅力型领导的特质进行了研究,发现魅力型领导的关键特点主要如表10-3所示。

表 10-3 魅力型领导的关键特点

特点	含义
富有远见	魅力型领导是未来取向的,他们有远大的目标,认为未来一定会比现在更美好。他们也能够认识到现在的不足,并且能够提出克服这些缺陷的设想,而且这些设想往往是令人兴奋的
高度自信	对他们的判断和能力充满信心,能在极大的压力下坚持自己的信念。而那些非魅力型的领导者在失败与批评面前总是怀疑自己
充满激情,自我激励	他们精神饱满、精力充沛,对实现目标充满激情,而且他们能够用各种方式充分和生动地表达自己的情感和热情。他们不需要别人的鼓励,而是自我激励
善于言辞	他们善于表达自己的思想,擅长运用各种言辞和非言辞的表达技巧。卓越的沟通能力使追随者理解他们的愿景,激发追随者的热情
愿意冒个人风险	他们敢于冒个人风险,包括经济损失或事业上失败的可能性、组织资源被撤销的可能性、被开除或降职的可能性
环境敏感性	他们具有对现实的洞察力,能实事求是地评估组织内的各种环境资源和条件限制,并基于对环境资源的现实评估来制定变革策略和非常规行动

(三)采用灵活的领导方式

"世界上没有两片完全相同的树叶",人更是这样了。每个人做事情的意愿和能力是不一样的。有的人是想做事,而能力不足;有的人是能力很强,但是不想做事。对于不同的人，应该采取不同的领导方式。

领导生命周期理论认为，下属的"成熟度"对领导者的领导方式起重要作用。对不同"成熟度"的员工应该采取不同的领导方式。"成熟度"是指人们对自己的行为承担责任的能力和愿望的大小，它取决于两个要素：能力和意愿。领导生命周期理论如图10-4所示。

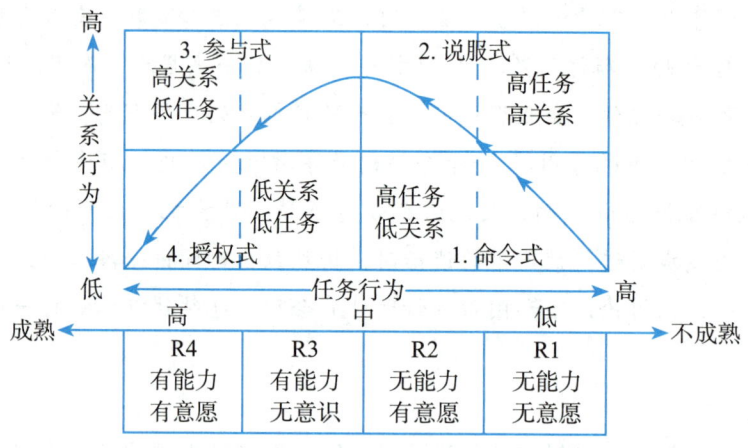

图10-4　领导生命周期理论

（1）R1：下属缺乏接受和承担任务的能力和愿望，既不能胜任又缺乏自觉性。对于处于R1阶段的员工，应该采取命令式领导方式（高任务—低关系）。在这种领导方式下，领导者进行角色分类，并告知下属做什么，如何做，何时以及何地去完成不同的任务。它强调指导性行为，通常采用单向沟通方式。

（2）R2：下属愿意承担任务，但缺乏足够的能力，有积极性但没有完成任务所需的技能。对处于R2阶段的员工，应该采取说服式领导方式（高任务—高关系）。在这种领导方式下，领导者既提供指导性行为，又提供支持性行为。领导者除向下属布置任务外，还与下属共同商讨工作的进行，比较重视双向沟通。

（3）R3：下属具有完成领导者所布置任务的能力，但没有足够的积极性。对处于R3阶段的员工，应该采取参与式领导方式（低任务—高关系）。在这种领导方式下，领导者极少进行命令，而是与下属共同进行决策。领导者的主要作用就是促进工作的进行和沟通。

（4）R4：下属能够而且愿意去做领导者要他们做的事。对处于R4阶段的员工，要采取授权式领导方式（低任务—低关系）。在这种领导方式下，领导者几乎不提供指导或支持，通过授权鼓励下属自主做好工作。

（四）学会有效授权

有些人明知道授权的重要性，而不愿意授权，是因为：①对下属不放心；②过度完美主义，认为下属做得不好，还不如自己去做；③害怕挑战，担心员工的成长对自己造成威胁；④害怕失去控制，有的人习惯对大小事都清楚，特别担心放权会失去控制。"下君尽己之能，中君尽人之力，上君尽人之智。"诸葛亮身为蜀汉丞相，才华横溢，工作勤勤恳恳，每日起早睡晚，各种事务都要亲自处理，亲自过问，以致积劳成疾，过早离开人世。现代社会，面对复杂的工作，即使是能力超强的领导者，也不可能独揽一切。授权的好处有：①从琐碎的事务中解脱出来，专门处理重大问题；②赋予下属一定的权力，调动员工工作的积极性；③有利于发现人才、锻炼人才和培养人才；④充分发挥员工的专长，弥补领导者自身才能的不足，提高团队的整体效能。因此，作为一名领导，要解决的不是要不要授权的问题，而是如何授权的问题。如何有效授权呢？

（1）客观认识下属。有效授权的关键一步是要对下属的能力、成熟度、心理素质等有一个客观的了解，力求将权力和责任授权给最合适的人。

（2）考虑被授权者的兴趣。如果所授权的是被授权者感兴趣的，那么被授权者就会对工作充满热情，乐于完成工作。

（3）明确权责，使权责一致。若是职责不清，各司其事，就会不断发生摩擦，相互"扯皮"或"掣肘"，这是授权的大忌。所以，授权者必须向被授权者明确授权事项的目标和范围，明确被授权者的权力和相应承担的义务及责任。

（4）要有监控。授权不等于放权，授权者要通过跟踪、控制、反馈等方式了解下属工作的进展情况，或者提供支持，或者对偏离目标的行为及时进行纠正。

（5）有些工作是不能授权的。对于涉及有关全局的工作，如决定组织目标、重大政策等，不可授权。

（五）善于运用权力基础

领导者的权力基础来自强制性、奖赏性、法定性、专家性和参照性权力。同样的权力，不同的人运用起来的效果可能不一样，这就是人们所说的权术问题。权术通常被看成一种非常负面的东西。其实，权术只是运用权力的技术，运用得当，可以很好地起到提高领导效能的作用。研究发现，合理化、友情、结盟、谈判、硬性指示、高层权威和规范是人们常用来影响上级和下属的策略。

（1）合理化。这是一种比较常用的表达方式，用事实和数据来表达想法，想办法让别人觉得这是合情合理的，从而接受你的想法。

（2）友情。在提出一个要求和请求之前，先对对方进行表扬、肯定，让对方对你有好感。尽量表现出很好的友谊，或者是谦虚的态度，这就是一种友情。

（3）结盟。争取组织中他人的拥护，以使他人支持你的想法和要求。

（4）谈判。双方坐下来，以双赢的方式进行谈判，这种方式给员工一种平等的感觉，有利于解决问题。

（5）硬性指示。直接使用强制的方式，如服从、提醒、命令等来运用你的权力。

（6）高层权威。从上级那里获得支持，来强化你的要求。

（7）规范。通过组织制定的奖惩规定，如薪资、绩效评估或晋升等来运用你的权力。

本章小结

1. 团队合作是人才素质的基本要求，也是自身发展的需要。

2. 团队合作的障碍主要包括缺乏信任、惧怕冲突、欠缺投入、逃避责任和无视结果。

3. 领导的五种权力来源：强制性权力、奖赏性权力、法定性权力、专家性权力和参照性权力。

4. 提高个人才能，提升个人魅力，采用灵活的领导方式，学会有效授权和善于运用权力基础，可以帮助个人有效提升领导力。

相关资源

1. 杨林. 团队精神 [M]. 哈尔滨：黑龙江科学技术出版社，2011.

2. 姜岚昕. 领导无形 管理有道 [M]. 北京：机械工业出版社，2010.

3. 麦克斯韦尔. 领导力21法则 [M]. 路卫军，宋碧澄，徐斌，译. 北京：中国青年出版社，2010.

相关技术

团队合作与领导力提升游戏

1. 撕纸

- 目的：我们平时沟通过程中经常使用单向的沟通方式，但每个人都按照自己的理解来执行，结果通常会出现很大的差异。使用双向沟通之后，又会怎样呢，差异依然存在，虽然有改善，但增加了沟通过程的复杂性。所以什么方法是最好的？这要依据实际情况而定。

- 人数及时间：20人左右最为合适；15分钟。

- 材料及场地：准备总人数两倍数量的A4纸（废纸亦可）；不限。

- 操作程序：①发给每位参与者一张纸；②主持人发出单项指令：大家闭上眼睛→全过程不许问问题→把纸对折→再对折→再对折→将右上角撕下来→转180度→将左上角也撕下来→睁开眼睛，把纸打开；③主持人会发现各种答案，这时主持人可以请一位同学上来，重复上述指令，唯一不同的是，这次可以提问题。

- 有关讨论：完成第一步之后可以问大家，为什么会有这么多不同的结果（也许大家的反应是单向沟通不许问问题所以才会有误差）。完成第二步之后又问大家，为什么还会有误差（希望说明的是，任何沟通形式及方法都不是绝对的，它依赖沟通者双方彼此的了解和沟通环境的限制等，沟通是意义转换的过程）。

2. 趣味跳绳

- 目的：锻炼同学们互助合作的意识，形成共识。
- 材料及场地：粗棉绳1根；场地宜选择户外草地，以免受伤。
- 规则：请两个人各握住绳子的一端，其他人要一起跳过绳子，所有人都跳过算一下，数一数整个团队总共能跳多少下。
- 讨论：①当有人被绊倒时，各位当时发出的第一个声音是什么？②发出声音的人是刻意指责别人吗？③想一想，自己是否不经意间给别人造成了压力？④接下来我们应该怎么做才不会产生刚才的感觉？

3. 提水接龙

- 目的：问题解决，团队合作。
- 人数及时间：12人一组为最佳；30分钟。
- 材料及场地：25米长的绳子1条，20米长的绳子2条，水桶1个，短竹2条，砖头1块；空地。
- 操作程序：①主持人让参与者将25米长的绳子拉成一个圈，并把装水装到九成满的水桶放在圆圈的中间，用砖头把水桶垫起来。②主持人说明规则：假设这里是一片沙漠，大家长途跋涉来到此处，有一名同伴已经脱水严重，大家远远地看见流沙的中央有一处绿洲，圆圈内是流沙区，不能踩下去，只有借助两条20米长的绳子以及两条短竹，才能渡过流沙区，拿到珍贵的水来拯救同伴。③全体成员必须在30分钟内把水桶提出，水不能洒出来。
- 有关讨论：①全队共出现多少个主意？为什么采纳了现在所使用的主意来执行任务？②在全过程中，你认为哪里表现最佳？团队的合作精神体现在哪里？③团队在解决问题时，采取的是什么步骤，这些步骤有什么地方可以改进？

4. 解手链

- 目的：让参与者体会解决团队问题都有什么步骤，聆听在沟通中的重要性，以及团队的合作精神。
- 人数及时间：10人一组为最佳；20分钟。
- 材料及场地：无；不限。
- 操作程序：①主持人让每组参与者围着站成一个向心圈。②主持人介绍规则：一个人先举起右手，握住对面那个人的手，再举起左手，握住另外一个人的手，在所有人都握住手不松开的情况下，想办法解开胳膊。③告诉大家一定可以解开，但答案会有两种，一种是一个大圈，另外一种是两个套着的环。④如果过程中实在解不开，主持人可允许参与者决定相邻两只手断开一次,但再次进行时必须马上封闭。

·有关讨论:开始时你的感觉怎样,思路是否很混乱?当解开一点以后,你的想法是否发生变化?最后问题解决后,你是不是很开心?在这个过程中,你学到了什么?

5. 举胖子

·目的:培养团队精神。

·方法:在参与者中挑选个头最大、体重最重的人,请他坐在讲台上的一张座椅上。另外,在参与者中挑选4名最瘦小的学员,请他们上台,要求:4名瘦小的参与者要合力将坐在椅子上的胖参与者举起来,起码3分钟,但是,每人只能动用自己的一到两个手指。

·讨论:不要认为不可能,要善于听取主持人的引导,利用正确的方法,通力合作。

6. 高空飞蛋

·目的:提高创造力及团队的合作能力。

·人数及时间:3人一组为最佳;30分钟。

·材料及场地:每组鸡蛋1个,小气球1只,塑料袋1个,竹签4支,塑料匙、叉子各2支,橡皮筋6条;三层楼及楼下空地。

·操作程序:①主持人把上述材料发给每组,然后让参与者在25分钟之后到指定的三层楼的地点把鸡蛋放下来,为了不摔破鸡蛋,可以用所给的材料设计保护伞。②25分钟之后,每组留一人在三层楼高的地方放鸡蛋,其他人可以到楼下空地观赏及检查落下的鸡蛋是否完好。③鸡蛋完好的小组是优胜组,还可以进行决赛,选出胜出者。

7. 空方阵

·目的:增强小组之间的沟通及配合;找出经常出现的问题,探索出解决这些问题的方法;小组在工作时是否有领导者出现以及体会领导者的作用。

·人数及时间:5人一小组,10人一大组,24人一班为最佳;40分钟。

·材料及场地:两套空方阵塑料板;教室及其他会议室或走廊。

·操作程序:①将10人的大组分为两个小组,一组命名为"计划团队",另一组命名为"执行团队",还有两位组员为"观察团队"。②主持人将3份不同的指令分别交给"计划团队""执行团队""观察团队"。③对比两个大组,选出最先完成任务的大组,听他们分享自己在工作过程中的感受,为什么能够完成得比另外一组快。④观察员分别谈谈两个大组在排列任务过程中的表现。

·有关讨论:总结这个游戏中最大的启发是什么,讨论领导力、沟通方面的问题,合作及配合是否融洽,通过什么方法来解决问题。

8. 你说我做

·目的:增强沟通能力、领导能力。

·人数及时间:20~30人;约1小时。

- 材料及场地：用七彩积木制作的模型、积木、彩笔、白纸；不限。
- 操作程序：①将参与者分成若干组，每组4~6人为宜。②每组讨论3分钟，根据自己平时的特点分成两队，分别为"指导者"和"操作者"。③让每组的"操作者"暂时先到教室外面等候。④这时主持人拿出自己做好的模型，让每组剩下的"指导者"观看（不许拆开），并记录下模型的样式。⑤15分钟后，将模型收起，请"操作者"进入教室，每组的"指导者"将刚刚看到的模型描述给"操作者"，由"操作者"搭建一个与模型一模一样的造型。⑥主持人展示标准模型，用时少且出错率低者为胜。⑦让"指导者"和"操作者"分别将自己的感受用彩笔写在白纸上。
- 有关讨论：①身为指导者的你，体会是什么？②身为操作者的你，体会是什么？③当操作者没有完全按照你的指导去做的时候，作为指导者的你有什么感觉？④当感觉到没能完全领会指导者意图的时候，作为操作者的你有什么感觉？⑤当竞争对手已经做完，欢呼雀跃的时候，你们有什么感受？⑥当看到最后的作品与标准模型不一样的时候，你们有什么感受？

9. 教练技术

- 目的：让同学们从中发现自身在教他人时存在的问题，不要用专家心态教人，也不要用自己的标准来衡量别人，要掌握教学方法，有耐心，要适当给予他人鼓励。
- 人数及时间：每组6人；约10分钟。
- 材料及场地：按虚线切割好的T形板；不限。
- 操作程序：①每组推选一位组长，所有组长在4分钟时间内由老师教会"T"字形拼图的方法（老师必须让每位组长拼一次且要保证每位组长已经完全学会）。②然后由组长在5分钟之内教会每个组员，学会的组将模型交回，比赛开始。每组随便抽一位（由老师随机抽），限时20秒，拼出"T"字图形来，超时不算，看哪一组拼出来的人数较多，那个组就是第一名。

10. 他的授权方式

- 目的：让同学们体会作为一位主管在分派任务时通常犯的错误以及改善的方法。
- 人数及时间：8人一组为最佳；约30分钟。
- 材料及场地：眼罩4个，20米长的绳子1条；不限。
- 操作程序：

（1）主持人选出一位总经理、一位总经理秘书、一位部门经理、一位部门经理秘书、4位操作人员。

（2）主持人把总经理及总经理秘书带到一个看不见的角落，而后给他们说明游戏规则：①总经理要让秘书给部门经理传达一项任务，该任务就是由操作人员在戴着眼罩的情况下，把一条20米长的绳子做成一个正方形，绳子要用尽。②全过程不得直接指挥，一定是通过秘书将指令传给部门经理,由部门经理指挥操作人员完成任务。③部门经理有不明白的地方也可以通过自己的秘书请示总经理。④部门经理在指挥的过程中要与操作人员保持5米以上的距离。

·有关讨论:①作为操作人员,你会怎样评价你的这位主管经理?如果是你,你会怎样来分派任务?②作为部门经理,你对总经理的看法如何?你对操作人员的执行过程有什么看法?③作为总经理,你对这项任务的感觉如何?你认为哪方面是可以改善的?

附录一

某大学生的职业生涯发展规划书[①]

1. 引言

在我的生活里,很容易做事半途而废。为什么呢?是因为我没有目标吗?很明显不是,说起目标我可是会滔滔不绝的。是我没有学习的兴趣吗?恰恰相反,我的兴趣实在是太广泛了。是我没有计划性吗?也不尽然,我每天睡觉之前都会列出明天的任务清单。那是怎么回事呢?在经过学习后我明白了:我所谓的"目标"只是一个美好愿望,而真正的目标是明确、具体的,是可衡量的,目标要与行动一致,同时目标还要现实,有时间性和挑战性。职业生涯规划可以帮助我客观认识自我、明确职业定位、确立前进的方向、制定奋斗策略、将目标分解,从而获得一步步小的成功,并激励我坚持走下去,最终获得那些现在看来有些遥远的成功。作为一名大二的学生,规划职业生涯无疑是有益且有必要的。

2. 自我分析

"世界上没有两片完全相同的树叶",每个人也是不同的。一个人要成才首先要选择一条适合自己发展的职业道路,而要寻找到适合自己发展的职业道路,首先要明白自己想干什么、能干什么、适合干什么。因此,自我分析是职业生涯规划的第一步。

2.1 喜欢干什么——职业兴趣

希望做有关人力资源、教育和心理学方面的工作,使他人的能力都得到最优组合和发展,帮助青年人特别是大学生明确自己的人生与职业发展方向,使其能够自己设计大学生涯和职业生涯,做自己真正的主人。

通过测评我得出了自己的职业兴趣类型顺序:

类型名称	得分	类型解释
社会型	7分	为人热情,善于与人沟通,人际关系佳
管理型	6分	乐观主动,乐于发表意见,有管理才能
艺术型	5分	思维活跃,创造力丰富,感情丰富
常规型	4分	忠实可靠,情绪稳定,缺乏创造力,遵守秩序
研究型	3分	思维缜密,善于分析,倾向于创新
实际型	1分	做事踏实,为人安分,不擅长社交

[①] 本规划书是"航天杯"首届中国大学生职业规划设计大赛湖北省分赛区参赛作品。

我的分析：可以得出我的职业兴趣类型是 SMA 型，喜欢与人打交道，希望通过自己的言行去影响他人，同时感情丰富，有创新能力。

在日常生活中，我也发现自己喜欢与人沟通，对周围人的细微变化有很敏锐的洞察力，行事主动，有自己的想法，并希望能通过自己的努力，使别人生活得更好。同时，我不喜欢和别人完全一样，我的思维活跃敏捷，有丰富的想象力，有时也很感性。我的朋友、父母也认为我对社会管理型职业有比较浓厚的兴趣。

2.2 能够干什么——职业技能

测评得出的结果：

能力类型	得分
基本智能	8
语言能力	7
数理能力	9
推理能力	9
人文素养	7
信息分析能力	8

我的分析：我的数理能力和推理能力较强，说明我有比较清晰的逻辑思维能力。而语言能力和人文素养相对较低，说明我在口头表达能力和文学素养上还有所欠缺，需要在以后的学习生活中多加锻炼和积累，从而弥补这两方面的不足。

2.3 最看重什么——职业价值观

测评得出以下结论：

价值类型	得分	0 1 2 3 4 5 6 7 8 9 10
经营取向	5	
经济取向	1	
支配取向	3	
自尊取向	4	
志愿取向	8	
家庭取向	3	
才能取向	5	
自由取向	1	
自我实现取向	6	

上图是我在九种职业价值观中的得分，其中得分最高的两种最能反映我进行职业选择时首先看重的价值。因此，从上图来看，我的主要职业价值取向如下。

（1）志愿取向。

志愿取向者富有同情心，把他人的痛苦视作自己的痛苦，乐于帮助别人，为大众服务，做事不计较报酬、回报，而更在意自己是否有效地给他人提供了帮助。

志愿取向者在工作中的优势和劣势如下。

优势	劣势
富有同情心	比较容易情绪化
喜欢帮助他人	易受他人或环境影响
不计较个人利害得失	考虑问题不够全面

（2）自我实现取向。

自我实现取向者不关心与他人所共有的幸福和一般惯例，一心一意追求个性、探索真理，对收入、地位乃至他人全然不顾，喜欢向自己的能力及可能性进行极限挑战，并把它们看成生存的最大意义。

自我实现取向者在工作中的优势和劣势如下。

优势	劣势
重视他人的感受与价值	可能不够客观
做事目标明确	对自身利益考虑不够
有强烈的发展、提升意识	有时过于敏感

我的分析：我以帮助别人为快乐之源，以解决他人职业发展和心理方面的问题为自我实现的途径。我工作最大的动力就是实现个人价值的最大化。喜欢对社会有重大意义的工作，不喜欢重复与很多人一样的工作。我想做教师、咨询师、公益事业或人力资源管理人员。

2.4 适合干什么——个人特质

2.4.1 自我剖析

（1）生理条件。

§ 健康状况：不错，能吃能睡。

§ 身体素质：能远足，能爬山，能跑步 40 分钟以上，很少生病。

§ 外貌：五官端正，面容姣好，身高 168 厘米。

§ 体力：能支持我登上玉龙雪山山顶，海拔 5596 米。

（2）心理条件。

§ 性格：随和，极富同情心和正义感，有亲和力。在不熟悉的人面前不太爱说话，而在朋友面前又比较放得开。有时想太多，有些优柔寡断。爱憎分明，个性鲜明，诚实，心里藏不住事，有洞察力。

§ 价值观：不安于现状，不愿和别人一样。喜欢替他人着想，并以帮助别人为自我实现的重要途径之一，喜欢做有意义的事，讨厌机械无意义的工作。

§ 兴趣特长：兴趣广泛，爱与人交流，还喜欢唱歌、弹钢琴、跳舞等。

（3）社会资本。

我生在知识分子家庭，长在大学校园里，从小受到良好的文化熏陶，生活环境干净、简单。我现在所就读的大学人文气息浓厚，学术氛围自由，为我提供了广阔的发展空间。周围厉害的人很多，有很多值得我学习的地方。家庭以及求学经历为我提供了不少社会资源，让我了解到最新的信息和思想，为我未来的发展道路积累了一定的原始资本。

2.4.2 别人眼中的我

对象	优点	不足
朋友	待人亲切和善，对朋友都很好，善良，真诚；能很好地给自己定位，很上进，有计划性，眼光长远，有责任心，有自我培养的意识	不够自信、大方，有时过于内向，不怎么主动说话；做事不够快，想太多，考虑太多
老师	有个性，在思想上有自己的见解和想法；很可爱，懂感情，关心和理解他人，体贴，会为他人着想；能注意到小细节，善于利用小细节来表达自己的感情	做作业不仔细，字写得不太好看
父母	目标明确	自我管理能力差

2.4.3 测评得出的结果

（1）综合特质：可通过有技巧的说服或理性讨论达到目的；没有野心；喜欢与人建立关系；满足自己的兴趣与嗜好；接纳他人，配合团队。

§ 能力优势：人际沟通与管理；注重团队精神；有自信扮演积极角色，有办法展现外向个性。

§ 人际关系：外向而且友善；善于倾听且有耐心；理性且有说服力。

§ 激励因子：平常的快乐与满足感；明确地位，正面温暖的人际关系。

（2）MBTI人格理论：内向、直觉、情感、判断——INFJ促进事情正面转化的催化剂。

基本描述：

§ 有计划、有条理，喜欢遵照固有的模式处理问题，乐于探求独特的方式以获得最有意义的成长和发展；通过认同和赞扬与别人进行沟通，具有很强的说服力，可以成为伟大的领导者；贡献被人尊敬和推崇。

§ 喜欢独处，性格复杂，有深度，是独立的思考者；忠诚，有责任心，喜欢解决问题，通常在认真思考之后行动；在同一时间内只专注于一件事情。

§ 有敏锐的洞察力，相信灵感，努力寻求生活的意义和事件的内在联系；有坚定的原则，就算被别人怀疑，也相信自己的想法和决定，依靠坚韧不拔的精神取得成功。

§ 他人能随时体会到我的善良和体贴，但不太了解我，因为我的性格含蓄而复杂；事实上，我是非常重感情、忠于自我价值观的，有强烈的愿望为大家做贡献，有时候我也很紧张和敏感，但表现得深藏不露；我倾向于拥有小范围且深长久远的友谊。

可能存在的盲点：

§ 我对完美的追求和固执，使我易走极端；一旦决定某事后，我就拒绝改变，并抵制那些与我的价值观相冲突的想法，以致我变得没有远见。

§ 总是探寻事情的意义和价值，过于专注各种想法，会显得不切实际，而且经常会忽略一些常规的细节；需要留意周围的情况，并学会运用已被证实的信息，这样可以帮助我更好地在现实世界中发挥自己的创造性思维。

§ 敏感，非常关注个人的感受和他人的反应，对任何批评都很介意，甚至会视为人身攻击；对我来讲，我需要客观地认识自己和周围的人际关系，更好地促进事情向正面转化。

2.5 总结

2.5.1 与职业兴趣相适应的职业特征

§ 从事需要花费大量时间与人打交道的说服、教育和治疗工作。

§ 与职业能力水平相适应的职位定位建议。

§ 较符合中高级职位的要求，工作效率高，并能取得较好的成绩。

2.5.2 与职业价值观相适应的职业特征

§ 帮助他人的同时让自我价值实现最大化。

2.5.3 与职业性格相适合的职业特点

§ 要求高品质，追求完美，不断改善。

§ 重视规划、顺序、流程及制度。

§ 喜欢谨慎思考后才做出行动。

§ 有能力处理繁复的书面信息。

根据职位胜任力原理、人职匹配原则，我比较适合从事职业咨询师的工作。

我将在下学期分小专业时选择人力资源管理专业，并适当选修相关的心理学、社会学、教育学等课程，为以后从事人力资源相关工作做好准备。

3. 环境分析

3.1 职业前景分析

21世纪的竞争更加激烈，而人才的竞争又是竞争的核心。在发达国家，职业教育已得到充分的重视并且有了一定的普及度。良好的早期职业教育，一方面能帮助个人早日确立明确的职业发展目标，从而有计划、有步骤地采取措施以达到自己的职业成功；另一方面也能使人力资源得到最优组合，使社会更好地发展，达到多赢的效果。遗憾的是，我国的职业教育才刚刚起步，很多领域几乎还是空白。但是，正是因为这样，前景和发展空间也是巨大的。

3.2 专业特色和培养要求

本专业学生主要学习管理学、心理学、经济学和人力资源管理方面的基本理论和基本知识，接受人力资源管理方法与技巧方面的基本训练，具有分析和解决人力资源管理问题的基本能力。毕业生应获得以下方面的知识和能力。

- § 掌握管理学、心理学、法学、经济学及人力资源管理的基本理论、基本知识。
- § 掌握人力资源管理的定性、定量分析方法。
- § 具有较强的语言与文字表达、人际沟通、组织协调及领导的基本能力。
- § 熟悉与人力资源管理相关的方针、政策和法规。
- § 了解本学科的理论前沿和发展动态。
- § 掌握文献检索、资料查询的基本方法，具有初步研究问题和实际工作的能力。
- § 学生在大学一二年级完成公共基础课和本专业基础课的学习后，可以针对自己的具体情况在感兴趣的相关专业选修一组课程，这样可使学生既具有较宽的知识面，又能够适应工作和社会的需要，增强自身的社会适应性。

3.3 家庭环境分析

我自小生活在大学校园里，是家中的独生女。家庭环境温馨和睦，受家庭环境的熏陶，对人力资源方面有比较全面的认识和浓厚的兴趣，在观念的更新和信息的获取上也有一定的优势。

3.4 职业分析

3.4.1 职业概况

职业咨询师是针对个人的职业发展、性格、爱好等具体情况，通过测试、咨询、诊断、规划等方式，运用科学的测评工具，提供全面的信息、策略与方法，引导咨询者客观地认识自己，了解自己的发展潜能、职业兴趣、个人性格，调适自己的职业状态，选择适合自己的职业发展方向，制定合理的职业发展规划的专业人士。如果把一个人的职业生涯比作一次旅行，那么职业咨询就像是为你画一张地图。有了地图，走在路上的人心里会很踏实，将要启程的人生方向会更加明确。在国外，还有专门的职业顾问为人们提供关于职业的各种建议和支持，帮助人们选择职业、寻找工作、发展现职，而且许多人拥有自己的私人职业顾问。

3.4.2 工作内容

- § 帮助咨询者认识自我。
- § 帮助咨询者认识是否适合当前的职业以及最适合的职业是什么。
- § 了解咨询者目前的状态距离最佳目标有多远，应该从哪些方面来弥补。

3.4.3 就业范围

- § 公共就业服务机构，如人才服务中心、职业介绍所。
- § 个体或民办机构，如专门的测量中心机构、猎头公司，作为企业培训套餐中的一部分推出。
- § 各大学的就业指导处，这主要是为本校学生做指导的。
- § 公司的人力资源部，对本公司的员工进行岗位测评。

3.4.4 任职资格

- § 学历条件是大专以上文凭。

§ 6年以上的工作经验。

§ 有由中国就业培训技术指导中心正式颁发的生涯规划师职业培训证书。

§ 优秀的职业指导师还应具有心理学、教育学、管理学的相关经验，能全面掌握就业的动态。

4. 职业选择的 SWOT 分析

内部潜在优势（strengths）	内部潜在劣势（weaknesses）
1. 职业兴趣和职业价值观都符合此职业。 2. 专业对口。 3. 良好的洞察力，良好的团队意识，责任心强。 4. 在家庭的影响下，对此行业有较全面的认识，在观念和信息的获取上有一定的优势	1. 语言能力的掌握程度不够。 2. 性格相对内向，当众发言时会紧张。 3. 做决定之前考虑太多，显得有些优柔寡断。 4. 自控能力不强
外部潜在机会（opportunities）	外部潜在威胁（threats）
1. 朝阳行业，发展前景很广阔。 2. 正在被重视和关注中成长	1. 专业性不像技术型工作那样强，可能被别的人员替代。 2. 有可能被重视的程度还不够

5. 职业发展路线分解

2005—2009 年，完成管理学和心理学的专业学习。

2009—2013 年，出国留学，取得 PhD 学位。

2013—2018 年，在公司里做人力资源相关的工作。

2018 年开始做职业指导老师，积累一定经验后做职业咨询师。

6. 行动方案

6.1 大学阶段（2005—2009）

6.1.1 大二学年（上学期）

项目	知识方面	能力方面
目标	1. 补修大一上学期没有学的课程：高数（上）、管理学、微观经济学、政治经济学。 2. 通过大学英语四级考试。 3. 准备托福考试。 4. 选修 2~3 门选修课。 5. 所有科目的平均学分绩点大于 3.5。 6. 提高英语口语和听力能力	1. 提高领导和组织能力。 2. 发展一项运动项目。 3. 锻炼自己当众表达的能力并克服怯场，同时增强自信心。 4. 从别人身上吸取经验教训，并形成良好的交际圈。 5. 参与创建学校青年发展咨询与服务中心

续表

项目	知识方面	能力方面
具体措施	1. 和别的班的同学一起上补修的课程，阅读相关书籍，每科1~2本。 2. 每天早上六点半出门读英语，背单词（早上和中午各半小时），晚上练听力半小时，参加补习班，做全国大学英语四级考试试题。 3. 精听《老友记》，提高托福听力水平。 4. 周三、周五晚上12~14节：中国文化概论、英语学术写作。 5. 课前预习，课堂认真思考，当天完成作业，周末阅读相关书籍（每科2~3本）。 6. 去英语角找外教交谈，听听力材料——英语广播和电影。 7. 多去图书馆，拓宽自己的知识领域，增强自己的人文素养	1. 竞选班干部、校学生组织部副部长。 2. 课堂发言，勇于在会议上发表意见。 3. 完整地策划一次大型活动，让自己的实践能力得到全面锻炼。 4. 抽时间与不同专业、不同家庭环境、不同性格的人交流，从别人身上吸取经验教训，积累一定的人际关系。 5. 在青年发展咨询与服务中心做事，深入了解并实践自己在大学生职业发展与规划课程中学到的知识，把这一路的经历都记录下来，并用专业的眼光进行分析，为以后的课题研究和论文发表做准备。 6. 体育课选择网球课，每周去健身2~3次，锻炼身体

注：一星期最多回一次家，而且尽量不要过夜。

寒假：到北京上托福班，准备托福考试。

6.1.2 大二学年（下学期）

项目	知识方面	能力方面
目标	1. 参加托福考试和大学英语六级考试。 2. 选修2~3门选修课，读10本书（阅读专业课相关书籍）。 3. 去华东师范大学修心理学双学位。 4. 进一步提升英语听说能力。 5. 保证公共课每门成绩均高于85分，专业课成绩高于90分。	1. 进一步提高领导和组织能力。 2. 继续参与学校青年发展咨询与服务中心的活动。 3. 准备暑假社会实践。 4. 熟悉了解分班后的同学，与专业老师建立良好的关系。 5. 进一步锻炼自己的写作和口头表达能力。
具体措施	1. 每天早上六点半出门读英语，背单词（早上、中午和晚上各半小时），晚上练听力半小时，参加补习班，做托福、全国大学英语六级考试试题。 2. 课前预习，课堂认真思考，当天完成作业，周末阅读相关书籍（每科2~3本）。 3. 周末在华东师范大学学习心理学课程。 4. 去英语角找外教交谈，听听力材料——英语广播和电影。 5. 开始学习写学术论文，搜集感兴趣的课题	1. 竞选班干部，多和班上的同学沟通。 2. 参加演讲比赛。 3. 与专业老师沟通。 4. 竞选部长。 5. 搜集社会热点话题，选择暑假社会实践课题，完成计划书。 6. 到文学院、教育学院听课，完善知识结构

注：一到两星期回一次家，而且尽量不要过夜。

暑假：开展暑期社会实践活动和实习工作；准备托福考试和美国研究生入学考试；学习驾驶车辆的技术；在华东师范大学学习心理学课程。

6.1.3 大三学年

项目	知识方面	能力方面
目标	1. 参加托福考试和全国计算机等级考试（二级）。 2. 参加美国研究生入学考试。 3. 开始写一些专业论文，找老师申请参与项目的研究。 4. 每门课成绩高于90分。 5. 读20本专业书籍。 6. 继续修心理学课程。 7. 进一步提升英语听说能力	1. 积极参加院里组织的活动，与院里的同学多交流。 2. 做一些社会兼职，与社会接轨，增长经验。 3. 开始查阅美国研究生院的信息。 4. 进一步锻炼自己的写作和口头表达能力。 5. 实践咨询服务
具体措施	1. 参加全国计算机等级考试（二级）培训班，做试题。 2. 参加新东方托福考试、美国研究生入学考试培训班。 3. 每天早上六点半出门读英语，背单词（早上、中午和晚上各半小时），晚上练听力半小时，做历届考试试题。 4. 课前预习，课堂认真思考，当天完成作业，周末阅读相关书籍（每科2~3本）。 5. 广泛阅读专业书籍（国内外）、社会热点报纸	1. 参加院里的相关比赛。 2. 与院里同学交谈，交流思想。 3. 做推销员、实习生等社会兼职。 4. 参与大学生职业发展与人生规划方面的课题研究。 5. 做就业中心和心理咨询师的学生助手。 6. 参加一些技能培训班。 7. 通过网络和书籍了解留学信息

暑假：开展暑期社会实践活动和实习工作。

6.1.4 大四学年

项目	知识方面	能力方面
目标	1. 联系美国的研究所，确定毕业后的发展路线。 2. 继续修心理学课程。 3. 实习。 4. 每门课成绩高于90分。 5. 继续写专业论文，与老师共同完成项目的研究。 6. 准备和撰写毕业论文，准备毕业	1. 继续做一些社会兼职，与社会接轨，增长经验。 2. 为大学留一些美好的回忆。 3. 积极参加学院和学校的活动，珍惜最后一年与大学同学在一起的时光。 4. 总结大学四年的得与失，制定未来的发展路线
具体措施	1. 上网查阅国外研究所的相关信息。 2. 与国外老师联系。 3. 找教授写推荐信。 4. 联系公司实习，做兼职。 5. 课前预习，课堂认真思考，当天完成作业，周末阅读相关书籍（每科2~3本）。 6. 广泛阅读专业书籍（国内外）、社会热点报纸	1. 多与同学、老师交流，珍惜大学的最后一年。 2. 参加学院和学校的各类文体活动。写点文字，以此纪念大学生活。 3. 回头看看走过的路，对照计划进行评估。 4. 调整未来的发展道路。 5. 做一些想做但没有做的事情

6.2 研究生阶段（2009—2013）

完成海外留学，进一步锻炼英语能力，系统地学习国外先进的人力资源管理和职业生涯规划知识，完善自己的知识结构。拓宽视野，使自己具有国际化思维方式，为接下来的职业生涯做最后的准备工作。

6.3 工作尝试阶段（2013—2018）

成功完成社会角色的转换，通过不同的工作积累工作经验。努力参与喜欢并适合自己的工作，同时汲取新鲜的知识，避免被时代所抛弃。

6.4 工作确立稳定阶段（2018—？）

未来的世界无法预知，我会一直工作到我失去兴趣和激情，或者找到了好的接班人。

7. 结束语

一个人要想获得人生的成功没有规划是不行的，没有目标就像推磨的驴一样，忙碌一生却只是在原地转圈圈。今天站在哪里并不重要，但是你下一步迈向哪里很重要。这次的职业规划让我明确了自己职业生涯的方向，开始踏上了通往辉煌的道路。当然，仅仅有规划是不够的，日后的付出是最重要的，它决定了我以后的成就。世界上唯一不变的东西就是变化，此后我还要根据环境的变化不断地评估和反馈，坚持不懈，从而保证计划得以实施。换言之，成功的五大步为：①明确目标；②详细计划；③立刻行动；④修正行动；⑤坚持到底。

成功的关键在于你想要还是一定要！

决定的事就一定要去做！

梦想需要行动，现在努力以后就会好好的！

成功者不断地改变方法却很少改变目标；失败者不断地改变目标却从不改变方法！

成功者决不放弃，放弃者绝不成功！

无论是此生理想还是近期规划都需要从今日功课做起！

心动一百次不如行动一次，开始行动吧！

职业生涯名言[1]

☆ 如何理解职业

个人与他人的社会关系——分工
职业与知识技能的关系——必备
知识技能与财富的关系——创造
创造财富与报酬的关系——合理
获得报酬与需求的关系——满足

☆ 工作、职业与事业的关系

干活——受累遭罪，养家糊口
工作——上班挣钱，安全保障
职业——社会地位，专业技能
事业——社会贡献，人生价值

☆ 如何改变

如果你改变不了过去，请你改变你的现在！
如果你改变不了事实，请你改变你的态度！
如果你改变不了别人，请你改变你自己！

☆ 成功的定义

成功不在于拥有多少机会，成功在于你珍惜了多少机会！
成功不在于拥有多少天赋，成功在于你发挥了多少天赋！
成功不在于拥有多少梦想，成功在于你采取了多少行动！
成功不在于有多少人帮助你，成功在于你帮助了多少人！

态度决定一切，目标高于一切；能力创造价值，兴趣制造快乐；方法决定速度，行动成就事业；环境蕴藏机遇，机遇决定成败。

---

[1] 程社明. 职场论语：程社明职业生涯真言 [M]. 北京：新华出版社，2013：24.

△ 职业生涯规划，只要开始，永远不晚；职业生涯发展，只要进步，总有空间。

△ 在一个没有终生职业的时代，让自己终生拥有职业！

△ 大多数的人使用生命中大多数的时间在赚钱，而不是规划一个值得拥有的生命。

△ 在职业生涯中，如果没有几次将体力、智力、心力用到极限是难以成功的。精疲力竭、头疼欲裂、心力交瘁都是挑战自己的极限。

△ 成功的人和不成功的人就差一点点：成功的人可以无数次修改方法，但决不轻易放弃目标；不成功的人总是变换目标，却从不改变方法。

△ 在职业生涯发展的道路上，只要不放弃目标，每一次挫折、每一次失败都是有价值的！

△ 职业生涯几十年，向社会提供的最优产品应该是自己。千万不要把主要精力放在帮助上级改正缺点上，用同样的时间和精力从上级身上学到的优点一定多于帮助上级改正的缺点。

△ 成功的法则：一个是态度，一个是目标。

——怎样才能有远大目标呢？

——当你态度积极坚定的时候！

——那我两样都没有怎么办？

——那就是你成功的意愿并不强烈，态度与目标其实都是一种选择，每个人都有能力选择，除非你自己不愿意。

△ 二十岁是你事业的起步期，如果这个时候你还没有自己的梦想，你将来要为此付出巨大的代价。四十多岁是你事业的飞跃期，如果这个时候你不能保持积极乐观的心态，你可能永远在起步期了。六十多岁，这时你并不需要特意做什么。如果你前四十年做对了，这时你想不辉煌也难；如果你前四十年没有做对，这时你想不凄凉也难。

△ 生活是公平的，当你努力工作、尽量多付出的时候，你会在不知不觉中获得很多；当你时时计较能获得多少，只做分内事的时候，却往往收获甚微。这就是法则。

△ 职业生涯的每一次飞跃式的发展都是以学习新知识、树立新观念为前提条件的。

△ 在职业生涯初期，我们做的往往是自己不喜欢而且更不想从事一生的工作。要分清：喜欢不喜欢这份工作是一件事，应该不应该做好这份工作、是否有能力做好这份工作是另一件事。切记：职业生涯发展是从做好本职工作开始的。

△ 当你还没有能力做好一项工作时就没有资格说不喜欢。

△ 职业生涯早期——对自己锻炼最大的工作是最好的工作，职业生涯中期——收入最多的工作是最好的工作，职业生涯后期——实现人生价值最大的工作是最好的工作。

△ 企业的事，结果好才算好，在结果好的基础上找感觉好；家里的事，感觉好就是好，在感觉好的基础上找结果好。

△ 企业不仅是挣钱谋生的场所，更是学习进步、实现人生价值的舞台。

△ 在单位、职务改变的背后，一定要重视有没有行业、职业的改变。

附录二
职业生涯名言

△ 你现在的收入是前些年努力的结果，你今天的努力程度将决定几年后的收入。

△ 目标分解是在现实处境与美好愿望实现之间建立可拾级而上的阶梯通道。目标选择是为了保障最大效益。目标组合是找出不同目标之间互为因果、相互促进的内在联系。

△ 确定职业锚之日，就是你的职业转变为事业之时。找到职业锚之后，你才是自己人生之舟的船长。

△ 当你确定了职业目标，你就不会在乎职务目标；当你确定了事业目标，你就不会在乎职业目标。

△ 在职业生涯发展的进程中，什么时候你的工作热情和努力程度不为工作待遇不高、不为别人评价不公而减少，从那时起你就开始为自己打工了！

△ 正确的角色定位需要理智，及时的角色转换需要勇气，成功的角色转换需要智慧。

△ 你每天干活还是工作？是从事一个职业还是一项事业？这不取决于那件事本身，而取决于你做这件事时的心态和结果的受益人数的多寡。

△ 前进路上的困难是绊脚石还是踏脚石，取决于脚放的位置，脚的位置取决于心态和能力。

△ 许多事情没有做成，不是我们没有能力，而是我们将能力用错了地方。

△ 出错很容易，做对要找规律。

△ 少干活，少出错；多干活，多出错；不干活，不出错；不干活是最大的错。

△ 当一件事没有干成时，我们总能为推卸责任找到理由。理由找得越多，我们就距离发现客观规律越远。当我们将责任推卸得干干净净时，我们就与成功绝缘了。

△ 推卸责任不用学，是人的正常心理反应——自我保护；承担责任需要学，是职业化素质的表现。

△ 求知是自我实现的前提，求美是自我实现的过程，自我实现让人兴奋激动，天人合一使人宁静和谐。

△ 与其抱怨找不到有归属感的单位，不如努力创建一个有归属感的团队。

△ 人生成功从职业生涯发展开始，职业生涯发展从做好本职工作开始，做好本职工作从对事情结果负责开始，对事情结果负责从找自己的错开始。

△ 在职业生涯发展的道路上没有空白点：每一种环境、每一项工作都是锻炼，每一个困难、每一次失败都是机会，享受失败才能创造成功。

△ 成功不是做成别人超越别人，而是要做成自己超越自己。

△ 命运就在你的手中，路就在你的脚下！

△ 从过去的成功中总结经验，从过去的失败中吸取教训，从最得意之处找到不足，从最痛苦之处找到金矿。

△ 快速进步有方法：汇报工作说结果，请示工作说方案，总结工作说流程，回忆工作谈感受，交接工作讲道德，布置工作定标准。

△ 机会常常会伪装成困难和失败来敲门,引起的生理感受是心里不舒服。与其发牢骚、抱怨,不如问问自己在这个不尽如人意的环境里能做些什么。每一次困惑都提示我们要学习新知识,每一次无奈都督促我们提高能力,每一次心悸都期待我们提高心理素质,每一次迷茫都预示我们增加经验,每一次失误都为我们提供进步机会,每一次冲突都会使我们调整观念,每一次情绪波动都是机会在敲门。

自我测试量表

一、工作价值观测试量表

下面有14种工作价值观、56个题目，请根据自己的实际情况或想法，在题目后面圈出相应数字。通过测验，你可以大致了解自己的工作价值观念倾向。

工作价值观	具体描述	非常不重要 ←				→ 非常重要
利他主义	能参与救难、济贫工作	0	1	2	3	4
	能帮助穷困、不幸的人	0	1	2	3	4
	能减少别人的苦难	0	1	2	3	4
	能常帮助他人解决困难	0	1	2	3	4
美的追求	能常欣赏完美的艺术作品	0	1	2	3	4
	能增添社会的文化气息	0	1	2	3	4
	能运用自己的鉴赏力	0	1	2	3	4
	能创作优美的作品	0	1	2	3	4
创造发明	能经常尝试新的构想	0	1	2	3	4
	可以自由提出新颖的构想	0	1	2	3	4
	常需要构想新的解决办法	0	1	2	3	4
	常需要提出多种不同处理方案	0	1	2	3	4
智力激发	必须花精力去深入思考	0	1	2	3	4
	必须不断学习才能胜任	0	1	2	3	4
	必须不断解决新的难题	0	1	2	3	4
	必须对事情做深入的分析研究	0	1	2	3	4
独立自主	在职责范围内有充分的自由	0	1	2	3	4
	在工作时可以不受他人干涉	0	1	2	3	4
	能自行决定自己的工作方式	0	1	2	3	4
	可以自行调整工作进度	0	1	2	3	4
成就满足	可以经常看到自己的工作成果	0	1	2	3	4
	常能觉得自己的辛劳没有白费	0	1	2	3	4

续表

工作价值观	具体描述	非常不重要 ← → 非常重要				
	能知道自己的工作绩效	0	1	2	3	4
	工作结果能受到别人的肯定	0	1	2	3	4
声望地位	能在社会上扮演更重要的角色	0	1	2	3	4
	能使自己更有社会地位	0	1	2	3	4
	能让自己觉得出人头地	0	1	2	3	4
	能够很自豪地介绍自己的工作	0	1	2	3	4
管理权力	能指导别人如何处理事务	0	1	2	3	4
	能够分配、调整别人的工作	0	1	2	3	4
	可以发挥自己的领导能力	0	1	2	3	4
	能为团体拟订工作计划	0	1	2	3	4
经济报酬	收入能比相同条件的人高	0	1	2	3	4
	能常常加薪或分	0	1	2	3	4
	收入能比其他行业高	0	1	2	3	4
	可以存下很多钱	0	1	2	3	4
安全稳定	能有稳定的收入	0	1	2	3	4
	生病时能得到妥善的照顾	0	1	2	3	4
	有完善的保险与福利制度	0	1	2	3	4
	不会轻易被解雇或裁员	0	1	2	3	4
工作环境	能有清静、不受干扰的工作场所	0	1	2	3	4
	工作地点的光线、通风良好	0	1	2	3	4
	工作场所有很现代化的设备	0	1	2	3	4
	工作场所整洁、卫生	0	1	2	3	4
上司关系	有一个善解人意主管	0	1	2	3	4
	有一个考核公正的主管	0	1	2	3	4
	主管能采取民主开放的领导方式	0	1	2	3	4
	主管的学识或品德能让你敬佩	0	1	2	3	4
同事关系	能经常与同事进行休闲活动	0	1	2	3	4
	能与同事建立深厚的友谊	0	1	2	3	4
	不必和同事有利益冲突	0	1	2	3	4
	能认识很多有个性的伙伴	0	1	2	3	4

附录三 自我测试量表

续表

工作价值观	具体描述	非常不重要 ←→ 非常重要				
多样变化	能经常变换职务	0	1	2	3	4
	工作的性质常会变化	0	1	2	3	4
	可以经常变换工作场所	0	1	2	3	4
	工作内容常随时间而变化	0	1	2	3	4
生活方式	能成为自己想成为的人	0	1	2	3	4
	能实现自己的理想	0	1	2	3	4
	能让自己觉得如鱼得水	0	1	2	3	4
	能充分发挥自己的专长	0	1	2	3	4

以下是每种工作价值观的详细内涵。请计算你每一项的得分填入表中。你可以根据测验结果，了解自己工作价值观的特点。

维度	得分	分数分布范围内	临界值	工作价值观的内涵
利他主义		0～16	10	认为工作的目的或意义在于提供机会让个人为社会大众的福利尽一份心力，为大众谋福利
美的追求		0～16	10	认为工作的目的或意义在于使这个世界变得更美好，增加艺术气息
创造发明		0～16	10	认为工作的目的或意义在于能让个人发明新事物、设计新产品或发展新观念
智力激发		0～16	10	认为工作的目的或意义在于提供独立思考学习与分析事理的机会
独立自主		0～16	10	认为工作的目的或意义在于能允许个人以自己的方式或步调来进行，不会受到太多限制
成就满足		0～16	10	认为工作的目的或意义在于能看到自己努力工作的具体成果，并因此获得精神上的满足
声望地位		0～16	10	认为工作的目的或意义在于提高个人身份或名望，受到他人的推崇和尊重
管理权力		0～16	10	认为工作的目的或意义在于能赋予个人权力来策划、分配工作且管理下属
经济报酬		0～16	10	认为工作的目的或意义在于能获得优厚的报酬收入，使个人有能力购置自己想要的东西
安全稳定		0～16	10	认为工作的目的或意义在于能提供安定生活的保障，即使经济不景气时也不受影响
工作环境		0～16	10	认为工作要能在不冷、不热、不吵、不脏的良好、舒适的环境下进行
上司关系		0～16	10	认为工作的目的或意义在于能与主管平等且融洽相处，获得赏识

续表

维度	得分	分数分布范围内	临界值	工作价值观的内涵
同事关系		0～16	10	认为工作的目的或意义在于能与志同道合的伙伴一起愉快地工作
多样变化		0～16	10	认为工作的目的或意义在于多姿多彩、富有变化，能尝试不同的工作内容
生活方式		0～16	10	认为工作的目的或意义在于能选择自己想要的生活方式，并实现自己的理想

二、职业兴趣测试量表

以下将职业兴趣分成了 6 个维度，请根据自己的情况，对其中具体的陈述做出评价，在题目后面圈出相应数字。通过测验，你可以大致了解自己的职业兴趣。

职业兴趣维度	具体陈述	非常不符合 ←				→ 非常符合
常规型	我做事时必须有清楚的指示	0	1	2	3	4
	我在开始一个行动前会花很多时间去计划	0	1	2	3	4
	我认为很有必要重视工作中的所有细节	0	1	2	3	4
	我在做决定时通常不愿冒险	0	1	2	3	4
	如果我将处理一个新情境，我会在事情前做充分的准备	0	1	2	3	4
	我不喜欢为重大决策负责	0	1	2	3	4
	准时对我而言非常重要	0	1	2	3	4
	我经常保持整洁，有条不紊	0	1	2	3	4
	当我把每日工作计划好时，我会较有安全感	0	1	2	3	4
	当我答应做一件事时，我会竭尽所能地监督所有细节	0	1	2	3	4
	当我遵循成规时，我感到安全	0	1	2	3	4
	我很擅于检查细节	0	1	2	3	4
	我花钱时小心翼翼	0	1	2	3	4
	我需要确实地知道别人对我的要求是什么	0	1	2	3	4
	我认为小心谨慎地完成一件事是件有成就感的事	0	1	2	3	4
企业型	我有一定会成功的自信	0	1	2	3	4
	我喜欢竞争	0	1	2	3	4
	成为团体中的关键人物对我很重要	0	1	2	3	4
	我喜欢帮助别人自我改进	0	1	2	3	4
	我喜欢监督事情的完工	0	1	2	3	4
	我认为要成功就必须定高目标	0	1	2	3	4

附录三
自我测试量表

续表

职业兴趣维度	具体陈述	非常不符合 ←——→ 非常符合				
企业型	常由我发起计划，而由别人完成小细节	0	1	2	3	4
	能够参与重大决策是件令人兴奋的事	0	1	2	3	4
	升迁和进步对我是极重要的	0	1	2	3	4
	我对能影响别人而感到兴奋	0	1	2	3	4
	我愿意冒一点危险以求进步	0	1	2	3	4
	说服别人依计划行事是件有趣的工作	0	1	2	3	4
	我喜欢讨价还价	0	1	2	3	4
	做事失败后我会再接再厉	0	1	2	3	4
	我常能借助资讯网和别人取得联络	0	1	2	3	4
社会型	和他人的关系丰富了我的生命	0	1	2	3	4
	我有意花时间帮别人解决个人危机	0	1	2	3	4
	能把自己的焦虑和别人分享是很重要的	0	1	2	3	4
	我常能体会到某人想要和他人沟通的需要	0	1	2	3	4
	我喜欢帮助别人发挥天赋和才能	0	1	2	3	4
	如果我和别人发生摩擦，我会不断地尝试化干戈为玉帛	0	1	2	3	4
	我常借助和别人的交谈来解决自己的问题	0	1	2	3	4
	我喜欢帮别人找可以和他人互相关注的方法	0	1	2	3	4
	亲密的人际关系对我重要	0	1	2	3	4
	我对别人的情绪低潮相当敏感	0	1	2	3	4
	我对别人的困难乐于伸出援手	0	1	2	3	4
	我关注社会上需要帮助的人和事	0	1	2	3	4
	我常关怀孤独、不友善的人	0	1	2	3	4
	当别人向我诉说他的困难时，我会是个好听众	0	1	2	3	4
	人们经常告诉我他们的问题	0	1	2	3	4
现实型	强壮而敏捷的身体对我很重要	0	1	2	3	4
	我擅长于自己制作、修理东西	0	1	2	3	4
	我喜欢使用双手做事	0	1	2	3	4
	我不在乎工作时把手弄脏	0	1	2	3	4
	我喜欢买小零件做成成品	0	1	2	3	4
	我喜欢独立完成一个活动	0	1	2	3	4
	我喜欢直言不讳，避免转弯抹角	0	1	2	3	4
	从事户外活动能令我神清气爽	0	1	2	3	4

续表

职业兴趣维度	具体陈述	非常不符合← →非常符合				
	我喜欢周围环境简单而实际	0	1	2	3	4
	我非但不害怕过重的工作负荷,并知道工作重点是什么	0	1	2	3	4
	我希望粗重的肢体工作不会伤害任何人	0	1	2	3	4
	我选车时,最先注意的是好的引擎	0	1	2	3	4
	我通常知道如何应付紧急的事	0	1	2	3	4
	我靠运动来保持身体强壮	0	1	2	3	4
	我喜欢把东西拆开,看是否能够修理它们	0	1	2	3	4
研究型	我必须彻底地了解事情的真相	0	1	2	3	4
	我可以花很长的时间去想通事情的道理	0	1	2	3	4
	探索新构思使我满意	0	1	2	3	4
	我认为教育是个发展及磨炼脑力的终身过程	0	1	2	3	4
	有时我可以长时间地阅读、玩拼图游戏或冥想生命本质	0	1	2	3	4
	我渴望阅读或思考任何可以引发我好奇心的事物	0	1	2	3	4
	我在解决问题前,必须把问题进行彻底分析	0	1	2	3	4
	我喜欢不断地问"为什么"	0	1	2	3	4
	我会不断地思索一个问题,直到找出答案为止	0	1	2	3	4
	我喜欢使我思考、带给我新观念的书	0	1	2	3	4
	我希望能学习所有使我感兴趣的科目	0	1	2	3	4
	我喜欢能刺激我思考的对话	0	1	2	3	4
	阅读新发现的书是件令人兴奋的事	0	1	2	3	4
	我经常对大自然的奥秘感到好奇	0	1	2	3	4
	我喜欢研讨所有事,再有逻辑地做决定	0	1	2	3	4
艺术型	我的心情受到音乐、色彩、写作和美丽事物的影响极大	0	1	2	3	4
	我重视美丽的环境	0	1	2	3	4
	我总是寻求新方法来发挥我的创造力	0	1	2	3	4
	我喜欢非正式的穿着,尝试新颜色和款式	0	1	2	3	4
	我有很强的想象力	0	1	2	3	4
	我喜欢尝试创新的概念	0	1	2	3	4
	我喜欢重新布置我的环境,使它与众不同	0	1	2	3	4
	我喜欢自己的工作能够抒发我的情绪和感觉	0	1	2	3	4
	大自然的美时常深深地触动我的灵魂	0	1	2	3	4

附录三
自我测试量表

续表

职业兴趣维度	具体陈述	非常不符合←——→非常符合				
艺术型	我期望能看到艺术表演、戏剧及好电影	0	1	2	3	4
	我希望能做些与众不同的事	0	1	2	3	4
	当我从事创造性事物时,我会忘掉一切经验	0	1	2	3	4
	我喜欢美丽、不平凡的事	0	1	2	3	4
	尝试不平凡的新事物是件相当有趣的事	0	1	2	3	4
	没有美丽事物的生活,对我而言是无法想象的	0	1	2	3	4

以下是职业兴趣测验每个维度的具体解释与职业建议。你可以将每一维度的得分计算出来,根据测验结果,了解自己的主要特点以及适合的职业领域。

维度	得分	分数分布范围内	临界值	主要特点与职业建议
现实型		0～60	45	【共同特点】愿意使用工具从事操作性工作,动手能力强,做事手脚灵活,动作协调。偏好于具体任务,不善言辞,做事保守,较为谦虚。缺乏社交能力,通常喜欢独立做事。 【性格特点】钝感,不讲究;谦逊,踏实稳重,诚实可靠。 【职业建议】相关职业多为使用工具、机器,需要基本操作技能的工作。通常要求体力充足,具备机械方面的才能,对从事与物件、机器、工具、运动器材、植物、动物相关的职业有兴趣,并具备相应能力。与该类型匹配的职业领域如下:技能性职业,如修理工、农民等;技术性职业,如摄影师、制图员、机械装配工、土木建筑工程技术人员等
研究型		0～60	45	【共同特点】富于思想而非实干,抽象思维能力强,求知欲强,肯动脑,善思考。喜欢独立的和富有创造性的工作。知识渊博,有学识才能,不善于领导他人。考虑问题理性,做事喜欢精确,喜欢逻辑分析和推理,不断探讨未知的领域。 【性格特点】能坚持,有韧性,喜欢钻研;好奇心强,独立性强。 【职业建议】相关职业多充满智力的、抽象的、分析的、独立的定向任务。通常要求具备智力或分析才能,并将其用于观察,估测,衡量,形成理论,最终解决问题,并具备相应的能力。与该类型匹配的职业领域如下:科学研究职业,如科学研究人员、科技工作者等;实验性职业,如实验员、计算机程序设计员等

续表

维度	得分	分数分布范围内	临界值	主要特点与职业建议
艺术型		0~60	45	【共同特点】有创造力，乐于创造新颖、与众不同的成果，渴望表现自己的个性、实现自身的价值。做事理想化，追求完美，不重实际。具有一定的艺术才能和个性。善于表达，怀旧，心态较为复杂。 【性格特点】独立性强，有创造性，敏感，易情绪化，较冲动。 【职业建议】相关职业要求具备艺术修养、创造力、表达能力和直觉，并要求从业者能将其用于语言、行为、声音、颜色和形式的审美、思索和感受。与该类型匹配的职业领域如下：艺术性职业，如摄影家、室内装修、策划师、歌唱演员、作曲家、音乐指挥等；文学性职业，如诗人、文学作家、剧作家等
社会型		0~60	45	【共同特点】喜欢与人交往，不断结交新的朋友，善言谈，愿意教导别人。关心社会问题，渴望发挥自己的社会作用。寻求广泛的人际关系，比较看重社会义务和社会道德。 【性格特点】为人友好、热情、善解人意，乐于助人。 【职业建议】相关职业要求要求从业者喜欢与人打交道，能够不断结交新的朋友，从事提供信息、启迪、帮助、培训、开发或治疗等事务，并具备相应能力。与该类型匹配的职业领域如下：教育职业，如教师等；社会类职业，如咨询师、外交工作者、导游、社会工作者、公关员等
管理型		0~60	45	【共同特点】追求权力、权威和物质财富，具有领导才能。喜欢竞争，敢冒风险，有野心和抱负。为人务实，习惯以利益得失、权利、地位、金钱等来衡量做事的价值，做事有较强的目的性。 【性格特点】善辩，精力旺盛，独断，乐观，自信，好交际，机敏，有支配愿望。 【职业建议】相关职业要求从业者具备经营、管理、劝服、监督和领导才能，以实现机构、政治/社会及经济目标。与该类型匹配的职业领域：说服或支配他人的职业，如营销员、政府工作者、企业经理、管理者、律师、商品营业员、调度员、经纪人等
常规型		0~60	45	【共同特点】尊重权威和规章制度，喜欢按计划办事，细心、有条理，习惯接受他人的指挥和领导，自己不谋求领导职务。喜欢关注实际和细节情况，通常较为谨慎和保守，缺乏创造性，不喜欢冒险和竞争，富有自我牺牲精神。 【性格特点】有责任心，依赖性强，效率高，稳重踏实，细致、有耐心。 【职业建议】相关职业要求从业者能注意细节和精确度，有系统有条理，具有记录、归档和根据特定要求或程序组织数据/文字信息能力。与该类型匹配的职业领域：事务性的职业，如出纳、会计、秘书、办公室职员、计算机操作员、打字员、速记师、管理员、行政助理、记事员等

附录三
自我测试量表

续表

三、职业决策困难诊断量表

请认真阅读表中每项的具体陈述,根据每个题目描述的情况与你自身情况的符合程度进行选择,圈出相应数字。

维度	具体陈述	非常不同意 ←→ 非常同意						
缺乏动机	我知道必须选择一个职业,但现在我还没有做决定的动机	0	1	2	3	4	5	6
	工作并不是人生中最重要的事情,所以选择职业这种问题并不太让我担心	0	1	2	3	4	5	6
	我认为不必现在就选择一个职业,因为随着时间的推移,我自然会做出正确的职业选择	0	1	2	3	4	5	6
犹豫不决	对我而言,做决定通常是困难的	0	1	2	3	4	5	6
	我通常觉得自己的决定需要专业人士或自己信赖的人的认可和支持	0	1	2	3	4	5	6
	我通常害怕失败	0	1	2	3	4	5	6
不合理信念	我希望可以通过从事我所选择的职业来解决我的其他个人问题(如人际关系、家庭、感情等)	0	1	2	3	4	5	6
	我认为只有一个职业适合我	0	1	2	3	4	5	6
	我希望我所选择的职业能够帮助我实现所有的人生愿望	0	1	2	3	4	5	6
	我认为职业选择是一次性的决定和终生的承诺(一旦选择一份职业就不能再考虑其他选择,也不能更换)	0	1	2	3	4	5	6
缺乏关于决策过程的知识	我觉得职业选择是一件困难的事,因为我不知道应该采取什么样的步骤	0	1	2	3	4	5	6
	我觉得职业选择是一件困难的事,因为我不知道应该考虑哪些因素	0	1	2	3	4	5	6
	我觉得职业选择是一件困难的事,因为我不知道如何将自身的情况(如自己适合做什么)和各种不同职业的信息(如不同职业对人的要求)结合起来考虑	0	1	2	3	4	5	6
缺乏关于自我的信息	我觉得职业选择是一件困难的事,因为我还不知道哪些职业是我所感兴趣的	0	1	2	3	4	5	6
	我觉得职业选择是一件困难的事,因为我还不能确定自己的职业偏好(如我希望与他人建立什么样的人际关系,我喜好怎样的工作环境,等等)	0	1	2	3	4	5	6
	我觉得职业选择是一件困难的事,因为我还不太了解自己的能力(如数学能力、语言表达能力等)和性格特征(如毅力、主动性、耐心等)	0	1	2	3	4	5	6

续表

维度	具体陈述	非常不同意 ←——→ 非常同意						
	我觉得职业选择是一件困难的事，因为我不知道将来我的能力和性格特征会是什么样的	0	1	2	3	4	5	6
缺乏关于职业的信息	我觉得职业选择是一件困难的事，因为我对现有职业和培训项目的种类不太了解	0	1	2	3	4	5	6
	我觉得职业选择是一件困难的事，因为我对自己感兴趣的职业和培训项目的特点不太了解（如市场需求、一般收入、晋升的可能性、培训项目补贴等）	0	1	2	3	4	5	6
	我觉得职业选择是一件困难的事，因为我不知道将来的职业会是什么样的（如职业的发展前景和将来的市场需求如何）	0	1	2	3	4	5	6
缺乏关于获取信息方式的信息	我觉得职业选择是一件困难的事，因为我不知道怎样能更加清楚地了解自己（如怎样了解我的能力和性格特征）	0	1	2	3	4	5	6
	我觉得职业选择是一件困难的事，因为我不知道如何获得关于现有职业、培训项目、用人单位的准确和最新信息	0	1	2	3	4	5	6
不可靠的信息	我觉得职业选择是一件困难的事，因为我经常变换自己的职业偏好（如有时我想自己当创业，而有时我只想受雇于人）	0	1	2	3	4	5	6
	我觉得职业选择是一件困难的事，因为我获得的关于自己能力和性格特征的信息有互相矛盾的地方（如我认为自己是个有耐心的人，而其他人并不这么认为）	0	1	2	3	4	5	6
	我觉得职业选择是一件困难的事，因为我所获得的某种职业、培训项目、用人单位的信息有互相矛盾的地方	0	1	2	3	4	5	6
内部冲突	我觉得职业选择是一件困难的事，因为若干个职业同样吸引着我，从它们中间选择一个有些困难	0	1	2	3	4	5	6
	我觉得职业选择是一件困难的事，因为能接纳我的职业、培训项目或用人单位不是我所喜欢的（人家看中了我，但我看不中人家）	0	1	2	3	4	5	6
	我觉得职业选择是一件困难的事，因为我感兴趣的职业包含一些我不喜欢的职业性质（如我对医学感兴趣，但我不愿意学习那么多年）	0	1	2	3	4	5	6
	我觉得职业选择是一件困难的事，因为我的职业偏好（想要的东西）不能被包含在同一个职业里，而我又不想放弃它们（如我想成为一个自由职业者，但又希望有一份稳定的收入）	0	1	2	3	4	5	6

附录三
自我测试量表

续表

维度	具体陈述	非常不同意 ←——→ 非常同意						
外部冲突	我觉得职业选择是一件困难的事，因为我不具备我所感兴趣的职业所要求的能力	0	1	2	3	4	5	6
	我觉得职业选择是一件困难的事，因为对我而言比较重要的人（如父母、朋友）并不认可我正在考虑的职业或我所期望的职业特点	0	1	2	3	4	5	6
	我觉得职业选择是一件困难的事，因为对我而言比较重要的人在"什么职业适合我""选择职业时应该考虑哪些职业特点"这些问题上存在着不同看法	0	1	2	3	4	5	6

以下是你在职业决策过程中可能遇到的困难。你可以将每一项的得分计算出来，根据测验结果，了解自己在职业决策过程所遇到困难主要有哪些。

维度	得分	困难程度			结果解释
		无	中等	较大	
缺乏动机		0～6	7～9	10～18	得分高说明你在职业决策之前缺乏做决策的意愿，动机不足
犹豫不决		0～6	7～9	10～18	得分高说明你在做决策时总是有困难
不合理信念		0～8	9～12	13～24	得分高说明你对于职业决策过程有歪曲的认识和非理性的期望，职业决策过程不合理
缺乏关于决策过程的知识		0～6	7～9	10～18	得分高说明你缺乏关于如何明智地做出决定的知识，特别是关于职业决策过程中特定步骤的知识
缺乏关于自我的信息		0～8	9～12	13～24	得分高说明你并没有充分了解自己（比如关于职业偏好、能力等）
缺乏关于职业的信息		0～6	7～9	10～18	得分高说明你缺乏与职业有关的信息，比如存在哪些职业或每一种职业的特点有哪些
缺乏关于获取信息方式的信息		0～4	5～6	7～12	得分高说明你不了解如何获得更多有关职业或自我的信息，以及怎样得到使决策过程更顺利的帮助
不可靠的信息		0～6	7～9	10～18	得分高说明你所了解的自己或正在考虑的职业的信息有矛盾的地方
内部冲突		0～10	11～15	16～30	得分高说明你正处于一种内部混乱状态。这种内部冲突可能是因为你认为重要的各因素之间存在着矛盾
外部冲突		0～4	5～6	7～12	得分高说明你的个人偏好与重要他人的偏好或两个重要他人的观点之间存在着分歧

四、团队角色认知测试量表

请认真阅读表中每项的具体陈述，根据每个题目描述的情况与你自身情况的符合程度进行选择，圈出相应数字。

角色类型	具体描述	非常不同意 ←				→ 非常同意
智多星	我认为我能为团队做出的贡献是出很多主意	0	1	2	3	4
	在团队中，我可能易于陷入突发的想象之中而忘了正在进行的事情	0	1	2	3	4
	当我与其他人共同进行一项工作时，在提出独到见解方面，我是数一数二的	0	1	2	3	4
	在工作团队中，我有意避免使自己太突出或出人意料	0	1	2	3	4
	在工作中我能得到满足，因为我很高兴能找到一块可以发挥我想象力的天地	0	1	2	3	4
	如果突然给我一项困难的工作，而且时间有限、合作人员互相不熟，在有新方案之前，我宁愿先躲进角落，拟定出一个解脱困境的方案	0	1	2	3	4
	对于那些在团队工作中或与周围人共事时所遇到的复杂问题，我有时不善于加以解释和澄清	0	1	2	3	4
协调者	在团队中，我的作用在于，一旦发现某些对实现集体目标很有价值的人，我能及时把他们推荐出来	0	1	2	3	4
	在团队中，我可能有的缺点是对那些有高见而又没有适当地表达出来的人表现得过于宽容	0	1	2	3	4
	当与其他人共同进行一项工作时，我有在不施加任何压力的情况下去影响他人的能力	0	1	2	3	4
	在团队中，尽管我对所有的观点都感兴趣，但这并不影响我在必要的时候下决心选择其中一个	0	1	2	3	4
	在工作中，我得到满足是因为我能使人们在某项必要的行动上达成一致意见	0	1	2	3	4
	如果突然给我一项困难的工作，而且时间有限、合作人员互相不熟，我会通过用人所长的方法来减轻工作负担	0	1	2	3	4
	对于那些在团队工作中或与周围人共事时所遇到的处理不了的事，我会有意识地求助于他人	0	1	2	3	4
完美主义者	我认为我能为团队做出贡献是因为我能把事情办成，而这主要靠我个人的实力	0	1	2	3	4
	在团队中，我可能有的缺点是过分注意细节，总有不必要的担心	0	1	2	3	4
	当与其他人共同进行一项工作时，我随时注意避免粗心和工作中的疏忽	0	1	2	3	4
	在团队中，我对承担的任何工作都能做到尽善尽美	0	1	2	3	4
	在工作中，我得到满足是因为我感到我的身上有一种能使我全身心地投入工作中去的气质	0	1	2	3	4

附录三
自我测试量表

续表

角色类型	具体描述	非常不同意 ←				→ 非常同意
完美主义者	如果突然给我一项困难的工作，而且时间有限、合作人员互相不熟，天生的紧迫感会促使我不落在计划后面	0	1	2	3	4
	对于那些在团队工作中或与周围人共事时所遇到的问题，我有做好工作的愿望，能确保工作的持续进展	0	1	2	3	4
外交家	我认为我能为团队做出贡献是我能很快地发现并把握住新的机遇	0	1	2	3	4
	在团队中，我可能有的缺点是在集体讨论新的观点时，我总是说得太多	0	1	2	3	4
	当与其他人共同进行一项工作时，我热衷寻求最新的思想和新的发展	0	1	2	3	4
	在团队中，我乐于与工作团队以外的人进行联系	0	1	2	3	4
	在工作中，我得到满足是因为我能适应那些工作有新意的人	0	1	2	3	4
	如果突然给我一项困难的工作，而且时间有限、合作人员互相不熟，我愿意与其他成员展开广泛的讨论，意在激发新思想、推动工作	0	1	2	3	4
	对于那些在团队工作中或与周围人共事时所遇到的问题，我常常容易产生厌烦感，需要有激情的人使我振作起来	0	1	2	3	4
推动者	我认为我能为团队做出贡献是我能够为团队工作得到好的结果而甘心放弃自己的一些利益	0	1	2	3	4
	在团队中，我可能有的缺点是在一定要把事情办成的情况下，我有时使人感到特别强硬以至专断	0	1	2	3	4
	当我与其他人共同进行一项工作时，我会向别人施加压力以推进行动，确保各人不是在浪费时间或离题太远	0	1	2	3	4
	在团队中，我经常向别人的见解提出挑战或坚持自己的意见	0	1	2	3	4
	在工作中，我得到满足是因为我能对决策有强烈的影响	0	1	2	3	4
	如果突然给我一项困难的工作，而且时间有限、合作人员互相不熟，在集体工作没有进展的情况下，我会采取积极措施去加以推动	0	1	2	3	4
	对于那些在团队工作中或与周围人共事时所遇到的问题，我会对那些阻碍前进的人表现出不耐烦	0	1	2	3	4
实干者	我认为我能为团队做出贡献是我通常能意识到什么是现实的，什么是可能的	0	1	2	3	4
	在团队中我可能有的缺点是如果会议没有得到很好的组织、控制和主持，我会感到不痛快	0	1	2	3	4

续表

角色类型	具体描述	非常不同意 ←→ 非常同意				
实干者	与其他人共同进行一项工作，我能使人放心的是那些最基本的工作我都能组织得井井有条	0	1	2	3	4
	在工作团队中，我认为计划必须尽快开始执行，我有推动工作运转的才能	0	1	2	3	4
	在工作中，我能得到满足是因为我对寻找解决问题的可行方案感兴趣	0	1	2	3	4
	如果突然给我一项困难的工作，而且时间有限、合作人员互相不熟，尽管困难重重，我也能保证目标始终如一	0	1	2	3	4
	如果在团队工作中或与周围人共事时遇到目标不明确的问题，让我起步是很困难的	0	1	2	3	4
凝聚者	我认为我能为团队做出贡献是我能与各种类型的人一起合作共事	0	1	2	3	4
	在团队中，我可能由于过分重视集体的和谐气氛而很难与众不同	0	1	2	3	4
	当我与其他人共同进行一项工作时，对于其他人与共同利益有关的积极建议，我总是乐于支持的	0	1	2	3	4
	在工作团队中，我有兴趣更多地了解我的同事	0	1	2	3	4
	在工作中，我得到满足是因为我感到我在促进良好的工作关系	0	1	2	3	4
	如果突然给我一项困难的工作，而且时间有限、合作人员互相不熟，我比较愿意与那些表现出积极态度的人一起工作	0	1	2	3	4
	对于那些在团队工作中或与周围人共事时所遇到的问题，当我与人发生冲突时，我没有把握使对方理解我的观点	0	1	2	3	4
监督员	我认为我能为团队做出贡献是，在选择行动方案时我能不带倾向性也不带偏见地提出一个合理的替代方案	0	1	2	3	4
	在团队中，我的客观和不讲情面可能使我很难与同事们打成一片	0	1	2	3	4
	当我与其他人共同进行一项工作时，我相信我的判断能力有助于帮大家做出正确的决策	0	1	2	3	4
	在工作团队产生论辩的时候，我通常能找到论据去推翻那些不理智的主张	0	1	2	3	4
	在工作中，我得到满足是因为我喜欢分析情况，权衡所有可能的选择	0	1	2	3	4
	如果突然给我一项困难的工作，而且时间有限、合作人员互相不熟，我认为我也能保持头脑冷静，富有条理地思考问题	0	1	2	3	4
	对于那些在团队工作中或与周围人共事时所遇到的问题，别人可能批评我太重分析而缺少直觉	0	1	2	3	4

分数越高,说明你越适合扮演该角色。你可以根据测验结果,了解自己在团队中最适合、最擅长扮演的团队角色。

角色类型	得分	临界值	结果解释
智多星		21	【典型特征】有个性,思想深刻,不拘一格。 【积极特点】才华横溢,富有想象力,有智慧,知识面广。 【能容忍的缺点】高高在上,不重细节,不拘礼仪。 【在团队中的作用】提出批评并有助于引出相反意见
外交家		21	【典型特征】性格外向,开朗,热情,好奇心强;消息灵通,是信息的敏感者。 【积极特点】有广泛联系人的能力,不断探索新的事物,勇于迎接新的挑战。 【能容忍的缺点】见异思迁,兴趣马上转移。 【在团队中的作用】提出建议并引入外部信息(一个很好的比喻:"外交家"对于团队的作用,就像天线对于电视机,"外交家"就是团队的天线,就是用来接受外界信号的。"外交家"和"智多星"的区别在于,"智多星"的想法大都是自己的,"外交家"则更可能是他个性喜欢接受新鲜事物,擅长整合外界新鲜信息来形成想法),接触持有其他观点的个体或群体,参加磋商性质的活动
协调员		21	【典型特征】沉着,自信,有控制局面的能力。 【积极特点】对各种有价值的意见不带偏见地兼容并蓄,看问题比较客观。 【能容忍的缺点】在智能以及创造力方面并非超常。 【在团队中的作用】时刻想着团队的大目标,明确团队的目标和方向;选择需要决策的问题,并明确它们的先后顺序;帮助确定团队中的角色分工、责任和工作界限;总结团队的感受和成就,综合团队的建议
推进者		21	【典型特征】思维敏捷,坦荡,主动探索。 【积极特点】积极,主动,有干劲,随时准备向传统、低效率、自满自足挑战,有紧迫感,视成功为目标,追求高效率。 【能容忍的缺点】好激起争端,爱冲动,易急躁,容易给别人压力;说话太直接,虽然总是就事论事,却经常伤人不伤己。 【在团队中的作用】寻找和发现团队讨论中可能的方案;一旦找到自己认为好的方案或模式,"推进者"会希望团队都遵从这一方案或模式,因此"推进者"会向团队成员强力推销自己认为好的方案或模式;使团队内的任务和目标成形,推动团队达成一致意见,并朝向决策行动;经常自觉或不自觉地在团队中扮演一个二领导的角色,即"推进者"可能不是名义上的领导("协调员"一般是领导),但"推进者"却给人二把手的感觉

续表

角色类型	得分	临界值	结果解释
监督员		21	【典型特征】清醒，理智，谨慎。 【积极特点】判断力强，分辨力强，讲求实际。 【能容忍的缺点】缺乏鼓动和激发他人的能力，自己也不容易被别人鼓动和激发；缺乏想象力，缺乏热情。 【在团队中的作用】分析问题和情景；对繁杂的材料予以简化，并澄清模糊不清的问题；对他人的判断和作用做出评价。基本上"监督员"就是那种特喜欢给别人泼冷水的人，靠着其强大的分析判断能力敢于直言不讳地提出和坚持异议，充当团队"守门员"的角色
凝聚者		21	【典型特征】擅长人际交往；温和，敏感，是人际关系的敏感者。 【积极特点】有适应周围环境的能力；能促进团队的合作，倾听能力最强。 【能容忍的缺点】在危急时刻往往优柔寡断，一般比较中庸。 【在团队中的作用】给予他人支持，并帮助别人；打破讨论中的沉默；采取行动扭转或克服团队中的分歧
实干家		21	【典型特征】保守，顺从，务实可靠。 【积极特点】有组织能力、实践经验，工作勤奋，有自我约束力。 【能容忍的缺点】缺乏灵活性，应变能力弱；对没有把握的主意不感兴趣。 【在团队中的作用】把谈话与建议转换为实际步骤；考虑什么是行得通的，什么是行不通的；整理建议，使之与已经取得一致意见的计划和已有的系统相配合。"实干家"就是好的执行者，能够可靠的执行一个既定的计划，但却未必擅长制定一个新的计划
完美主义者		21	【典型特征】勤奋有序，认真，有紧迫感。 【积极特点】追求完美，持之以恒。 【能容忍的缺点】常常拘泥于细节，焦虑感比较强，不洒脱。 【在团队中的作用】强调任务的目标要求和活动日程表；在方案中寻找并指出错误、遗漏和被忽视的内容；刺激其他人参加活动，并促使团队成员产生时间紧迫的感觉

参 考 文 献

[1] 鲍利斯，克里森，布洛姆奎斯特. 你的降落伞是什么颜色？[M]. 柏静静，译. 北京：中信出版社，2010.

[2] 科普林. 老板要你在大学里学的10件事[M]. 陈硕蕴，杨凡，译. 北京：机械工业出版社，2005.

[3] 曾仕强. 情绪管理[M]. 厦门：鹭江出版社，2008.

[4] 程社明. 你的船 你的海：职业生涯规划[M]. 北京：新华出版社，2007.

[5] 高桥，葛海燕. 大学生涯与职业规划[M]. 北京：清华大学出版社，2007.

[6] 管斌全. 让别人无法取代：如何打造你的核心竞争力[M]. 天津：天津教育出版社，2005.

[7] 博克，袁. 拖延心理学[M]. 蒋永强，陆正芳，译. 北京：中国人民大学出版社，2009.

[8] 江光荣. 心理咨询的理论与实务[M]. 北京：高等教育出版社，2005.

[9] 金树人. 生涯咨询与辅导[M]. 北京：高等教育出版社，2007.

[10] 潘旭阳，袁龙，初冬青. 大学生职业生涯发展与素质训练[M]. 天津：南开大学出版社，2014.

[11] 柯维. 高效能人士的七个习惯：20周年纪念版[M]. 高新勇，王亦兵，葛雪蕾，译. 10版. 北京：中国青年出版社，2010.

[12] 罗宾斯. 组织行为学：第10版[M]. 孙健敏，李原，译. 北京：中国人民大学出版社，2005.

[13] 本－沙哈尔. 幸福的方法[M]. 刘骏杰，译. 北京：中信出版社，2013.

[14] 汪海燕. 高职高专学生心理健康指导[M]. 北京：高等教育出版社，2005.

[15] 阎德才，崔万立. 大学生入校指南[M]. 郑州：大象出版社，2010.

[16] 叶奕乾，何存道，梁宁建. 普通心理学[M]. 5版. 上海：华东师范大学出版社，2016.

[17] 张惠丽，汪达. 职业生涯规划与大学生素质发展[M]. 北京：科学出版社，2009.

[18] 张培德. 职业发展实验教程[M]. 上海：华东理工大学出版社，2010.

[19] 钟谷兰，杨开. 大学生职业生涯发展与规划[M]. 2版. 上海：华东师范大学出版社，2016.

[20] 李津. 创意产业人才素质要求与胜任力研究[J]. 科学学与科学技术管理，2007，28（8）：193-195.

[21] 李晓东，关雪菁，薛玲玲. 拖延行为的心理学分析[J]. 高校教育管理，2007，1

（03）：67-70.

[22] 刘丹，石国兴，郑新红. 论积极心理学视野下的心理韧性[J]. 心理学探新，2010，30（4）：12-17.

[23] 宁先圣. 高素质工程技术人才的特征与培养途径[J]. 科学与管理，2006，26（4）：17-19.

[24] 张慧，王宇红. 国内企业对人才素质要求的内容分析[J]. 科技管理研究，2007，27（6）：136-138.

[25] 周文霞. 职业成功标准的思考与探讨[J]. 重庆工学院学报，2006，20（12）：11-13.

[26] ASHBY J S, SCHOON I. Career success: The role of teenage career aspirations, ambition value and gender in predicting adult social status and earnings[J]. Journal of Vocational Behavior, 2010, 77（3）: 350-360.

[27] GATI I, KRAUSZ M, OSIPOW S H. A taxonomy of difficulties in career decision making[J]. Journal of Counseling Psychology, 1996, 43（4）: 510-526.

[28] JIANG T, CHEN Z, SEDIKIDES C. Self-concept clarity lays the foundation for self-continuity: The restorative function of autobiographical memory[J]. Journal of Personality and Social Psychology, 2020, 119（4）: 945-959.

[29] LANDAU M J, OYSERMAN D, KEEFER L A, et al. The college journey and academic engagement: How metaphor use enhances identity-based motivation[J]. Journal of Personality and Social Psychology, 2014, 106（5）: 678-698.

[30] MAHONEY J L, CAIRNS B D, FARMER T W. Promoting interpersonal competence and educational success through extracurricular activity participation[J]. Journal of Educational Psychology, 2003, 95（2）: 409-418.

[31] SEIBERT S E, KRAIMER M L, LIDEN R C. A social capital theory of career success[J]. The Academy of Management Journal, 2001, 44（2）: 219-237.

版 权 声 明

根据《中华人民共和国著作权法》的有关规定,特发布如下声明。

1. 本出版物刊登的所有内容（包括但不限于文字、二维码、版式设计等），未经本出版物作者书面授权，任何单位和个人不得以任何形式或任何手段使用。

2. 本出版物在编写过程中引用了相关资料与网络资源，在此向原著作权人表示衷心的感谢！由于诸多因素没能一一联系到原作者，如涉及版权等问题，恳请相关权利人及时与我们联系，以便支付稿酬。(联系电话：010-60206144；邮箱：2033489814@qq.com）